Bettina Lindmeier | Hanna Stahlhut |
Lisa Oermann | Cornelia Kammann
Biografiearbeit mit einem Lebensbuch

Edition Sozial

Bettina Lindmeier | Hanna Stahlhut |
Lisa Oermann | Cornelia Kammann

Biografiearbeit mit einem Lebensbuch

Ein Praxisbuch für die Arbeit mit erwachsenen Menschen mit einer kognitiven Beeinträchtigung und ihren Familien

Die Autorinnen

Prof. Dr. Bettina Lindmeier ist Professorin für Allgemeine Behindertenpädagogik und -soziologie an der Gottfried Wilhelm Leibniz Universität in Hannover.

Hanna Stahlhut ist als Sonderpädagogin in einer Wohneinrichtung sowie als wissenschaftliche Mitarbeiterin an der Gottfried Wilhelm Leibniz Universität in Hannover tätig.

Lisa Oermann, Diplom-Pädagogin, arbeitet für die Osnabrücker Werkstätten gGmbH.

Dr. Cornelia Kammann arbeitet als Geschäftsbereichsleitung Behindertenhilfe und Psychiatrie beim Caritasverband für die Diözese Osnabrück e. V.

Dieses Buch ist erhältlich als:
ISBN 978-3-7799-3856-9 Print
ISBN 978-3-7799-4959-6 E-Book (PDF)

1. Auflage 2018

in der Verlagsgruppe Beltz · Weinheim Basel
Werderstraße 10, 69469 Weinheim

Herstellung: Ulrike Poppel
Satz: text plus form, Dresden
Druck und Bindung: Beltz Grafische Betriebe GmbH, Bad Langensalza
Printed in Germany

Weitere Informationen zu unseren Autor_innen und Titeln finden Sie unter:
www.beltz.de

Inhalt

1.	**Einführung**	7
2.	**Die Lebenssituation älterer Familien**	10
2.1	Lebensgeschichtliche Erfahrungen und ihre familienbiografische Verarbeitung	11
2.2	Die Gestaltung der Zukunft	19
2.3	Entstehung und Funktionalität des familiären Zusammenlebens	23
2.4	Unterschiedliche Perspektiven von Eltern und Fachleuten	27
2.5	Die Bedeutung der Beschäftigung in einer WfbM	32
2.6	Krisensituationen	34
3.	**Biografiearbeit**	36
3.1	Gegenwartsorientierte Biografiearbeit als Schwerpunkt der Lebensbuchkurse	39
3.2	Bedeutung der Biografiearbeit für die Gestaltung von Übergängen	42
3.3	Besonderheiten in der Biografiearbeit mit Erwachsenen aus ‚älteren Familien'	44
3.4	Biografische Kompetenz	48
4.	**Die Arbeit mit dem Lebensbuch**	51
4.1	Kapitelübersicht	53
4.2	Kooperation mit Angehörigen	64
4.3	Biografiearbeit mit dem Lebensbuch bei hohem Unterstützungsbedarf	66
5.	**Die Kursdurchführung zum Thema ‚Biografiearbeit mit dem Lebensbuch'**	78
5.1	Vorbereitungen	78

5.2 Vorphase: Vortreffen, biografische Einzelarbeit und Einbeziehung der Angehörigen 86
5.3 Kurseinheiten 92

6. Projektergebnisse 121
6.1 Befragung der Teilnehmerinnen und Teilnehmer 122
6.2 Angehörige 131
6.3 Gruppenleitungen 147

7. Fallbeispiele 152
7.1 Maria Rumland 153
7.2 Rita Falke 160
7.3 Henriette Weber 165
7.4 Mareike Hiltrup 173
7.5 Martin Weiß 180

8. Ausblick 186

Literatur 196

Anhang 199

1. Einführung

Der vorliegende Band ist hervorgegangen aus der langjährigen Beschäftigung mit der Situation von ‚älteren Familien'. Nach einer Sichtung der wenigen vorhandenen Konzepte im In- und Ausland, beispielsweise dem Karlsruher Modell KOMPASS (Feurer/van Eickels 2010; Feurer/Lindmeier 2011) und dem Projekt ‚Life Books' (Magrill 2005) wurde ein sogenanntes ‚Lebensbuch' aus dem Englischen übersetzt, mehrfach erprobt und überarbeitet und schließlich im von Loeper-Verlag veröffentlicht (Lindmeier/Oermann 2014a, b). Zugleich wurde das Lebensbuch in einem Aktion-Mensch-Projekt der Heilpädagogischen Hilfe Osnabrück in größerem Maßstab innerhalb von Bildungskursen für Beschäftigte eingesetzt, die von umfangreicher Einzelarbeit und Familienbesuchen flankiert wurden. Außerdem wurde im Rahmen des Projekts eine Schulung für Kursleitungen entwickelt, die es dem Träger ermöglichen soll, die Lebensbuchkurse nach Projektende weiter fortzusetzen. Das Projekt, in dem die Biografiearbeit mit dem Lebensbuch in fünf Standorten der Osnabrücker Werkstätten durchgeführt wurde, die vor allem Menschen mit kognitiver Beeinträchtigung betreuen, lief über einen Zeitraum von insgesamt drei Jahren (2013–2016).

Unsere Erkenntnisse aus dem Projekt sollen in diesem Band in einer Form vorgestellt werden, die nicht nur als Hilfestellung für die Umsetzung eigener Projekte in der Praxis dienen soll, sondern auch eine Einführung in die Situation älterer Familien und biografische Arbeit im Allgemeinen gibt.

Dazu wird im zweiten Kapitel die Situation ‚älterer Familien' beschrieben, gefolgt von einer knappen Einführung in die Biografiearbeit mit Erwachsenen im mittleren Lebensalter, die bei ihren Eltern oder Angehörigen leben. Das vierte und fünfte Kapitel stellen in ausführlicher Form das Lebensbuch und die Kursarbeit vor. Dabei werden, wie bereits in den einführenden Kapiteln, Zitate und Fallbeispiele einbezogen, die aus den Kursen oder Gesprächen mit den Angehörigen der Teilnehmerinnen und Teilnehmer stammen. Im Anschluss daran werden die Ergebnisse der Kursevaluation dargestellt, die durch eine Befragung der Teilnehmerinnen und Teilnehmer, der Angehörigen und der Gruppenleitungen erfolgte. Nachdem im sechsten Kapitel fünf ausführliche Fallbeispiele aus der Kursarbeit präsentiert werden, folgt im siebten Kapitel die Vorstellung unserer Schlussfolgerungen für die biografische Arbeit mit älteren Familien. Der Anhang enthält einige Arbeitsblätter als Anregung für die eigene praktische Arbeit.

Wir danken allen Teilnehmerinnen und Teilnehmern, allen Kursleiterinnen und Kursleitern und allen weiteren Personen, die das Projekt in dieser Form möglich gemacht haben. Besonders mitgewirkt an Teilen des Textes haben neben den Autorinnen dieses Bandes Claudia Meyer, Stephanie Pohlmann, Elke Sefen und Kristof Uffmann, die ebenso wie Lisa Oermann Projektmitarbeiterinnen und -mitarbeiter waren. Dr. Cornelia Kammann fungierte als Projektleitung, Prof. Dr. Bettina Lindmeier als wissenschaftliche Begleitung. Wir danken zudem der Aktion Mensch e.V. sowie der Förderstiftung der HHO für die Förderung des Projekts.

Im Sinne der internationalen Klassifikation von Funktionsfähigkeit und Behinderung ICF wird in diesem Band Behinderung als Merkmal einer Situation, nicht einer Person begriffen. Behinderung entsteht in der Wechselwirkung von Beeinträchtigungen mit Umweltbedingungen, insbesondere durch Barrieren der Umwelt, und führt zu Einschränkungen gewünschter Aktivitäten und Partizipationsmöglichkeiten für einen Menschen. Daher wird in der Regel auch in adjektivischer Form von ‚behinderten Menschen' im Sinne ihres ‚Behindert-werdens' gesprochen und nicht von ‚Menschen mit Behinderungen'. Geht es um die ‚intellektuelle' oder ‚kognitive Beeinträchtigung', wird dieser Begriff benutzt.

Als ‚(Werkstatt-)Beschäftigte' werden im Folgenden die Menschen bezeichnet, die Teilhabeleistungen zur beruflichen Rehabilitation erhalten, als ‚Mitarbeiterinnen' bzw. ‚Mitarbeiter' diejenigen, die im begleitenden Dienst oder als Gruppenleiterinnen und Gruppenleiter mit Fachausbildung im Arbeitsbereich oder als pädagogische Fachkräfte im Tagesförderbereich beschäftigt sind.

Alle in den Beispielen genutzten Eigennamen sind anonymisiert. Der besseren Lesbarkeit zuliebe wurden die genauen Belegstellen der Zitate nicht aufgeführt. Es wird lediglich gekennzeichnet, ob die jeweils Sprechenden Angehörige, Fachkräfte oder Kursteilnehmerinnen und -teilnehmer sind, soweit dies nicht aus dem Kontext hervorgeht.

2. Die Lebenssituation älterer Familien

In Deutschland lebt Schätzungen zufolge mindestens die Hälfte der erwachsenen Menschen mit einer kognitiven Beeinträchtigung in ihrer Herkunftsfamilie (Hennies/Kuhn 2004), also gemeinsam mit ihren Eltern oder anderen Angehörigen, in einem Haushalt. Da keine entsprechenden Statistiken vorliegen, ist es allerdings schwierig abzuschätzen, wie alt diese Menschen und ihre Eltern tatsächlich sind. Eine regionale Studie aus der Stadt Karlsruhe, die als Vollerhebung alle 200 erwachsenen Menschen mit kognitiver Beeinträchtigung, die über die Werkstattzugehörigkeit erfasst wurden und die in ihrer Herkunftsfamilie lebten, einbezog (Feurer/van Eickels 2010), zeigt allerdings, dass die Zahl älterer Familien mit hochaltrigen oder verwitweten Eltern erheblich ist.

Der demografische Wandel, der eine Veränderung hin zu einer immer älter werdenden Gesellschaft beschreibt, zeichnet sich allerdings auch innerhalb dieses Personenkreises ab, sodass davon auszugehen ist, dass auch die Zahl der älteren Menschen mit kognitiver Beeinträchtigung, die im Elternhaus leben, zukünftig zunehmen wird und in der Gestaltung von Angeboten und Hilfen berücksichtigt werden muss.

Als ältere Familien bezeichnen wir in diesem Band solche Familien, in denen die Eltern älter als 65 Jahre alt sind oder in denen schon ein Elternteil verstorben ist (Lindmeier/Oermann 2014b). Damit beziehen wir uns nicht nur das kalendarische Alter, sondern außerdem auf typische altersbezogene Lebensthemen (Lindmeier/Oermann 2017).

Diese Familien sind oft ‚eingespielte Teams' mit engen Beziehungen untereinander, die durch langjähriges enges und vertrautes Zusammenleben, aber auch durch das Erleben und die Bewältigung von vielen Schwierigkeiten gestärkt wurden. Die gegenseitige Abhängigkeit wird innerhalb der Familie als familiärer Zusammenhalt erlebt und in der angelsächsischen Literatur zu älteren Familien als ‚Interdependenz' bezeichnet (Bigby 2004). Die Einbindung des Sohnes oder der Tochter mit Beeinträchtigung in familiäre Aufgaben wird sowohl von den Eltern als auch den Söhnen und Töchtern als angemessen erlebt, anders als von einem Teil der Fachkräfte, der die Familiensituation als kritisch betrachtet.

Familiengeschichtlich hat das Lebensbuchprojekt gezeigt, dass für die meisten Familien mit Eintritt ihres Angehörigen in die Werkstatt für behinderte Menschen (WfbM) eine Phase relativer Ruhe einsetzte. Erstmals musste nicht in kurzen Abständen eine Entscheidung getroffen und die dazugehörigen Anträge gestellt sowie Leistungsträger überzeugt werden. In vielen Familien wurden nach einer Phase der Erholung die Themen Auszug und weitere Lebensplanung kommuniziert und in unterschiedlicher Geschwindigkeit umgesetzt. Viele Familien bleiben allerdings auch sehr lange in dieser Familienkonstellation von Eltern(teil) und erwachsenem Kind mit kognitiver Beeinträchtigung zusammen.

2.1 Lebensgeschichtliche Erfahrungen und ihre familienbiografische Verarbeitung

Ältere Eltern von Kindern mit kognitiver Beeinträchtigung berichten häufig von negativen Erfahrungen in der Vergangenheit, die vom Erleben von Diskriminierungen bis zu Scham- und Schuldgefühlen reichen (Burtscher 2015).

Frau Staashelm berichtet, dass sie immer mit ihrem Sohn in den Urlaub gefahren seien, auch in Hotels. Die Leute hätten geguckt und sie angesprochen. Einmal habe eine andere Frau zu ihr gesagt, wie toll sie das mit ihrem Sohn hinbekommen hätte, ‚dass der so schön essen kann.' Als sei das was Besonderes! Das war schon schwierig. ‚Also, die Leute sind ja unsicher, die wissen ja nicht, was sie sagen sollen. Aber für mich war das schon manchmal schwierig.'

Hinzu kamen sehr unterschiedliche, mitunter sogar gegensätzliche Handlungsaufforderungen von Seiten der Außenwelt: Zum einen gab es Aufforderungen von Fachleuten, das Kind schon im

Kindes- oder Jugendalter, spätestens aber im Erwachsenenalter in ein Heim oder eine Wohnstätte abzugeben, zum anderen ausgesprochene oder unausgesprochene Meinungen aus dem Verwandten- und Bekanntenkreis, dass eine ‚gute Mutter' sich um ein solches ‚Sorgenkind' besonders intensiv und dauerhaft zu kümmern habe. Durch das langjährige Zusammenleben entwickelten sich zudem starke Bindungen zwischen Eltern und ihrem behinderten Kind, die beiden Seiten Sicherheit und Stabilität geben. Dadurch, dass die Eltern gelernt haben, mit bestimmten Verhaltensweisen konstruktiv umzugehen, sprachliche Äußerungen zu verstehen und den gemeinsamen Alltag positiv und stressfrei zu gestalten, sind sie im Laufe der Zeit zu Experten für das Zusammenleben mit ihrem Kind geworden (Fischer 2008). Sie sind stolz auf diese Lebensleistung und erwarten dafür Anerkennung.

Bis zu einer Krise, die beispielsweise durch den Tod oder eine Erkrankung eines Elternteils, durch Pflegebedürftigkeit oder andere belastende Ereignisse eintreten kann, leben die älteren Familien weitestgehend unauffällig: Meist wünschen sie keine Veränderung der Situation, auch wenn Fachkräfte davon überzeugt sind, dass die Ablösung der erwachsenen Tochter oder des erwachsenen Sohnes für alle Beteiligten von Vorteil wäre (Lindmeier 2011).

Frau Schmidt erklärt selbstbewusst gegenüber einer Projektmitarbeiterin: „Für Heinz ist es das beste, wenn es alles so bleibt, wie es ist!"

Werden die Eltern krank oder pflegebedürftig, gewinnt die wechselseitige Unterstützung der erwachsenen Söhne und Töchter und ihrer Eltern oft noch an Bedeutung: Die erwachsenen Menschen mit kognitiver Beeinträchtigung übernehmen, meistens unter Anleitung, beispielsweise Tätigkeiten im Haushalt oder bei der Pflege der Eltern.

Frau Leudolph berichtet über ihren Sohn, dass er „sich sehr rausgemausert" habe in den letzten Jahren. Er putze zu Hause die Fenster, habe schon Kuchen gebacken, könne sich Pizza in den Ofen schieben („das ist ja nichts Besonderes"), Rührei kochen – all diese Dinge habe er lernen wollen und sie habe es ihm gezeigt. Er könne zu Hause auch alle elektrischen Maschinen bedienen bis auf die Bohrmaschine, da habe sie zu viele Bedenken wegen seiner geringen Sehkraft. Er gehe für sie einkaufen und helfe ihr zum Beispiel in den Mantel, wenn es ihr wegen ihrer Arthrose schwer falle. Hof fegen und Müll wegbringen gehören zu seinen Aufgaben, ebenso wie das Zimmer aufräumen.

Zudem profitieren die älteren Eltern von der Gesellschaft des ‚erwachsenen Kindes', da die sozialen Netze im höheren Lebensalter durch den Tod des Partners oder anderer Bezugspersonen sowie durch abnehmende Mobilität oftmals erheblich eingeschränkt sind. Ein weiterer Faktor, der die Abhängigkeit der Eltern von ihren Söhnen und Töchtern verstärkt, ist deren finanzieller Beitrag zum Familieneinkommen (Lindmeier 2011). Durch den monatlichen Werkstattlohn oder die Erwerbsminderungsrente sowie den in einigen Fällen vorliegenden Anspruch auf Pflegegeld wird ein wichtiger Beitrag zum Familieneinkommen geleistet. Der Aspekt der finanziellen Unterstützung ist besonders dann von existenzieller Bedeutung, wenn die Eltern, vor allem die Mütter, die ihr Kind zu Lasten einer beruflichen Tätigkeit lebenslang betreut haben, lediglich eine geringe eigene Rente oder Witwenrente erhalten, die beispielweise nicht ausreichen würde, um den eigenen Wohnraum weiterhin zu unterhalten oder das Auto zu finanzieren (siehe dazu auch Burtscher 2012).

Auch wenn das Thema des Auszugs von erwachsenen Söhnen und Töchtern innerhalb der deutschen Durchschnittsbevölkerung inzwischen als ein normaler Entwicklungsschritt angesehen wird, der bei Kindern mit und ohne Beeinträchtigung gleichermaßen in der Regel im jungen Erwachsenenalter vollzogen wird, ist der Auszug eines Kindes mit schwerer kognitiver oder mehrfacher Beeinträchtigung besonders schwierig. Für die Eltern, die ihre Tochter oder ihren Sohn seit der Geburt intensiv begleitet und betreut haben, ist es oftmals nicht vorstellbar, diese Verantwortung an Fachkräfte innerhalb einer Wohneinrichtung, abzugeben, sodass die ‚erwachsenen Kinder' solange wie möglich im Kreis der Familie verbleiben – auch wenn die hochaltrigen Eltern oder anderen Angehörigen dabei über einen langen Zeitraum an die Grenzen ihrer Belastbarkeit stoßen (Feurer/Lindmeier 2011). Hinzu kommt der Umstand, dass Eltern aus ihrer Sicht immer schmerzhafte Kompromisse machen müssen, wenn sie institutionalisierte Wohnformen für ihren Sohn oder ihre Tochter in Anspruch nehmen. Nicht nur Eltern, die sich seit Jahrzehnten nicht mehr über die Entwicklungen von Wohnreinrichtungen informiert haben und ein unzutreffendes Bild von großen Schlafsälen und starker Reglementierung vor Augen haben, können sich einen Umzug schwer vorstellen. Auch Eltern mit aktuellen Informationen über die Möglichkeiten und Grenzen selbstbestimmter Lebensführung in Wohnstätten sagen zu Recht, dass diese Entscheidung immer die Aufgabe von aus ihrer Sicht wichtigen Gewohnheiten, Lebensmöglichkeiten und Entwicklungspotenzialen bedeute und dementsprechend einen schwierigen Kompromiss für sie darstelle. Insbesondere die Unterstützungsgestaltung in größeren Gruppen und die eingeschränkten Möglichkeiten der Individualisierung, die weniger emotionalen und weniger exklusiven Beziehungen sowie die Vielzahl an Regeln werden als problematisch angesehen (Weiß 2002).

Frau Braun erzählt, dass sie die Tagesbildungsstätte[1], die ihr Sohn Michael besucht habe, eher als „Verwahranstalt" wahrgenommen habe, da sei nicht viel mit den Kindern gemacht worden. Dafür seien sie aber dann und wann in den Urlaub oder auf Tagesausflüge gefahren. Aktuell würde ihr Sohn nicht mehr viel unternehmen, aber sie verlasse sich auf die Werkstatt, wo er ja Abwechslung habe.

Mit den Einrichtungen, zu denen sie bisher Kontakt hatte, scheint die Familie jedoch alles in allem zufrieden. Frau Braun erzählt hierzu diese Geschichte: Die damalige Gruppenleiterin ihres Sohnes habe die Tür zur Gruppe kurzzeitig entgegen der geltenden Regeln abgeschlossen, da sie dringend etwas erledigen musste, keine Zweitkraft anwesend war und sie Sorge gehabt habe, dass einer der Beschäftigten weglaufe.

---

1 Tagesbildungsstätten sind anerkannte Schulersatzformen in Niedersachsen, in denen insbesondere schwer und mehrfach behinderte Kinder ihre Schulpflicht erfüllen. Heute tragen Sie häufig die Bezeichnung ‚Schule' im Titel, die Beschäftigten sind in der Regel allerdings keine Lehrkräfte, sondern andere pädagogische Fachkräfte.

Prompt an diesem Tag sei der Werkstattleiter mit Besuchern unterwegs gewesen und habe auch diese Gruppe zeigen wollen. Der Ärger sei groß gewesen. Frau Braun berichtet, dass sie sich gemeinsam mit anderen Angehörigen für die Gruppenleiterin eingesetzt habe, da sie großes Verständnis für ihr Handeln in der Situation gehabt habe: „Ich schließe Michael ja auch manchmal ein, wenn es nicht anders geht. Was hätte die Arme denn machen sollen?"

Die Erzählung zeigt eine professionelle Betreuungspraxis, die bereits länger zurückliegt, aber im Gegensatz zu Frau Brauns Auffassung keineswegs akzeptabel ist[2]. Auch die berichtete familiäre Betreuungspraxis ist sehr problematisch.

Herr Braun war in seiner Kindheit wegen einer Erkrankung lange Zeit auf regelmäßige Krankenhausaufenthalte angewiesen. Dort wie auch im Kontakt mit anderen Ärzten, in der Einrichtung, in der Herr Braun zur Kurzzeitpflege untergebracht war, sowie mit dem Fahrdienst der WfbM machte die Familie in der Vergangenheit schlechte Erfahrungen:

Bei seinem ersten Besuch in einer Kurzzeitpflegeeinrichtung wurde der Familie geraten, ihrem Sohn für die erste Mahlzeit ein Brot mitzugeben. Dieses habe er dann aber nicht gegessen und als sie ihn nach einiger Zeit wieder abholten, waren das Brot und auch die Tasche von Mäusen zerfressen. Auch hier ist die Mutter nicht nachtragend, sondern bringt Verständnis für die Situation auf.

Auch das Handeln der Fachkräfte bei Michael Brauns Aufenthalten im Landeskrankenhaus und die dort vorgenommene Fixierung, die an

---

2 Gleiches gilt für die weiter unten berichtete Behandlung in der psychiatrischen Einrichtung. Wir geben alle Berichte der Mutter so wieder, wie sie uns erzählt wurden. Die berichteten Maßnahmen erinnern an die vom ‚Team Wallraff' recherchierten und im März 2017 von RTL ausgestrahlten Umgangsweisen von Personal (http://www.rtl.de/cms/team-wallraff-herzlose-behindertenbetreuung-macht-experten-sprachlos-4088085.html). Wir bitten die Leserinnen und Leser allerdings zu berücksichtigen, dass die jeweiligen Einrichtungen keine Gelegenheit zur Stellungnahme hatten, die Vorfälle bereits längere Zeit zurückliegen und wir aus Datenschutzgründen nicht angeben, in welchen Einrichtungen sie sich zugetragen haben.

den Fußgelenken zu Einschnürungen führte, bewertet sie rückblickend nicht als unangemessen. Sie erzählt lediglich, dass sie immer eine Decke über seine Füße gelegt habe, damit ihr Mann die Fixierungen nicht sehe, weil sie gewusst habe, dass er den Anblick nicht hätte aushalten können. Trotzdem bringt sie auch für diese schwerwiegende Maßnahme Verständnis auf: „Die konnten ja auch nicht die ganze Zeit aufpassen", und kritisiert die Handhabung nicht.

Über eine Sache ärgert sich Frau Braun dann aber doch: Ihr Sohn habe immer gut mit Unterstützung in den Bulli einsteigen können. Irgendwann sei ein neuer Zivi gekommen, der behauptet habe, er wisse nicht, wie er das machen soll. Sie habe dann angeboten, mitzukommen und es ihm zu zeigen. „Das wollten die ja nun nicht, dass da eine Mutter kommen muss und die sich was von ihr zeigen lassen müssen. Seitdem haben sie Michael immer in einen Rollstuhl gesetzt und ihn so mitgenommen." Sie würde es lieber sehen, wenn seine Fähigkeit, zu laufen, so häufig wie möglich geschult werde (vermutlich auch, weil es für sie immer schwieriger wird, ihn beim Hineinsetzen in den Rollstuhl zu unterstützen, bzw. immer riskanter, dass sie dabei stürzt und sich verletzt).

Die ehemalige Gruppenleiterin von Herrn Braun berichtet zudem von einer Geschichte: Sie sei einmal mit ihm im Krankenhaus gewesen, weil er Blut erbrochen habe. Die Ärzte hätten eine Magenschleimhautentzündung festgestellt. Herr Braun habe die ganze Zeit ihre Hand gehalten, sie habe nicht einmal zur Toilette gehen können. Ihm sei ganz klar gewesen, dass hier etwas nicht stimmt und dass er sich an sie halten müsse. Der Hausarzt habe später gesagt, die verschriebenen Tabletten seien zu teuer und Herr Braun lebe sowieso nicht mehr so lange. Frau Braun sei mit ihm dann zu einer anderen Ärztin gewechselt, die ihr erklärt habe, er werde mit diesen Tabletten noch sehr lange leben, wichtig sei nur, dass er sie nehme. Die Familie habe sich dann von ihrem bisherigen Hausarzt getrennt.

Das Fallbeispiel zeigt die große Abhängigkeit der Eltern von medizinischen und pädagogischen Fachkräften und ihr Bemühen, sich sogar mit Einschränkungen der persönlichen Freiheit bis über das eigentlich Erträgliche hinaus, mit weitreichenden Diskriminierungen und Rechtsbruch zu arrangieren, ‚*wenn es nicht anders geht*', wie Frau Braun sich ausdrückt.

Aus der Sicht der Eltern ist es trotz des großen Angebots an Wohnmöglichkeiten mit unterschiedlichen Schwerpunkten und Konzepten in der Regel unmöglich, ein Angebot zu finden, das (leisten und) fortsetzen kann, was die Familie in vielen Jahren erarbeitet und geleistet hat. Folglich ist es für Eltern oftmals eine große Herausforderung, ein zufriedenstellendes oder gar die Erwartungen an konzeptionelle Ausrichtung und Betreuung erfüllendes Angebot zu finden, das aus Sicht der Eltern eine echte Alternative zum Wohnen im Elternhaus darstellt. Zu den Faktoren, die für die Familien in diesem Kontext für eine Entscheidung relevant sind, zählen unter anderem die Größe der Einrichtung und der Personalschlüssel, aber auch die Entfernung zur bisherigen gemeinsamen Wohnung der Familie. Die Verfügbarkeit passender Angebote ist dadurch auch vom Wohnort der Familie abhängig, aber auch vom Unterstützungsbedarf des behinderten Menschen. Durch teilweise vorhandene negative Erfahrungen aus der Vergangenheit, die beispielsweise bei einer Unterbringung des Sohnes oder der Tochter im Rahmen der Kurzzeitpflege oder durch gescheiterte Umzüge in eine Einrichtung der Behindertenhilfe entstanden sein können, stehen viele Familien den bestehenden Angeboten skeptisch gegenüber (Oermann 2008a). Ambulante Unterstützung wird mitunter gar nicht als Alternative wahrgenommen oder sie wird als nicht ausreichend beschützend und verlässlich eingeschätzt.

Eine Familie formuliert innerhalb der Angehörigenbefragung ihre Wünsche für eine ideale Unterbringung ihres Angehörigen so:

> „Eine gute und angemessene Wohnsituation in einem Wohnheim. Auf Grund von Erfahrungen und Austausch mit anderen Eltern behinderter Kinder wird eine optimale Lösung nicht möglich sein."

Neben Eltern, die aus unterschiedlichen Gründen einem Auszug ihrer Tochter oder ihres Sohnes eher ablehnend gegenüberstehen, gibt es viele Familien, in denen beide Elternteile oder andere enge Angehörige unterschiedliche Vorstellungen von der Zukunft des

Angehörigen mit Beeinträchtigung verfolgen. Die sich hieraus ergebende ,Pattsituation' führt häufig ebenfalls dazu, den Status quo beizubehalten.

Wie die eigentlichen Hauptpersonen selbst ihre Lebenssituation beurteilen, ist aufgrund von bisher nur sehr wenigen vorliegenden Untersuchungen zum Thema nicht generell zu sagen. Als erschwerender Faktor für die Durchführung entsprechender Befragungen ist in diesem Kontext zu berücksichtigen, dass Menschen mit kognitiver Beeinträchtigung zu positiven, sozial erwünschten Antworten neigen, um die Eltern (oder bei Befragungen zur Situation in Wohneinrichtungen auch die Mitarbeiterinnen und Mitarbeiter dort) nicht zu verletzen. Hinzu kommt, dass viele der behinderten Menschen nicht über die Möglichkeit verfügen, Wohnalternativen mit der aktuellen Lebenssituation zu vergleichen und entsprechende Veränderungen einzufordern oder selbstständig anzustoßen (Schäfers 2008).

Eine Studie von Metzler und Rauscher (2004) macht allerdings deutlich, dass Eltern und ihre ,erwachsenen Kinder' oftmals unterschiedliche Zukunftsperspektiven verfolgen. Während sich die Eltern für ihre Töchter und Söhne sichere, beständige Wohnangebote wünschen, steht für die behinderten Menschen selbst eher das Zusammenleben mit für sie wichtigen Menschen, wie einer Partnerin oder einem Partner oder Freunden, im Vordergrund.

Die Umsetzung dieser Wünsche wird jedoch von den Erwachsenen im mittleren Lebensalter, soweit sie ähnlich denken, oftmals aufgrund eines ausgeprägten Verantwortungsgefühls den Eltern gegenüber hintenangestellt oder auf die Zeit, in der die Eltern gestorben sind, verschoben (Feurer/Lindmeier 2011).

> „Frau Moltkes Mutter hat immer gesagt: ,Die will gar keinen Freund. Die braucht das gar nicht'. Aber als Frau Moltkes Mutter tot war und sie ins Wohnheim gezogen ist, hatte sie sofort einen Freund."

> In der ersten Einheit, in der wir u.a. die Frage stellen: „Wo möchtest du in 20 Jahren wohnen?", antwortet Frau Müller: „Im Wohnheim, aber solange meine Eltern da sind, geht das nicht."

Es gibt allerdings auch erwachsene Menschen, die sich eindeutig für die Fortsetzung ihrer derzeitigen Wohn- und Lebenssituation aussprechen. Dies ergeben nicht nur unsere Arbeiten, sondern auch in der bereits genannten Studie von Metzler und Rauscher, in der jüngere Erwachsene befragt wurden, plädierten 25% derjenigen, die noch bei den Eltern leben, für eine Fortsetzung dieser Wohnsituation auf längere Sicht, und auch 15% derjenigen, die bereits in einer Wohngruppe lebten, würden das Zusammenleben mit ihrer Familie bevorzugen (Metzler/Rauscher 2004).

Die genannten Aspekte machen deutlich, dass und warum die Zukunftsplanung für die behinderten Menschen und für ihre Familien eine schwierige Angelegenheit ist, zu der die einzelnen Beteiligten mitunter unterschiedliche, auch widersprüchliche Auffassungen haben. Es lässt sich nicht verallgemeinern, dass es in vielen Familien wenig Interesse an einem Auszug ihrer erwachsenen Söhne und Töchter gibt, obwohl Mitarbeiterinnen und Mitarbeiter, die das Thema versuchen anzusprechen, in vielen Fällen diesen Eindruck gewinnen: Die Reaktion auf Gesprächsangebote ist häufig von Misstrauen, Rückzug oder Abwehr oder von oberflächlicher Zustimmung geprägt, die aber nicht zu einer tiefergehenden Beschäftigung mit der Thematik führt. Die Zusammenarbeit zwischen den Familien und den Mitarbeiterinnen und Mitarbeitern wird durch nicht für beide Seiten zufriedenstellend geführte Gespräche oftmals nachhaltig belastet.

2.2 Die Gestaltung der Zukunft

Vielen der älteren Eltern oder anderen Angehörigen ist es durchaus bewusst, dass verschiedene Krisen, wie beispielsweise eine schwerwiegende Erkrankung oder ein Todesfall, jederzeit eintreten und somit einen plötzlichen Umzug ihres Sohnes oder ihrer Tochter notwendig machen können. Trotz großer Zukunftssorgen wird die Auseinandersetzung mit der Thematik jedoch häufig lange Zeit hinausgezögert. Einige Eltern planen allerdings bereits zeitig, wie die Zukunft des Kindes aussehen könnte, wenn sie selbst die Betreuung und Pflege nicht mehr leisten können und kein anderer Angehöriger die Aufgaben übernehmen kann und will. Teilweise werden im Zuge dessen konkrete, schriftliche Pläne erstellt, in anderen Fällen treffen die Familien ausschließlich mündliche Absprachen (Lindmeier 2011). Viele der älteren Eltern beziehen bei den Planungen weder ihr behindertes Kind, noch andere Angehörige in den Prozess ein (Wicki et al. 2016). Ebenso findet sich aber auch das andere Extrem, Geschwister zur Fortführung der Betreuungsaufgaben zu verpflichten, mitunter sogar durch am Sterbebett abgeforderte Versprechen. In manchen Familien führen derartige elterliche Versuche, die Sicherung eines familiären Betreuungsarrangements durchzusetzen, zu Kontaktabbrüchen der Geschwister des behinderten Menschen oder wenigstens zu sehr angespannten familiären Situationen.

Werden Pläne erstellt, so sind sie in den meisten Fällen eher unbeständig, da sie oftmals innerhalb von zwei Jahren erneut verändert werden (Grant 1989). Ein von uns befragter Vater berichtete davon, dass sich ein bereits geplanter Auszug verschob, nachdem die Mutter an Krebs erkrankt und sie die Tochter während ihrer letzten Lebensphase bei sich haben wollte. In einer anderen Familie erwies sich ein getroffenes Arrangement schon bei einem Krankenhausaufenthalt eines Elternteils als nicht praktikabel, und ein bereits abgesprochener Plan, den behinderten Angehörigen zu seinem Bruder und dessen Frau ziehen zu lassen, scheiterte an der Scheidung der Ehe.

Das Schmieden von Plänen ist zudem etwas grundsätzlich anderes als ihre Umsetzung. Auch Familien, die Pläne machen, setzen diese mitunter nicht um. Die große emotionale Nähe führt häufig dazu, dass sich ältere Eltern nicht dazu in der Lage sehen, eine Veränderung der Wohnsituation anzustoßen und umzusetzen, auch wenn ihnen die Notwendigkeit eigentlich bewusst ist. Für die Familien steht häufig das Aufrechterhalten der aktuellen Lebenssituation innerhalb der Herkunftsfamilie an dem bisherigen Wohnort im Vordergrund – solange irgend möglich (Lindmeier 2011), wie die Aussagen der Elternbefragung zeigen:

> „Ich möchte unsere Tochter noch in der Familie behalten. Ich weiß, dass die Lösung nicht die Ideale ist.“

„Es ist geplant, dass sie immer bei uns wohnt!“

„Dass Marianne so lange sie kann bei uns leben wird.“

„Das Leben im Elternhaus so lange wie eben möglich zu machen.“

Viele der älteren Eltern wünschen, dass ihre ‚erwachsenen Kinder‘ mit Beeinträchtigung auch nach ihrem Tod weiterhin in ihrer gewohnten Umgebung leben können. Verbunden mit diesem Wunsch ist oftmals die Hoffnung, dass Geschwister die Betreuung weiterführen, wie sich auch innerhalb des Projekts in der schriftlichen Antwort in einem Fragebogen auf die Frage nach der optimalen Lösung für die Zukunft zeigt:

„Meine Tochter soll bei ihrem Bruder und seiner Familie im gewohnten Umfeld leben. Sie soll weiterhin voll integriert sein und sich wohlfühlen.“

„Dass meine Tochter so lange wie möglich bei mir wohnt. Später bei ihrer Schwester mit im Haus.“

„Dass ich mit ihm noch sehr lange zusammen leben könnte. Die seligste Lösung wäre natürlich bei seinen Geschwistern. Es wird aber nicht gehen. So erhoffe ich mir in einer Einrichtung eine möglichst gute Pflege. Ich habe große Sorgen.“

„Dass er die Werkstatt solange besucht wie möglich. Bei seiner Schwester lebt. Sollte er sich verschlechtern und es unzumutbar sein ihn zu pflegen, eine passende Bleibe zu gewähren.“

Hier wird deutlich, dass die Eltern ihren Töchtern und Söhnen mit dem Verbleib im Elternhaus ermöglichen möchten, weiterhin in ihrem gewohnten Umfeld zu leben, in dem das Zusammenleben eingespielt ist, sie oftmals auch in nachbarschaftliche Bezüge integriert sind und sich wohlfühlen. Es wird eine sehr deutliche Erwartung an die Geschwister formuliert, die familiäre Betreuung fortzusetzen, selbst wenn erkannt wird, dass die Geschwister möglicherweise nicht gewillt oder in der Lage sein werden, das Zusammenleben, wie es durch die Eltern über viele Jahre geprägt wurde, dauerhaft aufrechtzuerhalten – besonders, wenn der Betreuungs- oder Pflegebedarf des behinderten Angehörigen sich erhöht.

Die Planungen der älteren Eltern beziehen sich in vielen Fällen daher auf die Versorgung des erwachsenen Kindes mit kognitiver Beeinträchtigung in akuten Krisensituationen, die beispielsweise durch eine schwere Erkrankung oder gar den Tod der Eltern oder eines Elternteils ausgelöst werden können. Neben Abmachungen mit weiteren Kindern umfassen solche Pläne beispielsweise Vereinbarungen mit einer Wohneinrichtung über eine Aufnahme des Angehörigen in der Krisensituation oder Absprachen über eine ambulante Unterstützung im Elternhaus.

Das Vorhaben, eine Veränderung der Wohnsituation möglichst lange hinauszuzögern, basiert oftmals auf der Hoffnung der Eltern, ihr eigenes Kind zu überleben.

> In Bezug auf die Zukunftsperspektiven ihrer familiären Lebenssituation sagt Frau Braun: „Wenn ich mal sterbe, sage ich immer, dann hoffe ich, dass er dann schon da unten liegt." „Und was soll ich auch planen, kommt doch sowieso alles anders, als man denkt." Zur Veranschaulichung erzählt sie die Geschichte ihrer Mutter, der im Krankenhaus ein Bein amputiert wurde. Sie sei sehr verzweifelt gewesen, wie sie je wieder den Haushalt zu Hause schaffen solle. Nach zwei Tagen im Krankenhaus sei sie gestorben: „Da hätte sie sich die Sorgen gar nicht zu machen brauchen", so Frau Braun. Interessant ist, dass trotz dieser Ansicht ein gepackter Koffer in Markus Zimmer steht, offenbar doch für den Fall, dass ihr etwas zustößt und ihr Sohn schnell versorgt werden muss.

2.3 Entstehung und Funktionalität des familiären Zusammenlebens

Diese Hoffnung, das eigene Kind zu überleben, stößt bei pädagogischen Fachkräften auf strikte Ablehnung, da in dieser Hoffnung letztlich ein Todeswunsch verborgen ist. Wird jedoch berücksichtigt, wie sich dieser Wunsch der Eltern entwickelt hat, wird er aus der sehr subjektiv und emotional gefärbten elterlichen Perspektive besser verständlich – auch wenn die Hoffnung, dass ein Mensch quasi ‚rechtzeitig' versterben möge, natürlich inakzeptabel bleibt.

Die heute erwachsenen Söhne oder Töchter mit kognitiver Beeinträchtigung wurden in einer Zeit geboren, in der ihren Eltern durch Ärzte und pädagogische Fachkräfte sehr häufig eine geringe Lebenserwartung ihrer Neugeborenen vorhergesagt wurde, sodass sie davon ausgehen mussten, ihr Kind zu überleben. Die Planung des Zusammenlebens richtete sich an dieser Einschätzung von Fachleuten aus, sodass sich die Auffassung, das ‚Kind' bis zu dessen Tod betreuen (und beschützen) zu können, in vielen Familien früh verfestigte. Die folgende Äußerung zeigt deutlicher als manche andere Formulierung die nach unseren Erfahrungen immer dahinterliegende Sorge um das Wohl des Sohnes bzw. der Tochter:

> „Dass ich ihn überlebe und gesund bleibe, damit ich ihn bis zum Schluss pflegen kann, dann weiß ich, wo er ist und ihm kann nichts mehr zustoßen."

Bei Menschen mit kognitiver Beeinträchtigung konnte in den vergangenen Jahrzehnten ein so starker Anstieg der Lebenserwartung konstatiert werden, dass heute davon ausgegangen werden kann, dass sie ihre Eltern in der Regel überleben werden. Ausnahmen bilden dabei weiterhin sehr schwer und mehrfach behinderte Menschen, da hier, abhängig von den konkreten Schädigungen und etwaiger Komorbidität, die Lebenserwartung individuell sehr unterschiedlich und noch immer unterdurchschnittlich ist. Auch bei Menschen mit Down-Syndrom ist die Lebenserwartung trotz eines enormen Anstiegs in den vergangenen Jahren weiterhin geringer. Während Menschen mit Down-Syndrom noch in den 1960er-Jahren bei der Geburt ein mögliches Lebensalter von lediglich 18 Jahren prognostiziert wurde, gibt es heute bereits viele 50- oder 60-jährige Menschen mit Down-Syndrom, die ihre Eltern vermutlich überleben werden oder bereits überlebt haben (Haveman/Stöppler 2010).[3]

Viele der älteren Eltern, denen bei der Geburt ihres Kindes nur eine erheblich verkürzte gemeinsame Zeit vorausgesagt wurde, haben diese Prognosen in ihre familienbiografische Planung einbezogen, die sie folglich in der Vergangenheit mehrfach korrigieren mussten (Lindmeier 2011).

Von besonderer Bedeutung bei der Entscheidung über einen möglichen Auszug sind aus Sicht der älteren Eltern von Menschen mit kognitiver Beeinträchtigung unter anderem die Angst vor einer schmerzhaften Trennung sowie der Wunsch, als Familie zusammenzubleiben (Oermann 2008a). Auch die Sorge, ihr Kind nicht mehr beschützen zu können, spielt eine große Rolle. Die heute älteren Eltern haben verschiedene Leitprinzipien im gesellschaftlichen Umgang mit ihren Kindern mit kognitiver Beeinträchtigung erlebt, wie die Ablösung des Fürsorgeprinzips, an dem sich einige von ihnen bis heute orientieren, hin zum Prinzip der Selbstbestimmung. Veränderte Leitprinzipien zeigen sich nicht nur in den Erwartungen von Fachkräften an die Eltern selber und in den fachlichen Prinzipien der Betreuung. Auch die elterliche Auffassung, dass der Sohn der die Tochter ausschließlich in der Familie vor eugenischem Gedankengut und der damit verbundenen Diskriminierung geschützt ist, ist in dieser Generation von hoher Bedeutung: Die NS-Vergangenheit Deutschlands, in der im Rahmen der ‚Euthanasie'-Verbrechen unzählige behin-

---

3 Bei den unzutreffend niedrigen Prognosen in der Nachkriegszeit dürfte eine falsche Interpretation der Statistiken eine Rolle gespielt haben. In die niedrigen Durchschnittswerte gingen die in dieser Zeit noch häufigeren Todesfälle bald nach der Geburt auf Grund nicht rechtzeitig erkannter Komorbidität ein, beim Down-Syndrom beispielsweise Todesfälle auf Grund von nicht rechtzeitig behandelter Herzschwäche oder Darmverschluss.

derte Menschen ermordet wurden, wirkt hier noch deutlich nach. Durch die langjährige Propaganda eugenischen Gedankenguts, demzufolge behinderte Menschen als ‚lebensunwert' eingestuft wurden, herrschte in Deutschland auch nach dem Ende des nationalsozialistischen Regimes in vielen Köpfen zunächst noch eine sehr defizitorientierte, wenn nicht eugenische Sicht gegenüber behinderten Menschen vor. Eltern, die in dieser Zeit ein Kind mit einer kognitiven Beeinträchtigung bekamen, wurden mit diesen Auffassungen nicht nur in ihrem Umfeld konfrontiert, sondern sie hatten das Gedankengut als Mitglieder der Gesellschaft ebenfalls zu Teilen verinnerlicht (Lindmeier 2011). Insbesondere der Gedanke der Bildungsunfähigkeit bestand noch lange fort, weshalb es bis in die 1960er-Jahre dauerte, angemessene Schulbildungsmöglichkeiten zu schaffen, und noch länger, sie wohnortnah vorzuhalten (Bernasconi/Böing 2015). Basierend auf dieser Anschauung entstand in vielen Familien ein Verständnis von Behinderung als ‚Krankheit', das sich auch an dem häufig benutzten Begriff der ‚Pflege' in den Elternäußerungen spiegelt und das im Erziehungsverhalten vieler Eltern zu einem besonders fürsorglichen, mitunter stark behütenden Verhalten führte. Die besondere Aufmerksamkeit, mit der das Kind umsorgt wurde, resultierte in vielen Fällen in einer sehr engen Bindung zwischen Eltern (vor allem der Mutter, die in dieser Zeit hauptsächlich für die Kindererziehung und -betreuung verantwortlich war) und Kindern sowie einer hohen Identifikation der Eltern bzw. der Mutter mit ihrem behinderten Kind. Als Folge dieser engen Beziehung haben manche Menschen, die in dieser Zeit Eltern eines Kindes mit Beeinträchtigung wurden, Schwierigkeiten, ihr heute erwachsenes Kind als eigenständigen, erwachsenen Menschen zu sehen und neigen dazu, auch im Erwachsenenalter mit besten Absichten große Kontrolle über das Leben der Kinder zu übernehmen (Wendeler 1992; Fischer 2008). Bis in die 1970er-Jahre wurde Eltern entgegen der oben genannten persönlichen Bestrebungen, das Kind besonders zu umsorgen, empfohlen, ein geistig behindertes Kind in ein Heim zu geben, um angenommene negative Konsequenzen des erhöhten Betreuungsbedarfs für das Familienleben zu vermeiden, wie z. B. das Scheitern der Ehe oder Schäden für weitere

Kinder der Familie (Lindmeier 2011). Entschied sich die Familie dafür, das Kind mit kognitiver Beeinträchtigung in der Herkunftsfamilie aufwachsen zu lassen, so wurde sie mit dem zu dieser Zeit noch wenig entwickelten Hilfesystem konfrontiert: Angebote der Frühförderung sowie spezialisierte Kindergärten und Schulen waren gerade auf dem Land nicht immer wohnortnah vorhanden. Das Auto der Familie, wenn es eines gab, wurde vom Vater für den Arbeitsweg benötigt; er war häufig das einzige Familienmitglied, das einen Führerschein besaß oder tatsächlich das Auto fuhr. Eine Integration der behinderten Kinder fand nur in Einzelfällen statt.

Als Rita Falke in die Schule sollte, wollte ihre Mutter gerne, dass sie eine bestimmte Schule besucht. Zu der Zeit gab es jedoch eine Regelung, so Frau Falke, dass an der spezialisierten Sonderschule nur Kinder, die direkt in Osnabrück wohnten oder die von ihren Eltern gefahren wurden, aufgenommen wurden. Um ihrer Tochter den Besuch der Schule zu ermöglichen, machte Frau Falke den Führerschein und die Familie kaufte sich ein Auto, damit ihre Tochter die Schule besuchen konnte.

Viele Eltern verfügten jedoch nicht über diese Möglichkeiten und mussten erleben, dass ihre Kinder von Regelschulen oder – bei schweren oder mehrfachen Beeinträchtigungen – mitunter sogar von Sonderschulen für Geistigbehinderte abgelehnt wurden. Unter Berücksichtigung der beschriebenen Erlebnisse und des Umstands, dass zu dieser Zeit familiäre Angelegenheiten noch stärker als heute als Privatsache angesehen wurden und die Kinderbetreuung in der Regel innerhäuslich geregelt wurde, lässt sich nachvollziehen, wieso ein großer Teil der älteren Eltern eines heute erwachsenen Angehörigen mit kognitiver Beeinträchtigung entschieden hat, die Betreuung des Kindes weitgehend autonom, ohne Unterstützung von außen, zu organisieren (Lindmeier 2011). Tatsächlich haben sich in den Familien über die Jahre oftmals verlässliche Betreuungsarrangements entwickelt, in denen durch die Mithilfe beider Partner, der Kinder und anderer Angehöriger nur in sehr geringem Maße externe Unterstützung beansprucht werden muss (Burtscher 2012).

2.4 Unterschiedliche Perspektiven von Eltern und Fachleuten

Die älteren Familien sehen sich selbst und ihre Lebenssituation als unproblematisch, ja, erfolgreich, da sie über die Zeit Wege und Strategien entwickelt haben, um das Zusammenleben ohne die Unterstützung von anderen zu gestalten. Sie sind stolz auf das, was sie als Familie ohne Hilfe anderer erreicht haben. Dieser positiven Selbstsicht stehen die Meinungen der (oftmals jüngeren) Fachleute entgegen, die die aktuellen Leitprinzipien Selbstbestimmung und Empowerment für Menschen mit kognitiver Beeinträchtigung in ihren hochaltrigen Familien nicht verwirklicht sehen (Bigby 2004; Lindmeier 2011). Aus ihrer Perspektive haben die älteren Familien die Ablösung verpasst und bieten dem behinderten Familienmitglied nur sehr eingeschränkte Möglichkeiten, eigene Wünsche zu verwirklichen und neue Erfahrungen zu sammeln. Fachkräfte erleben ältere Eltern oftmals als überbehütend und sehen in der Nutzung verschiedener Angebote, wie beispielsweise familienunterstützender Dienste, freizeitpädagogischer Angebote oder auf das unabhängige Wohnen bezogener Dienstleistungen, für den erwachsenen Menschen mit kognitiver Beeinträchtigung die Chance, unabhängig von den Eltern neue Erfahrungen zu sammeln und sich somit weiterzuentwickeln.

Lina Mertens arbeitet seit ca. 30 Jahren in einer WfbM. Sie lebt mit ihrer hochaltrigen Mutter Luise Mertens in einem Haushalt und wird von ihr versorgt. In einem Gespräch mit Fachkräften der WfbM äußert Frau Mertens den Wunsch: ‚Hoffentlich stirbt Lina eher als ich' und bringt damit zum Ausdruck, dass sie die Versorgung ihrer Tochter nur durch sich angemessen und zufriedenstellend gewährleistet sieht. Auch wird dadurch sehr deutlich, dass sie an ihrer aktuellen Lebenssituation nichts verändern möchte – trotz ihres eigenen schon hohen Alters.

Luise Mertens hat durch für sie schlechte Erfahrungen in der Vergangenheit (‚Die wollten mir Lina weg nehmen.') die Kontakte zu Behörden auf das Notwendigste reduziert. Ein umfangreicheres Gespräch mit den Mitarbeitern der WfbM lässt sie erst nach Jahren zu.

Deutlich wird auch an dieser Stelle eine häufig auftretende Schwierigkeit in der Zusammenarbeit von älteren Familien und Fachkräften: Die Eltern, die ihre nun erwachsenen Töchter und Söhne über viele Jahre lang selbstständig betreut und ggf. gepflegt haben, empfinden die von den pädagogischen Fachkräften – meist ohne genaue Kenntnis oder tiefer gehendes Interesse an der Familiengeschichte – an sie herangetragenen Erwartungen und Forderungen oftmals als wenig wertschätzend. Forderungen nach zeitnaher Ablösung, die mitunter in unausgesprochene oder offene Vorwürfe münden, die Eltern hätten die Ablösung bereits lange verpasst (und damit als Eltern versagt), werden als verletzend empfunden. Mitunter werden allerdings auch in Gesprächen mit sehr behutsam und umsichtig agierenden Fachkräften schlechte frühere Erfahrungen reaktiviert – oder die Familie lässt gar kein Gespräch mehr zu, wie im Beispiel von Luise Mertens erkennbar wird.

Hinzu kommt, dass es in der Regel deutlich jüngere Fachleute sind, von denen derartige Gesprächseinladungen ausgehen. Ihnen wird nicht selten die Kompetenz, mit dem eigenen ‚Kind' umzugehen, bereits auf Grund des geringen Lebensalters abgesprochen. Der oder die Angehörige wird mitunter auch als besonders schwierig, eigen, mit zu berücksichtigenden Marotten oder Vorlieben präsentiert.

Viele ältere Familien, die seit der Geburt des behinderten Kindes zusammenleben, wünschen sich, dass ihre von ihnen als positiv empfundene Lebenssituation anerkannt wird und unverändert bleibt (Bigby 2004). Wie die vorherigen Ausführungen deutlich machen, erfährt dieses Ziel, besonders auf Seiten der Fachkräfte, noch keine ausreichende Akzeptanz, da es nicht ihren fachlichen Orientierungen entspricht – auch wenn es unter Berücksichtigung der Geschichten der älteren Familien durchaus schlüssig erscheint. In dem Wunsch, die familiäre Situation aufrechtzuerhalten, liegt zudem der Grund dafür, warum viele ältere Familien die bestehenden Angebote der Behindertenhilfe bisher nicht genutzt haben: Während durch die verschiedenen Träger ein erhebliches Angebot unterschiedlicher Wohnformen, Beratungsstellen und Freizeitaktivitäten vorgehalten wird, das überwiegend auf persönliche Entwicklung und Kompetenzzuwachs des behinderten Angehörigen sowie dessen (unabhängige) Zukunftsplanung ausgerichtet ist, wünschen sich ältere Eltern in erster Linie praktische Hilfestellungen, die das Zusammenleben in der Herkunftsfamilie erleichtern und stabilisieren, sowie emotionale Unterstützung durch entgegengebrachtes Vertrauen, Respekt und Wertschätzung.

Angebote, die die Betreuung des behinderten Angehörigen sicherstellen, wie z.B. Kurzzeitpflege, Beschäftigung in der WfbM oder Seniorenbetreuung nach Eintritt des Ruhestands sind hier ebenso gefragt wie Angebote zur Aufrechterhaltung der eigenen Mobilität (besonders im ländlichen Raum). Sie sind von immenser Bedeutung, um das Ziel des weiteren Zusammenlebens auch trotz der Alterungsprozesse, die sich sowohl in der Elterngeneration als auch bereits in der Generation ihrer Kinder zeigen kann, weiter verfolgen zu können (Lindmeier 2011). Auch die Erschließung von familienunterstützenden Diensten oder von Verhinderungspflege, Hilfsmittel für die Pflege, Essen auf Rädern und Unterstützung bei der Antragstellung für Leistungen – nicht nur für den Angehörigen mit kognitiver Beeinträchtigung – können Unterstützungsleistungen sein, die den Zugang zur Familie erleichtern.

Fachkräfte der Behindertenhilfe sind allerdings häufig nicht gewillt, derartige Unterstützung zu leisten, weil sie ihrer Meinung nach in die falsche Richtung geht, indem sie das Familiensystem stabilisiert, statt schnellstmöglich eine dauerhaft tragfähige, von den Eltern unabhängige Lebensperspektive für den behinderten Angehörigen zu schaffen. Pflegefachkräfte von ambulanten Pflegediensten, die mitunter auch schon in den Familien tätig sind, sind hier weniger normativ, allerdings weniger gut informiert über das Leistungsspektrum der Behindertenhilfe und die unterschiedlichen Antragswege für die verschiedenen Leistungen, sodass sie bei der Erschließung von Leistungen aus diesem Hilfesystem wenig helfen können.

In der stationären Altenhilfe dagegen sind in den letzten Jahren vielerorts ‚ältere Familien‘ aufgenommen worden, die bei zunehmender Pflegebedürftigkeit der Eltern ihren Angehörigen nicht mehr versorgen konnten, aber als Familie zusammenbleiben wollten. Problematisch daran ist, dass in einer Pflegeeinrichtung zwar die Pflege der alten Eltern und eine pflegerische Basisversorgung des behinderten Menschen möglich ist, nach dem Tod der Eltern aber ein Verbleib in der Pflegeeinrichtung ohne Teilhabeleistungen wahrscheinlich ist, was zu einer deutlichen Verschlechterung der Lebensqualität führen könnte. Auch in unserer Angehörigenbefragung wurde diese Wohnform von einigen Angehörigen benannt (vgl. Kapitel 6.2).

Die vorhandenen Studien zu längerfristiger Zusammenarbeit mit älteren Familien (Heller/Factor 1991; Bigby 2000; Mencap 2002; Wertheimer 2003; Bigby 2004; Magrill 2005) zeigen, dass es leichter ist, mit Familien auch über langfristige Planungen ins Gespräch zu kommen, wenn sie Vertrauen in die Zusammenarbeit gewonnen haben, und dass dies dann am ehesten geschieht, wenn ihre Wünsche und Anliegen ernst genommen werden und die Fachkräfte sich in der Lösung drängender Alltagsprobleme als kompetent erweisen. Die Hilfen zur Stabilisierung der Lebenssituation dienen dann als ‚Türöffner', die es den Familien ermöglichen, zunehmend offen auch über die längerfristige Tragfähigkeit der Lebenssituation und Veränderungsnotwendigkeiten zu sprechen. Darauf deutet auch die Karlsruher Studie hin, in der die Eltern es wertschätzten, dass sie zwar Beratung in Anspruch nehmen konnten, aber nicht zu sofortigem Handeln genötigt wurden (Feurer/van Eickels 2010). Wir sind daher der Auffassung, dass sich, unabhängig von den eigenen Präferenzen und dem Wissen über aktuelle fachliche Standards, eine Unterstützung älterer Familien an ihren Wünschen zu orientieren hat. Dies gilt auch dann, wenn die Elterngeneration in der Formulierung dieser Wünsche den behinderten Angehörigen zu dominieren scheint.

Deutlich werden soll an dieser Stelle, dass Angebote, die die ‚älteren Familien' unterstützen sollen, sich zunächst und möglicherweise über längere Zeit explizit auch an den Wünschen und Bedarfen der Eltern orientieren müssen, obwohl diese im Widerspruch zu den aktuellen fachlichen Standards stehen – und andererseits auch die langfristigen Bedürfnisse der einzelnen Familienmitglieder, insbesondere des behinderten Angehörigen, in den Fokus nehmen müssen (Lindmeier 2011). Die behinderten Menschen, mit denen wir zusammengearbeitet haben, sind nur selten in der Lage, einen offenen Konflikt mit ihren Eltern um einen Auszug zu führen – diejenigen, die dies können, sind bereits in früherem Lebensalter ausgezogen. Sie dürfen unseres Erachtens nach nicht in eine solche Lage gebracht werden, in der sie offen gegen die Wünsche ihrer Eltern – und die ihnen von den Eltern zugeschriebenen eigenen Wünsche – Stellung beziehen und damit möglicherweise einen ‚Verrat' an bestimmten familiären Grundüberzeugungen verüben müssen. Dann steigen sie in der Regel aus dem gemeinsamen Arbeitsprozess aus.

Durch die Biografiearbeit mit dem Lebensbuch kann es gelingen, einen gemeinsamen innerfamiliären Prozess anzustoßen und zu begleiten. Zugleich ändert sich auch die Sicht der Fachkräfte auf die Familien hin zu mehr Verständnis und Anerkennung. In diesem gemeinsamen Arbeitsprozess kann daher häufig die schwierige Beziehung zwischen den Eltern und den Fachkräften in eine allmählich tragfähige, vertrauensvolle Arbeitsbeziehung mit dem gemeinsamen Ziel, eine angemessene Lösung zu finden, überführt werden. Bisher ist es meist so, dass der großen Skepsis gegenüber den Fachleuten und ihren Angeboten, gepaart mit schlechtem Gewissen und Sorge auf Seiten der älteren Eltern, eine ebenso große Skepsis gegenüber der elterlichen Kompetenz, gepaart mit Vorwürfen und ebenfalls zukunftsbezogenen Sorgen, auf Seiten der Fachleute steht.

Diese Perspektive einzunehmen fällt vielen Fachkräften erfahrungsgemäß sehr schwer. Immer wieder wird in Fortbildungen die Anwaltschaft von Fachkräften für Selbstbestimmung und Entwicklungsperspektiven behinderter Menschen thematisiert, und die Eltern werden als ‚Verhinderer' und Problem beschrieben. Die im siebten Kapitel geschilderten Lebensgeschichten zeigen, dass wir uns der problematischen Seiten mancher Lebens- und Betreuungsarrangements deutlich bewusst sind. Sie zeigen aber auch, dass eine normative Sicht auf und ein reglementierender Umgang mit den Familien nicht nur wenig hilfreich für den behinderten Menschen ist, sondern auch den oft begrenzten Möglichkeiten der Familien nicht gerecht wird. Sie zeigen zudem, wie wichtig die familiären Bindungen für die Menschen sind, in deren Interesse wir uns engagieren. Insofern geht es nicht allein um die Frage, was aus fachlicher Sicht angemessen ist, sondern auch um die Frage, was einer Familie zu einem bestimmten Zeitpunkt möglich ist, und wie ihre Möglichkeiten unterstützt und erweitert werden können, denn der oder die behinderte Angehörige ist meist nicht in der Lage, massive Konflikte auszuhalten.

Hinzu kommt, dass die Angehörigen sehr häufig die gesetzliche Betreuung innehaben. Sie haben damit eine Machtposition, die es ihnen im Falle größerer Konflikte auch ermöglicht, Sohn oder Tochter, Schwester oder Bruder aus der Werkstatt abzumelden und den Kontakt abzubrechen. Die behinderten Menschen selbst sind in der Regel nicht in der Lage, einen Betreuungswechsel anzustoßen oder mitzutragen, sondern geraten in solchen Extremsituationen in eine ‚Sandwichposition', die äußerst problematisch ist.

Die Abschätzung, wie tragfähig eine Zusammenarbeit mit einer Familie jeweils ist, wieviel offene und verdeckte Meinungsverschiedenheiten und Konflikte sie aushält und wann welche Fragen thematisiert werden können, gehört zu den schwierigsten Aufgaben von Mitarbeitenden. Die Lebensbuchkurse haben auch hier viel zur Festigung von Arbeitsbeziehungen zwischen Familien und Fachkräften beitragen können – allerdings nicht bei allen Teilnehmenden.

2.5 Die Bedeutung der Beschäftigung in einer WfbM

Ungeachtet der Skepsis gegenüber Unterstützungsangeboten auf Seiten ihrer Eltern nimmt ein Großteil der erwachsenen Menschen mit kognitiver Beeinträchtigung eine Beschäftigung in einer Werkstatt für behinderte Menschen (WfbM) oder einer Tagesförderstätte wahr. Die Arbeit in der Werkstatt ist, neben beispielsweise Kurzzeitpflege und familienunterstützenden Diensten, ein Türöffner zu Angeboten der Behindertenhilfe. Ein solcher Türöffner kann einen weitaus größeren Effekt zeigen als ein klassisches Beratungsangebot, bei dem der Beratungsprozess durch das Aufsuchen einer Beratungsstelle selbst initiiert werden muss. Die Beschäftigung in der Werkstatt bedeutet für viele Angehörige ein erstes Aufatmen nach jahrelanger Unsicherheit hinsichtlich des Übergangs in ein Erwachsenenleben mit Erwerbsarbeit und eine Pause in der Auseinandersetzung mit der Behinderung ihres Sohnes oder ihrer Tochter. Sie bietet ein Stück Normalität durch die Gewährleistung der Teilhabe am Arbeitsleben und kann für die beteiligten Familien ein Etappenziel darstellen, das erreicht wurde und das oftmals eigene Entlastung bedeutet. Die Fachkräfte im Kontext der Werkstatt begleiten den behinderten Menschen oftmals über viele Jahre und schaffen so eine Basis neuer Kontinuität im Familienleben. Gruppenleitung und begleitende Dienste stehen in vielen Fällen in Kontakt mit den Eltern der Beschäftigten und pflegen zu ihnen zumeist langjährige, wenn auch unterschiedlich intensive Kontakte. Sie werden dabei von den Eltern oft als Vertrauenspersonen wahrgenommen, deren Einschätzungen und Hilfsangebote, beispielsweise bei der Antragstellung für den Beschäftigten zustehende Leistungen und bei der Vermittlung von weiteren Angeboten wie Ferienreisen, von den Angehörigen angenommen werden. Zudem können die Fachkräfte Informationen über Entlastungsmöglichkeiten geben, beispielweise bei aktuellen Krisen oder einer zunehmend schwierigeren Situation im Wohnumfeld – besonders, wenn von ihrer Seite aufgrund ihrer eindeutigen Verortung im Bereich Arbeit keine Angriffe und Vorwürfe bezüglich eines Auszug des ‚erwachsenen Kindes' befürchtet werden. Allerdings sind auch viele Mitarbeiterinnen und Mitarbeiter der Werkstätten, insbesondere in den begleitenden Diensten, der Meinung, dass erwachsene Menschen mit kognitiver Beeinträchtigung, vor allem im mittleren oder fortgeschrittenen Erwachsenenalter, in einer Wohneinrichtung besser aufgehoben seien als im Elternhaus bei ihren älteren Eltern. Aussagen wie die Folgenden, waren aus den kooperierenden WfbMs häufig zu hören:

> ‚Wenn Miriam im Wohnheim wohnen würde, hätte sie es leichter.'

‚Kann man denn die Eltern nicht überzeugen, dass ein Auszug allen gut tun wird?'

‚Jörg kümmert sich ja mittlerweile um seinen Vater, ob das so richtig ist? Müssen wir da nicht was machen?'

2.6 Krisensituationen

Wenn das familiäre Zusammenleben möglichst lange aufrechterhalten wird, bedeutet das häufig auch, dass Alternativen erst im Fall einer akuten Krise gesucht werden. Wenn, beispielweise nach dem plötzlichen Tod eines Elternteils, ein Umzug in eine Wohneinrichtung oder die Inanspruchnahme eines anderen Unterstützungsangebots notwendig wird, sind viele Wohneinrichtungen bereit, trotz eventueller Wartelisten eine rasche Aufnahme zu ermöglichen. Bei einem kurzfristigen Umzug bleibt aber in der Regel nur wenig Zeit, die passende Einrichtung für den behinderten Menschen oder gar mit ihm gemeinsam auszuwählen und ein gegenseitiges Kennenlernen mit den Mitarbeiterinnen und Mitarbeitern und den Mitbewohnerinnen und Mitbewohnern sowie ein Kennenlernen der Räumlichkeiten und des Umfelds der neuen Wohnstätte zu ermöglichen. Für einen Menschen mit kognitiver Beeinträchtigung, der sein Leben lang inmitten seiner Familie gelebt hat, bedeutet ein Umzug in eine neue, ungewohnte Umgebung oftmals einen ‚Sprung ins kalte Wasser', der sich in Krisensituationen durch die bereits vorhandene emotionale Belastung, beispielsweise die Trauer um Vater oder Mutter, weitaus schwieriger darstellt als bei einem langfristig geplanten, sorgfältig angebahnten Umzug: Familienrituale und -kulturen brechen weg, die gewohnten Bezugs- und Betreuungspersonen sind nicht mehr verfügbar und werden durch eine oft große Anzahl mehrmals täglich wechselnder Mitarbeiterinnen und Mitarbeiter ersetzt, Wünsche und Gewohnheiten können nicht berücksichtigt werden, da sie in der Wohneinrichtung nicht bekannt sind und sie der Mensch mit Beeinträchtigung oftmals nicht entsprechend artikulieren und einfordern kann. Ist jemand nicht in der Lage, die mit dem ungeplanten Umzug einhergehenden Veränderungen zu bewältigen, so kann das eigene Wohlbefinden erheblich leiden. Neben einer vorübergehenden starken Belastung der subjektiven Lebensqualität besteht mitunter sogar das Risiko einer Traumatisierung (Heller/Factor 1991).

Die Fachkräfte der Werkstatt können mitunter einige der Wünsche und Gewohnheiten der von ihnen begleiteten Beschäftigten benennen und an die Mitarbeiterinnen und Mitarbeiter in den neuen Wohnsettings weitergeben. Trotzdem gehen in diesem Übergang oft wertvolle Erfahrungen und Wissen verloren, da die familiäre Situation, die häuslichen Gewohnheiten und Bedingungen für eine gute Lebensqualität im Arbeitsumfeld nicht bekannt sind. Kann in einer Situation, in der die Eltern oder andere Angehörige, die die Betreuung des behinderten Menschen hauptsächlich leisten, wegen Tod, Krankenhausaufenthalt oder schwerer Erkrankung nicht mehr dazu in der Lage sind, kein anderer naher Angehöriger oder Bekannter dem Menschen helfen, die bedeutenden Informationen über das bisherige Leben und das, was dem Menschen selber wichtig ist, zu sammeln bzw. weiterzugeben, kann die eigene Biografie ‚verloren gehen': Vieles, was den Menschen bisher geprägt hat, welche Routinen den Tag gestaltet haben, was er gerne in seiner Freizeit tut und was seine Lieblingsspeise ist, ist nicht mehr nachvollziehbar, wenn der behinderte Mensch selbst keine Auskunft geben kann und gleichzeitig niemand da ist, der dies stellvertretend für ihn tun könnte (Oermann 2008a). Die enorm wichtige Möglichkeit, dem behinderten Menschen in einer Krisensituation Stabilität durch den bekannten Bezugsrahmen zu geben, kann nicht genutzt werden.

Dabei sind es nicht nur Menschen mit eingeschränkten Sprachkompetenzen, die nicht ausreichend Auskunft geben können. In einer Krisen- und Trauersituation sinkt bei jedem Menschen die Fähigkeit und Bereitschaft, sich mit fremden Menschen über Wünsche und Gewohnheiten zu verständigen. Zudem ist vielen ‚Neubewohnerinnen und -bewohnern' in Wohneinrichtungen zunächst nicht klar, an welchen Stellen eine Berücksichtigung individueller Wünsche überhaupt möglich und erlaubt ist und wer sich um ihre Umsetzung kümmert.

3. Biografiearbeit

Biografisches Lernen kann sich ‚nebenbei' im Alltag vollziehen; dies ist eine Form, die für alle Menschen immer wieder bedeutsam ist, ohne dass sie ihnen bewusst wird. Außerdem kann es als bewusste, intentionale Auseinandersetzung mit der eigenen Lebensgeschichte erfolgen (Buschmeyer 1990). Das intentionale biografische Lernen wird vor allem dann wichtig, wenn eine Aneignung der eigenen Lebensgeschichte, eine Bewältigung biografischer Ereignisse, eine ‚Bestandsaufnahme', wie sie den meisten Menschen immer wieder einmal bedeutsam erscheint, vollzogen werden soll. Für diese Form des biografischen Lernens ist auch der Begriff der Biografiearbeit gebräuchlich.

In der Organisation von Biografiearbeit sollten nach Lindmeier (2013) die folgenden Punkte beachtet werden:

- Die Auseinandersetzung mit der eigenen Lebensgeschichte erfolgt in Auseinandersetzung mit den Lebensgeschichten anderer, denn sie sind sozial eingebettet. In Familien, die durch größere Schwierigkeiten sehr enge Beziehungen pflegen, wie das bei vielen älteren Familien der Fall ist, gilt dies umso mehr.
- Intentionales biografisches Lernen gelingt besser, wenn auch die nebenbei erfolgten Lern- und Bildungsprozesse, die ein Mensch bereits durchlaufen hat, berücksichtigt werden.
- Nicht jeder Mensch hatte gleichermaßen die Möglichkeit, sein Leben zu gestalten. Vielen Menschen gelingt auch unter schwierigen Bedingungen eine ‚Aneignung' ihrer Lebensgeschichte. Für andere ist es kaum möglich, über bestimmte Themen zu sprechen; dies gilt insbesondere für fremdbestimmtes, ‚erlittenes' Leben (Lindmeier 2013, S. 16).
- Ein Teil dieser schwierigen Erfahrungen ist den Lernenden nicht so zugänglich, dass sie sie in Sprache fassen können, denn die bewusste Erinnerung rührt immer auch an nicht

bewusste Kontexte. Meist können Lernende aber ausdrücken, dass ein schmerzhaftes Thema berührt wurde, und deutlich machen, ob sie weiter darüber sprechen wollen. Biografisches Lernen muss die Grenzen aller Lernenden wahren.
- Für biografische Lernerfahrungen ist allerdings eine gewisse Bereitschaft nötig, sich auf einen Bewusstwerdungsprozess zumindest einzulassen.

Grundsätzlich haben sehr viele, auch schwer behinderte Menschen Interesse an biografischer Arbeit und auch die Fähigkeit dazu. Wenn Eltern und Fachkräfte diese Fähigkeit bezweifeln, hilft es, sie auf den Unterschied zwischen Lebenslauf und Lebensgeschichte hinzuweisen: Hinsichtlich der chronologischen Daten des Lebenslaufs, die durch eindeutig datierte und dokumentierte Ereignisse, wie den Geburtstag, die Einschulung, den Berufsabschluss etc. markiert werden, sind behinderte Menschen sehr unterschiedlich gut informiert. Je schwerer die kognitive Beeinträchtigung ist, desto größer sind in der Regel auch behindernde Bedingungen, die es ihnen noch schwerer machen, sich zu orientieren, wie das Fehlen eines eigenen Kalenders, eigener Fotoalben und ‚lesbarer' Tagebücher. Trotzdem erinnern sie wichtige Ereignisse ihrer Lebensgeschichte, von denen einige mit den Lebenslaufdaten verknüpft sein können; dies gilt aber längst nicht für alle lebensgeschichtlich relevanten Erlebnisse (Schulze 1993).

Im *Lebenslauf* gibt es eine Vielzahl an Daten und Lebensphasen, die in fast jedem Leben vorkommen. Eine ‚Normalbiografie' umfasst nach der Geburt heute in der Regel den Besuch eines Kindergartens und den Schuleintritt, den Wechsel in die weiterführende Schule und den Schulabschluss, die Ausbildung, den ersten Arbeitsplatz, eine längere Phase der Berufstätigkeit und später den Eintritt in den Ruhestand. Hinzu können viele weitere Lebenslaufdaten kommen, beispielsweise durch Schul- oder Jobwechsel, Arbeitslosigkeit, Partnerschaften, Eheschließung, Trennung oder Scheidung und Umzüge. Was jedoch der einzelne Mensch in den verschiedenen Abschnitten seines bisherigen Lebens und im Übergang in einen neuen Abschnitt erlebt hat und welche subjektiven Erinnerungen und Gefühle er damit verbindet, lässt sich nur durch eine Beschäftigung mit der *Lebensgeschichte* herausstellen. An dieser Stelle setzt Biografiearbeit an, indem Menschen darin unterstützt werden, persönlich relevante Erinnerungen herauszuarbeiten, bewusst zu machen und auf diesem Weg zu bewahren. Die Lebensgeschichte eines Menschen ist so einzigartig wie der Mensch, zu dem sie gehört, und umfasst neben den oben beispielhaft genannten Lebenslaufdaten die mit ihnen verbundenen Gefühle, Erlebnisse und Erfahrungen, durch die der Mensch zu genau dem geworden ist, was er heute ist. Von lebensgeschichtlichem Interesse ist dabei also beispielsweise nicht, wo jemand arbeitet, sondern ob er sich an seinem Arbeitsplatz wohlfühlt und dieser seinen Vorstellungen entspricht, ob er mit seinem Chef zurechtkommt und ob es nette Kolleginnen und Kollegen gibt, mit denen er gerne zusammen ist. Neben schönen Aspekten, wie als bereichernd erlebte Kontakte zu anderen Menschen oder das Erreichen persönlicher Ziele, prägen auch Krisen das ‚Gewordensein' eines Menschen weitaus stärker, als es die bloßen Daten des Lebenslaufs vermuten lassen. Ein Umzug in eine andere Stadt beispielsweise liest sich in einem Lebenslauf für Außenstehende als eine von vielen Informationen, der keine große Bedeutung zugeschrieben wird. Für die meisten Menschen sind Umzüge allerdings ein subjektiv sehr einschneidendes Erlebnis, das eine umfassende Neuorientierung erfordert. Dies gilt vor allem, wenn die Entfernung so groß ist, dass ein Wechsel des Arbeitsplatzes bzw. bei behinderten Menschen der (Zweig-)Werkstatt – und damit des Kollegenkreises – verbunden ist.

Je stärker biografisches Lernen im Leben eines Menschen unterstützt wurde, desto eher hat eine ‚Aneignung' der eigenen Lebensgeschichte stattgefunden, kann erzählt und eingeordnet werden. Umgekehrt gilt, dass es für einige Teilnehmerinnen und Teilnehmer an Kursen zur Biografiearbeit sehr ungewohnt ist, über sich selbst und das eigene Leben zu sprechen.

3.1 Gegenwartsorientierte Biografiearbeit als Schwerpunkt der Lebensbuchkurse

In der Biografiearbeit werden immer drei Blickrichtungen auf das Leben des Menschen eingenommen: Vergangenheit – Gegenwart – Zukunft. Ziel der Biografiearbeit ist es, alle drei Blickrichtungen auf die Lebensgeschichte des Menschen miteinander in Verbindung zu bringen und ihre gegenseitigen Verknüpfungen zu erkennen (Lindmeier 2013). Dabei können die Schwerpunkte allerdings je nach Zielsetzung des biografischen Lernens unterschiedlich gesetzt werden.

Die Thematisierung der *Gegenwart* bietet die Chance, die aktuelle Lebenssituation bewusst zu machen und auf diesem Weg die verschiedenen Aspekte der Situation herauszustellen, zu reflektieren, Erhaltenswertes festzuhalten und erst von dieser sicheren Basis aus gegebenenfalls auch Veränderungen in den Blick zu nehmen. Auch die im vorigen Kapitel genannte Notwendigkeit, die Lebensleistung der Familie zu würdigen und den Wunsch zu respektieren, die derzeitige Lebenssituation aufrecht zu erhalten, kann auf diese Weise erfüllt werden. Aus diesem Grund hat die gegenwartsorientierte Arbeit in den Lebensbuchkursen eine wesentlich höhere Bedeutung als beispielsweise in Kursen zur Gestaltung des Übergangs aus der WfbM in den Ruhestand, in denen die Zukunftsplanung einen höheren Stellenwert einnimmt. Das bedeutet allerdings nicht, Vergangenheit und Zukunft auszublenden, sondern der Gegenwart ausreichend Raum zu geben, und Vergangenheit und Zukunft je nach individuellen Interessen und Gruppeninteressen so einzubeziehen, wie es für die Teilnehmerinnen und Teilnehmer angemessen ist.

Zudem bietet die Beschäftigung mit der gegenwärtigen Lebenssituation eines Menschen einen guten Einstieg in das biografische Arbeiten, vor allem bei Teilnehmerinnen und Teilnehmern, die diese selbstreflexive Arbeitsform erst kennenlernen. Es können alle Themen in den Fokus gerückt werden, die für die Teilnehmerinnen und Teilnehmer und ihre derzeitige Lebenssituation aktuell in der Gegenwart von Bedeutung sind, beispielsweise die Folgenden:

- Wer bin ich?
- Was kann ich, und was mache ich gern?
- Wo, wie und mit wem wohne ich?
- Welche Menschen sind mir im Moment wichtig?
- Was habe ich erreicht?
- Welche Veränderungen stehen aktuell an?
- Was bereitet mir Freude, was Sorgen?

Dabei lässt sich zu vielen Fragen auch die *Vergangenheit* einbeziehen. Durch die Betrachtung der Vergangenheit rücken die Aspekte in den Vordergrund, die das ‚Gewordensein' des Menschen, die Veränderungen und Kontinuitäten verdeutlichen:

- Welche Menschen waren und sind mir wichtig?
- Welche Orte waren bisher von Bedeutung?
- Welche schwierigen Situationen gab es, und wie bin ich mit ihnen zurechtgekommen?
- Was waren tolle Erlebnisse?
- Welche Abschiede und Verluste gab es?
- Welche Veränderungen habe ich schon bewältigt?

Der Blick in die Vergangenheit soll im Rahmen der Lebensbuch-Kurse den Kursteilnehmerinnen und -teilnehmern unter anderem zeigen, dass sie bereits auf vielfältige Erfahrungen zurückblicken können, und – trotz des Lebens im Elternhaus, das Fachleute oft mit einem generellen Mangel an Erfahrungen gleichsetzen – auch schon eine Vielzahl an Veränderungen und kritischen Lebensereignissen erfolgreich bewältigt haben.

Die Lebensgeschichte dient damit im Hinblick auf kritische Lebensereignisse und bewältigte Übergänge in der Vergangenheit, wie z. B. den Tod eines Elternteils oder den Arbeitsbeginn in der Werkstatt, als ein Ressourcenpool. Er umfasst verschiedene Bewältigungsstrategien und Fähigkeiten, die es ermöglichen, auch aktuelle und zukünftige Lebensaufgaben wieder erfolgreich zu bewältigen (Hölzle 2011). Strategien und Ressourcen werden dabei weit gefasst. In der Arbeit mit Menschen mit schwerer kognitiver oder mehrfacher Beeinträchtigung ebenso wie mit Menschen, deren häusliche Situation für sie schwierig ist, ist auch die Fähigkeit, sich mit oftmals deutlich eingeschränkten Freiräumen zu arrangieren und verbleibende Freiräume zu nutzen, als Ressource anzuerkennen und wertzuschätzen (Lindmeier/Oermann 2017).

Die Beschäftigung mit Gegenwart und Vergangenheit soll Menschen in die Lage versetzen, sich ihrer Wünsche und Pläne für das weitere Leben bewusst zu werden, und den Blick auch für die *Zukunft,* für Wünsche und Pläne öffnen. Dies soll allerdings unbedingt in ihrem Tempo und ohne Erwartungsdruck geschehen. Die Blickrichtung in die Zukunft beschäftigt sich u.a. mit folgenden Fragen:

- Was würde ich gern erhalten, was verändern?
- Was wünsche ich mir?
- Was möchte ich erreichen und erleben?
- Wer soll bei mir sein?
- Wo, wie und mit wem möchte ich wohnen?

Das Herausarbeiten von Zukunftsperspektiven, die konkrete, realisierbare Pläne beinhalten, bringt Menschen in die Position, eigene, selbst entwickelte Ziele verfolgen zu lernen (Vogt 1996). Neben Wünschen, die sich auf einen zukünftigen Lebensort (z.B. in einer eigenen Wohnung oder einer Wohneinrichtung) oder die begleitenden Personen (gemeinsam mit einem Partner, mit der Familie oder Freunden) beziehen, können auch Aktivitäten (ein neues Hobby ausprobieren, ein Praktikum auf dem ersten Arbeitsmarkt absolvieren, eine Ferienreise machen) im Zentrum stehen.

Da die Vorstellungen für die Zukunft immer auch durch die Erfahrungen der Vergangenheit und die Zufriedenheit mit der gegenwärtigen Lebenssituation beeinflusst sind, wird an dieser Stelle der Zusammenhang der drei Blickrichtungen auf die Lebensgeschichte eines Menschen erneut deutlich.

Biografiearbeit soll so die ‚persönliche Eigen-Art' (Vogt 1996) eines Menschen stärken und ihn zum Hauptverantwortlichen für das eigene Leben machen, sodass er auf seine Weise deutlich machen kann: ‚Das bin ich! Das kann ich und das will ich!'

3.2 Bedeutung der Biografiearbeit für die Gestaltung von Übergängen

Biografische Kompetenz ist besonders bei der erfolgreichen Bewältigung von Übergängen von großer Bedeutung. Zu gestaltende Übergänge entstehen beispielsweise beim Auszug aus dem Elternhaus oder beim Eintritt in den Ruhestand, aber sie haben für die Teilnehmerinnen und Teilnehmer der Lebensbuchkurse auch schon beim Eintritt in Kindergarten und Schule sowie anlässlich von Schulwechseln, Umzügen der Familie, einer Trennung der Eltern, dem Eintritt in die WfbM, bei Umzügen oder längeren Klinikaufenthalten stattgefunden.

In jedem Lebenslauf gibt es also eine Vielzahl von Übergängen. Sie werden als Schnittstellen in der Lebensgeschichte und im sozialen Umfeld eines Menschen angesehen, an denen sich der bisherige Lebensverlauf stark und dauerhaft wandelt (Kutscha 1991; Griebel/Niesel 2004). Dadurch machen Übergänge Entscheidungen notwendig und erfordern Begründungen, die diese Entscheidungen in die Lebensgeschichte einbetten. Damit ist gemeint, dass sie im Rahmen der bisherigen Biografie sinnvoll, ‚lebbar' und erklärbar sein müssen. Zugleich bewegen sich die möglichen Entscheidungen aber innerhalb dessen, was durch den finanziellen Rahmen und die allgemeinen Lebensbedingungen des Umfeldes überhaupt vorstellbar erscheint.

Dieses Wissen über Übergänge ist nicht nur wichtig zum Verständnis von Biografiearbeit mit den Teilnehmerinnen und Teilnehmern der Kurse, sondern auch im weiteren Kontext der Familienbiografie: Auch die Geburt eines Kindes ist ein solcher Übergang – unabhängig von einer Behinderung macht das erste Kind aus einem Paar eine Familie. Das Leben mit einem behinderten Kind markiert zusätzlich den Übergang in eine besondere Familiensituation: Es gibt mehr Dauerbelastungen durch Betreuung und Pflege sowie oftmals mehr kritische Lebensereignisse, das erste bereits durch die Mitteilung der Diagnose, meist auch durch schwere Erkrankungen oder Operationen, die die Familie zu bewältigen hat. Wie eine Familie damit umgehen kann, dazu gibt es in der eigenen Verwandtschaft und den eigenen Kindheitserinnerungen wenig Vorbilder, weshalb auch von ‚traditionsloser Elternschaft‘ (Thimm et al. 1997) gesprochen wird. Sehr viele Familien erleben sich – wie im zweiten Kapitel beschrieben – auf sich allein gestellt, was sich in familienbiografischen Begründungsmustern niederschlägt, die wiederum ihre Entscheidungen untermauern: Diese Begründungmuster können oft in prägnante Sätze gefasst werden, wie ‚Man ist sowieso auf sich allein gestellt!‘; ‚Wir halten zusammen!‘, ‚Wir haben schon viel geschafft!‘ oder andere.

Auch die Begründungen der Teilnehmerinnen und Teilnehmer für ihr Handeln fußen auf diesen familienbiografisch stimmigen Begründungsmustern: Das Begründungsmuster ‚Wir halten als Familie zusammen und wir vermeiden Trennungen‘ kann dann von einem Sohn oder einer Tochter mit kognitiver Beeinträchtigung im Kurs so formuliert werden: ‚Meine Mutter braucht mich, sonst ist sie ganz allein‘ und ebenso von Seiten einer Mutter: ‚Ich hoffe, dass ich sie überlebe, denn ohne mich kommt sie nicht zurecht‘, wie im obigen Fallbeispiel. Dies sind Begründungsmuster, die es der Familie möglich gemacht haben, unter schwierigen Umständen gut miteinander zu leben, die es aber auch ermöglichen, das Herausschieben von Übergängen in eine neue Lebenssituation gegen Kritik von außen abzusichern. Sie verhindern allerdings in vielen der Familien auch ein Gespräch darüber, ob familiärer Zusammenhalt und ein gegenseitiges Einstehen füreinander auch andere, neue Formen annehmen könnten.

Es ist nicht unbedingt möglich, familiäre, über Jahrzehnte entstandene Begründungsmuster in einem Bildungskurs grundlegend zu ändern, und da der Teilnehmer oder die Teilnehmerin selbst mehr Souveränität in der Gestaltung ihrer Biografie erwerben soll, dürfen Kursleitungen hier auch nicht entsprechend eigener Orientierungen zu lenken suchen. Aber eine Erweiterung vorhandener Orientierungen, ein Aufmerksamwerden auf und gemeinsames Herausarbeiten von weiteren, zu der vorherrschenden Orientierung im Widerspruch stehenden Erlebnissen, erfolgreichen Handlungsweisen und zurückgestellten Zielen ist möglich.

Wenn deutlich wird, dass Übergänge zum Leben gehören, dass sie immer auch mit neuen Rollen und neuen Beziehungen verbunden sind (Bleher 2011) und dass dies nicht heißen muss, dass man die vorhandenen Beziehungen ‚aufgeben' muss, kann sich dadurch das schlechte Gewissen einzelner Teilnehmerinnen und Teilnehmer vermindern. Wenn beispielsweise deutlich wird, dass die Beziehung zu den Eltern weiterhin wichtig bleibt, gepflegt werden kann und dass dies auch von der Wohneinrichtung unterstützt wird, können Loyalitätskonflikte abgeschwächt oder ganz aufgelöst werden. Dann kann das ‚Sicheinlassen' auf die mit einem Übergang verbundenen neuen Themen zu Entwicklungs- und Lernprozessen führen (Griebel/Niesel 2004), die auch die Eltern überraschen. Dies kann ähnlich sein wie in dem von vielen Familien ebenfalls mit Schrecken erwarteten Übergang aus der Schule in die WfbM, den die meisten im Nachhinein sehr positiv beurteilen. Bei einem nicht erfolgreichen Übergang, beispielsweise in eine Lebenssituation, die nicht gewünscht wird und als Verschlechterung erlebt wird, kann es aber auch zu einer Einschränkung der Lebensmöglichkeiten eines Menschen in ganz verschiedenen Bereichen kommen. Dies verweist wieder auf die Notwendigkeit, schlecht geplante, krisenbedingte Übergänge möglichst zu vermeiden oder wenigstens durch ein vorhandenes Lebensbuch und einen kompetenten Umgang seines Besitzers mit den erarbeiteten Erkenntnissen abzumildern.

3.3 Besonderheiten in der Biografiearbeit mit Erwachsenen aus ‚älteren Familien'

Die Teilnehmerinnen und Teilnehmer der Kurse zum Lebensbuch sind derzeit in der Regel älter als 40 Jahre, manche von ihnen sogar schon weit über 50 Jahre alt. Sie haben fast immer Sonderkindergärten, Sonderschulen und dann die Werkstatt für behinderte Menschen besucht. Durch diese Einrichtungen sind für sie Teilhabemöglichkeiten an Bildungsprozessen sowie Beschäftigungsangeboten entstanden, aber der frühe Eintritt in eine ‚Sonderwelt' führte zu einer von derjenigen anderer Menschen abweichenden Biografie: Die vom Kindergarten bis zum WfbM-Besuch vorgehaltenen Fahrdienste verhindern beispielsweise Selbständigkeit und eigenständige Mobilität, die in der WfbM vorhandenen Sport- und Bildungsmöglichkeiten werden geschätzt, machen aber ebenfalls eine eigenständige Vereinsmitgliedschaft überflüssig. Dementsprechend werden eigene soziale Netze und ein Teil der Aktivitäten auch im Erwachsenenalter fast nur in den besuchten Institutionen gepflegt und haben wenig Verbindungen mit und Auswirkungen auf die private Freizeitgestaltung, die wiederum in vielen Familien weitgehend durch die Eltern organisiert wird. Ein eigener, gleichaltriger Freundeskreis außerhalb der WfbM existiert in der Regel nicht.

Den Eltern fällt es in vielen Fällen sehr schwer, das Erwachsenwerden ihrer Kinder überhaupt angemessen wahrzunehmen – häufig sehen sie vor allem die eingeschränkten Alltagsfähigkeiten und die mangelnde Selbstständigkeit – und Freiräume zur Entwicklung von mehr Selbstständigkeit zu lassen.

Der bei Menschen ohne Behinderung in der Pubertät beginnende, sich im frühen Erwachsenenalter vollziehende Umbauprozess sozialer Beziehungen, in dem sich die Beziehungen zwischen der/dem Jugendlichen und den Eltern dahin gehend verändern, dass die ‚Kinder' zunehmend selbstständiger werden und ihr Leben eigenverantwortlich gestalten, sodass die klassischen und über Jahre etablierten Rollen von den Eltern auf der einen und den Kindern auf der anderen Seite neu verhandelt werden müssen (Fend 2003), findet in dieser Form bei Menschen mit kognitiver Beeinträchtigung oftmals nicht oder erst erheblich später statt.

Häufig wird dennoch einige Jahre nach dem Arbeitsbeginn in der WfbM ein Auszug vollzogen. Wie bereits im vorherigen Kapitel festgehalten gibt es jedoch eine erhebliche Anzahl von Menschen mit kognitiver Beeinträchtigung, die weder nach Beendigung der Schule noch zu einem späteren Zeitpunkt aus der elterlichen Wohnung ausziehen. Während die Familien über Jahre für Außenstehende unauffällig zusammenleben, entsteht häufig erstmalig dann Bedarf an Beratung und Unterstützung von außen, wenn die erwachsenen Töchter und Söhne bereits ein Lebensalter von

40 bis 50 Jahren erreicht haben. Zu diesem Zeitpunkt sind die Eltern bereits hochbetagt und benötigen oftmals selbst Unterstützung im Alltag, sodass sich die familiäre Situation zunehmend schwieriger gestaltet. Treten nun krisenhafte Situationen ein, wie beispielsweise eine schwerwiegende Erkrankung, die einen längeren Krankenhausaufenthalt des Elternteils notwendig macht, oder gar der Tod der Eltern, so muss, wie oben beschrieben, die Betreuung und ggf. Pflege des ‚erwachsenen Kindes' innerhalb kürzester Zeit neu organisiert werden. Können weder der Mensch mit kognitiver Beeinträchtigung noch andere Personen Aussagen über den bisherigen Lebensstil und das, was dem Menschen wichtig ist, wie z.B. bestimmte Rituale, machen, so gehen diese Informationen verloren. Biografiearbeit mit Menschen mit kognitiver Beeinträchtigung muss folglich genau hier ansetzen und den im Fokus stehenden Menschen schon im Vorfeld dazu befähigen bzw. ihn dabei unterstützen, eine Veränderung zu bewältigen – auch wenn eine konkrete Planung im Vorfeld einer Krisensituation nicht vorliegt.

Die Vermutung, dass Menschen mit kognitiver Beeinträchtigung unabhängig davon, ob sie in einer Einrichtung oder im Elternhaus leben, wegen einer geringeren Anzahl an Erlebnissen über eine ‚reduzierte Lebensgeschichte' verfügen, bestätigt sich keinesfalls (Lindmeier 2013). In der nachträglichen Betrachtung positiv bewertete Erinnerungen, wie z.B. gemeinsame Urlaube mit der Familie oder die Bedeutung der eigenen Unterstützung alt werdender Eltern, sowie als negativ empfundene Aspekte, wie beispielsweise die Sorgen um die Gesundheit der Eltern oder die Erinnerung an unerfüllte Hoffnungen (eine feste Partnerschaft eingehen, den Führerschein machen, …), können große Bedeutung innerhalb der individuellen Lebensgeschichte einnehmen.

Biografiearbeit mit Menschen im mittleren Alter mit kognitiver Beeinträchtigung, die noch im Elternhaus leben, hat zum Ziel, die gegenwärtige Lebenssituation des Menschen mit ihren Vor- und Nachteilen zu thematisieren, um festzuhalten, welche Aspekte als subjektiv bedeutsam erachtet werden und auch bei einer möglichen Veränderung der Situation beibehalten werden sollen. Dadurch stärkt Biografiearbeit die biografische Kompetenz und nimmt den Menschen mit kognitiver Beeinträchtigung einen Teil der bei vielen von ihnen vorhandenen Zukunftssorgen (Lindmeier/Oermann 2014b). In diesem Kontext kann zudem die Leistung der eigenen Familie in den Fokus gerückt werden, die bei den Bewältigungsprozessen beteiligt war oder unterstützt hat.

Die in der Biografiearbeit genutzten gesprächsorientierten, aktivitätsorientierten und dokumentierenden Methoden (vgl. Lindmeier 2013, 2016) sind alle für die Arbeit mit diesem Personenkreis nutzbar. Je höher die kognitiven Fähigkeiten eines Menschen sind, desto eher können gesprächsorientierte Methoden genutzt werden, deren Ergebnisse durch jeden Einzelnen seinen Vorstellungen entsprechend dokumentiert werden, beispielsweise in Form eines Tagesbuchs. In der Arbeit mit Menschen mit kognitiver Beeinträchtigung ist die Dokumentation des Erarbeiteten in einer für die Teilnehmerinnen und Teilnehmer möglichst gut lesbaren Form immer auch eine Aufgabe der Kursleitung. Bei der besonderen Zielgruppe der Menschen mit kognitiver Beeinträchtigung, die noch im Elternhaus leben, ist die Aufgabe, biografisches Wissen zu dokumentieren, besonders wichtig. Das Lebensbuch ist für diese besondere Aufgabe konzipiert (vgl. Kapitel 4).

Festzuhalten bleibt an dieser Stelle jedoch, dass es sich bei dem Lebensbuch keineswegs um eine Akte oder (Betreuungs- oder Pflege-)Dokumentation handelt, sondern um ein persönliches Dokument privaten Lebens, das Teil des Eigentums des Besitzers bzw. der Besitzerin ist, der oder die darüber entscheidet, wer Zugang zu diesen Informationen erhalten soll. Eine Projektmitarbeiterin berichtet:

> „Ich hab erlebt, dass das Lebensbuch als Heiligtum betrachtet wird und auch mal gesagt wird: ‚Ich zeig Dir das nicht!‘ Das ist dann auch gut so.“

Diesen Wunsch zu respektieren ist sehr wichtig, um das Gefühl des Besitzers zu verhindern, dass andere Menschen ungefragt Zugang zu sehr privaten Informationen erhalten. Die Erfahrung, dass Informationen ohne ihr Wissen und gegen ihren Willen weitergegeben werden, machen behinderte Menschen leider immer wieder; unsere Auffassung nach stellt dieses Verhalten eine Diskriminierung dar. Wir haben auch erlebt, dass das eigene Lebensbuch sehr gern mit wichtigen Mitmenschen wie Eltern, Gruppenleitung oder auch nach einem Umzug mit der Bezugsbetreuung angesehen und besprochen wird, sodass hiervon wichtige Impulse für die Entwicklung von Lebenszielen und die Gestaltung der Zukunft ausgehen. Hier lassen sich zwei Zielsetzungen unterscheiden:

1. Das Lebensbuch kann dazu führen, dass in einer Familie anders über die Zukunft gesprochen wird, vorhandene Planungen überdacht, verändert und dann auch umgesetzt werden.
2. Es kann in einer Krise helfen, den Übergang besser zu gestalten.

3.4 Biografische Kompetenz

In den vergangenen Jahren hat Biografiearbeit in verschiedenen Praxisfeldern, wie z. B. in der Jugend- oder Altenhilfe, unter unterschiedlicher Schwerpunktsetzung zunehmend an Bedeutung gewonnen. Ziel ist dabei immer die Stärkung der biografischen Kompetenz. Sie besteht darin, sich mit der eigenen Lebensgeschichte, mit bedeutsamen Menschen, Orten und Geschehnissen auseinandersetzen zu können, um sich selbst innerhalb seiner Lebensgeschichte ‚verorten' zu können (Lindmeier 2016). Im Zentrum der Biografiearbeit als biografischem Lernen steht das Ziel, dem Menschen durch die Beschäftigung mit seiner Lebensgeschichte das bisher gelebte Leben bewusst zu machen und ihn dazu zu befähigen, aus dem eigenen Leben zu erzählen. Der Mensch soll dabei erfahren können, dass er in der Lage war und ist, sein eigenes Leben zu beeinflussen und somit bewusst und eigenverantwortlich zu gestalten (Lindmeier 2013) – trotz mitunter einschränkender Umstände und Rahmenbedingungen. Diese Fähigkeit bezeichnen wir als biografische Kompetenz.

In den Kursen mit dem Lebensbuch soll biografische Kompetenz dadurch erworben oder gestärkt werden, dass die Kursteilnehmerinnen und -teilnehmer sich (ggf. mit Unterstützung) mit ihrer jeweiligen eigenen Lebensgeschichte beschäftigen und für sich mehr oder weniger bewusst herausstellen, was sie in der Vergangenheit geprägt und zu dem heutigen Menschen hat werden lassen, was sie besonders macht, was ihnen selbst gut tut und welche Situationen für sie eher belastend sind. Dadurch werden sie im günstigen Fall auch für ihre Angehörigen und in ihrem weiteren Umfeld als eigenständige Persönlichkeit besser sichtbar, was wiederum eine stärker erwachsenengerechte, aber vor allem auch respektvolle Ansprache und Behandlung nach sich ziehen kann.

Martin Weiß wird von allen seit jeher nur beim Nachnamen gerufen. Durch die Teilnahme von Herrn Weiß an den Lebensbuch-Kursen und das was, andere über ihn und sein Leben erfahren haben, gehen die Kollegen (sowohl Fachkräfte, als auch andere Beschäftigte) anders mit ihm um: Seitdem ist er für alle nicht mehr nur distanziert ‚Weiß!', sondern wird mit ‚Martin' angesprochen.

Außerdem umfasst biografische Kompetenz die Fähigkeit, Wünsche für die Zukunft formulieren und Veränderungen anstoßen zu können, wichtige Beziehungen gestalten – das heißt auch, sie aufrechterhalten zu können – und sich in seinem eigenen Leben als kompetent und sicher wahrzunehmen. Besitzt ein Mensch biografische Kompetenz, ist er in der Lage mitzuteilen (sei es verbal, mithilfe von Fotos oder anderem Anschauungsmaterial oder stellvertretend durch Andere), was für ihn subjektiv wichtig ist, und diese Wünsche auch gegenüber anderen Personen durchzusetzen.

Da die Kurse mit dem Lebensbuch die biografische Kompetenz stärken sollen, ist es wichtig zu definieren, was im Arbeitskontext der Lebensbuchkurse unter biografischer Kompetenz verstanden und wie ein Zuwachs festgestellt werden soll. Das ist besonders schwierig bei einer Kompetenz, die sich so sehr vom Individuum her definiert und daher am besten von jedem einzelnen Menschen selbst eingeschätzt werden kann. Eine eigene Einschätzung ist aber wiederum bei denjenigen Teilnehmerinnen und Teilnehmern schwierig, die abstrakte Fragen schwer beantworten können, und deren Angehörige und Gruppenleitungen mitunter auch bezweifelten, dass eine Kursteilnahme sinnvoll sei. Es ist ebenfalls nicht zielführend zu überprüfen, wie viele Umzüge realisiert wurden – damit würde wieder ein von außen gesetztes Kriterium herangezogen und der Druck entstehen, Familien zu äußerlich sichtbaren Veränderungen zu drängen, um einen Projekterfolg dokumentieren zu können. Wir haben uns daher für eine Kombination aus relativ einfach abfragbaren Entwicklungen der Kursteilnehmerinnen und -teilnehmer (kann jemand am Ende des Kurses mehr oder anderes in seinem Leben als wichtig beschreiben?), die in Kapitel 6 dargestellt werden, und Berichten über individuelle Veränderungen entschieden. Letztere haben in Form von Fallgeschichten teilweise Eingang in diesen Band gefunden.

4. Die Arbeit mit dem Lebensbuch

Das Lebensbuch (Lindmeier/Oermann 2014a, b) ist speziell für die Arbeit mit älteren Menschen im Elternhaus entwickelt worden. Es enthält Elemente eines Kommunikationsbuches, da es persönliche Informationen über bedeutsame Menschen, Ereignisse, Gewohnheiten und Hobbys enthält. Damit will es dem Besitzer oder der Besitzerin helfen, ihre persönlich bedeutsame Lebensgeschichte zu erinnern, mitzuteilen und weiterzuentwickeln. Zugleich enthält es auch Wissen, das bei Menschen, die in Wohneinrichtungen leben, in der Akte stehen würde, wie Namen und Adresse des Hausarztes, in Notfällen zu kontaktierende Personen und anderes, was für eine rasche Übernahme einer guten Alltagsbegleitung wichtig ist.

Damit wird die schon beschriebene mehrfache Zielsetzung verfolgt,

- für die Gegenwart den bestehenden (Familien-)Alltag zu dokumentieren, mit allem, was daran persönlich wichtig ist;
- für die Zukunft
  - eine bewusste Gestaltung einer zukünftig tragfähigen Lebenssituation gemeinsam mit den Eltern vorzubereiten, indem überlegt wird, was besonders wichtig und erhaltenswert ist und an welchen Stellen Veränderungen möglicherweise gleich gut oder sogar besser sein könnten;
  - eine Grundlage für einen kurzfristigen, durch eine Krise ausgelösten Umzug in eine Wohneinrichtung oder in eine andere unterstützte Wohnsituation zu legen, indem wichtige Informationen (mit dem Einverständnis des Besitzers bzw. der Besitzerin) mit dem Personal, insbesondere einer Bezugsbetreuung, besprochen werden können.

Das Lebensbuch und die damit verbundene Kursarbeit sollen signalisieren:

„Du bist wichtig, wir möchten uns über Dein Leben unterhalten!“

Da das Lebensbuch persönliches Eigentum seiner Besitzerin oder seines Besitzers ist, wird im Buch die Du-Form verwandt. Auch in den Kursen wurde anfangs besprochen, ob die Anrede ‚Du‘ oder ‚Sie‘ bevorzugt wurde. In aller Regel entschieden sich die Teilnehmerinnen und Teilnehmer für das ‚Du‘, das in der Einrichtung auch innerhalb des Personals, auch über Hierarchiestufen hinweg sowie zwischen Beschäftigten und Mitarbeiterinnen und Mitarbeitern der WfbM weit verbreitet ist. Es erschien uns nicht angemessen, ausgerechnet in diesen Kursen, die eine intensive, selbstbezogene Arbeit zum Thema haben, auf dem in Bildungskursen außerhalb der WfbM üblichen ‚Sie‘ zu bestehen, das viele der Teilnehmerinnen und Teilnehmer mit ‚offiziellen Kontakten‘ gleichsetzen.

„Soll ich dir mal was zeigen? Das ist Hilde, meine Freundin. Das ist Beate. Meine Schwester. Und das ist Vera, guck mal! Das ist die Lindenstraße. Die guck ich gerne. Und hier ist mein Radio!“

Stolz blättert Dieter Schultz durch sein Lebensbuch und zeigt die Fotos, die all das abbilden, was ihm im Leben wichtig ist: Seine Familie, seine Hobbys und vor allem Hilde, seine Freundin, die er nicht nur täglich bei der Arbeit sieht, sondern mit der er auch außerhalb der Werkstatt viele Dinge unternimmt.

Tatkräftig unterstützt wurde Herr Schultz von seiner Familie, die von der Idee eines ‚Lebensbuches‘ gleich überzeugt war. Sie haben viele Fotos beigesteuert, die es ihm erleichtert haben, sich zu erinnern. Darüber hinaus konnten Herrn Schultz' Verwandte, mit denen er auch zusammenlebt, wertvolle Details nennen, die für den Erhalt seiner Lebensqualität von Bedeutung sind.

Mit einem Lebensbuch können Menschen wie Dieter Schultz selbstbestimmt und mit der größtmöglichen Selbstständigkeit aus ihrem Leben erzählen. Und wer nicht so gut erzählen kann, kann es zeigen: Bilder und Text leiten den Leser durch verschiedene Bereiche des Lebens: Familie und Freunde, Lebens(ver)läufe, Lieblingstätigkeiten, Feste feiern, Arbeit, Stärken, und Dinge, die einen bewegen, aber auch, was man tut, um gesund zu bleiben, wie man mit Krankheiten umgeht oder woran andere merken, ob es einem gut geht.

4.1 Kapitelübersicht

Das Lebensbuch umfasst – neben einem Begleitheft für Angehörige, Kursleitungen und andere Unterstützerinnen und Unterstützer (Lindmeier/Oermann 2014b) sowie einer Einführung in leichter Sprache – die folgenden fünf Kapitel: ‚Über mich', ‚Dinge, die ich tue', ‚Dinge, die ich kann', ‚Meine Gesundheit' und ‚Mein Notfallplan'. Die Bereiche unterscheiden sich farblich, um die Orientierung zu erleichtern. Auf vielen Seiten ist das Einkleben von Fotos vorgesehen, entsprechende Ausschnitte markieren den Bereich für die Bilder; da die Seiten aber nur einseitig bedruckt sind, können auch auf der jeweils gegenüberliegenden, leeren Seite Fotos oder Bilder/Piktogramme ergänzt werden. Dadurch können sich auch Menschen, die nicht oder kaum über Schriftsprache verfügen, selbstständig im Lebensbuch zurechtfinden. Das Lebensbuch ist ein Ringbuch, sodass ganz nach individuellem Bedarf Seiten hinzugefügt oder entnommen werden können. Zusätzlich enthält es auch leere Seiten, die nach Bedarf an anderen Stellen eingefügt werden können.

Der Bereich *‚Über mich'* (Lindmeier/Oermann 2014a) beinhaltet die größte thematische Bandbreite im Lebensbuch und erfordert insofern von der Kursleitung möglichst fundierte Kenntnisse der Lebenssituation, um die Teilnehmerinnen und Teilnehmer bei der Bearbeitung zu unterstützen. Hier einige ausgewählte Unterthemen des Kapitels:

- *‚Wohnen'*: Hier geht es nicht nur um die genaue Adresse, sondern auch um die Menschen (und ggf. Tiere), mit denen jemand wohnt, sowie eine nähere Beschreibung des Wohnorts und des eigenen Zuhauses, die auch die persönlich wichtigen Merkmale (z. B. das eigene Zimmer) hervorhebt.
- *‚Wichtige Menschen'*: Familienmitglieder werden direkt als Vater, Mutter, Schwester, Schwager benannt, darüber hinaus gibt es viele weitere Seiten, auf denen man weitere wichtige Menschen porträtieren kann. Ebenso gibt es hier Seiten, die von den Bezugspersonen ausgefüllt werden können. „Hier können Menschen, die dich gut kennen, schreiben, was du

Abb. 1: „Über mich". Aus: Lindmeier, B./Oermann, L. (2014): Mein Lebensbuch: Was für mich und andere wichtig ist. Karlsruhe: Loeper.

Wo ich lebe

An dem Ort, an dem ich lebe, gefällt mir am besten:

____

____

____

Am liebsten mache ich dort:

____

____

____

In meinem Zimmer gefallen mir diese Dinge am besten:

____

____

____

12

Abb. 2: „Über mich“. Aus: Lindmeier, B./Oermann, L. (2014): Mein Lebensbuch: Was für mich und andere wichtig ist. Karlsruhe: Loeper.

Über meine Vergangenheit

Hier kannst du etwas über deine Vergangenheit eintragen.

Der Ort an dem ich geboren wurde heißt:

____

An diesen Orten habe ich schon gelebt:

____

____

____

____

____

____

____

32

magst oder nicht magst und was Wichtiges in deinem Leben passiert ist." (Lindmeier/Oermann 2014a, 26). Außerdem ist Platz für eine Liste von Menschen, die man noch gerne kennenlernen möchte.

- ‚*Vergangenheit*': Schule, Arbeit, Orte, die man in guter Erinnerung hat – all dies zählt unter den Bereich ‚Vergangenheit', der es in der Regel erforderlich macht, leere Seiten einzuheften, um die ereignisreiche Vergangenheit in Schrift und Bild entsprechend zu dokumentieren.
- ‚*Geburtstag*'/‚*Feiertage*': Häufig gibt es für das Verbringen von Feiertagen in Familien langjährige Traditionen, die gepflegt werden. Diese Rituale können in diesem Bereich festgehalten werden, damit sie nicht in Vergessenheit geraten.
- ‚*Meine Gefühle*': In diesem sensiblen Bereich können die Teilnehmerinnen und Teilnehmer festhalten, was bei ihnen Gefühle von Freude, Traurigkeit, Wut oder Angst auslöst, wie Außenstehende die Stimmungen erkennen können und was ihnen dabei hilft, mit diesen Gefühlen umzugehen.

Im Mittelpunkt des Bereichs ‚*Dinge, die ich tue*' (ab S. 60) stehen Hobbys und regelmäßig ausgeübte Tätigkeiten. Dabei ist beabsichtigt, ein möglichst breites Spektrum von tatsächlich gern ausgeübten Aktivitäten abzubilden. Mithilfe der leeren Seiten können auch außergewöhnliche Tätigkeiten abgebildet werden, beispielsweise das Anschauen von Traktoren auf einem nahegelegenen Gehöft oder das Herausstellen der Mülltonnen in der ganzen Straße zum Abfuhrtermin. Das Lebensbuch lädt dazu ein, nicht nur das Hobby zu benennen, sondern darüber hinaus genauer zu beschreiben, wo, wie und mit wem das Hobby gepflegt wird. Ein größerer Bereich innerhalb dieses Kapitels befasst sich mit ‚Ferien' und ‚Urlaub'. Hier sind sowohl das Verreisen an andere Orte alleine, mit anderen Menschen, einer Reisegruppe gemeint als auch andere Auszeiten vom Alltag, beispielsweise durch einen Aufenthalt in einer Kurzzeitpflegeeinrichtung. Diese haben in Familien häufig eine wichtige Entlastungsfunktion, beispielsweise wenn Eltern alleine in den Urlaub fahren möchten oder ein Krankenhausaufenthalt ansteht.

Der Bereich *,Dinge, die ich kann'* (ab S. 98) beschreibt Fähigkeiten und Stärken in verschiedenen Alltagssituationen (morgens, abends, im Bad, in der Küche, beim Saubermachen, unterwegs etc.). Dabei kann bei der Einschätzung der Fähigkeiten unterschieden werden zwischen:

- Ich kann das alleine
- Ich brauche dabei Hilfe
- Ich kann das nicht
- Ich habe das noch nie gemacht

In der Angabe ,ich habe das noch nie gemacht' zeigen sich immer wieder ganz deutlich die Vorannahmen der Eltern darüber, was ihr Sohn oder ihre Tochter kann, die zur Vorstrukturierung eines möglichen Fähigkeitenerwerbs führen. Ebenso werden Veränderungen durch ein Nachlassen körperlicher Kräfte bei einigen der Eltern deutlich, sodass entsprechende Angaben im Lebensbuch auch dazu genutzt werden können, darüber ins Gespräch zu kommen. Dabei zeigt sich häufig, dass Teilnehmerinnen und Teilnehmer der Kurse stolz sind auf die ihnen zuteilwerdende Verantwortung in der Sorge für ihre alt werdenden Eltern, da sie hier die Rolle eines kompetenten, Hilfe leistenden Erwachsenen ausfüllen können und sich nicht selbst in der Rolle des bzw. der Hilfeempfangenden befinden. Sie reflektieren diese Entwicklung mitunter auch dahingehend, dass ein Anstieg des Unterstützungsbedarfs der Eltern oder ihr Tod die bisherige Familiensituation bedrohen würde, und machen sich darüber – meist unausgesprochen – Sorgen.

Außerdem regt das Lebensbuch dazu an, typische Abläufe (morgens, abends, im Bad etc.) aufzuschreiben, da ihre Erhaltung, vor allem in Situationen, in der sich der Mensch nicht in seinem gewohnten Umfeld befindet, für das individuelle Wohlbefinden sehr wichtig sein kann. Vermeintliche Kleinigkeiten, wie ein Frühstück ohne Hektik, mit der richtigen Musik oder unbedingt ohne Musik und Unterhaltung – jeder von uns weiß, wie wichtig diese Dinge für uns selbst sind, und trotzdem erwarten wir von Menschen in stationären Wohneinrichtungen häufig

Abb. 3: „Dinge, die ich kann". Aus: Lindmeier, B./Oermann, L. (2014): Mein Lebensbuch: Was für mich und andere wichtig ist. Karlsruhe: Loeper.

Andere Dinge, die ich gerne mache

Ich gehe gerne in Kneipen oder Cafés

☐ häufig ☐ manchmal ☐ nie

Dorthin gehe ich besonders gerne:

____

____

Diese Person kommt immer mit:

____

Das trinke ich gerne:

____

____

Sonstiges:

____

____ 71

Abb. 4: „Dinge, die ich kann“. Aus: Lindmeier, B./Oermann, L. (2014): Mein Lebensbuch: Was für mich und andere wichtig ist. Karlsruhe: Loeper.

In der Küche

Bitte ankreuzen (x)
a. Ich kann das alleine
b. Ich brauche dabei Hilfe
c. Ich kann das nicht
d. Ich habe das noch nie gemacht

Was ich kann ...

Heiße Getränke zubereiten	☐ a	☐ b	☐ c	☐ d
Brote schmieren	☐ a	☐ b	☐ c	☐ d
Frühstück machen	☐ a	☐ b	☐ c	☐ d
Mittagessen kochen	☐ a	☐ b	☐ c	☐ d
Abendessen machen	☐ a	☐ b	☐ c	☐ d

106

ein extremes Anpassungsvermögen an die Vorlieben und Gewohnheiten des jeweiligen Frühdienstes.

Ein wichtiger Bestandteil dieses Kapitels ist der Bereich ‚Mit anderen Menschen sprechen': Während Personen, die sich lautsprachlich mitteilen können, diese Seiten einfach aus dem Buch entfernen können, sind sie für die Menschen, die nicht verbal, sondern beispielsweise mit Gestik, Mimik oder lautierend kommunizieren, von großer Bedeutung: Auf diesen Seiten können sie ihrem Gegenüber zeigen und erklären, wie mit ihnen Kontakt aufgenommen wurde und worüber sie gerne sprechen. In dieser Generation ist unterstützte Kommunikation noch nicht so verbreitet wie unter jüngeren Menschen, zudem haben viele Familien den Bedarf nicht gesehen, mit der Begründung: ‚*Wir verstehen ihn ja!*' oder: ‚*Ich weiß doch immer, was sie braucht!*'.

‚*Meine Gesundheit*' (ab S. 143) ist ein Bereich im Lebensbuch, in dem viele Sachinformationen gesammelt werden: hier können Adressen und Telefonnummern von (Fach-)Ärzten notiert werden, bei denen man in Behandlung ist, ebenso wie Informationen über Logopäden, Ergo- oder Physiotherapeuten. Allergien, Medikamente, schwere Krankheiten (auch die von Familienmitgliedern) sowie Informationen über die jeweilige Beeinträchtigung finden hier Platz.

Das letzte und kürzeste Kapitel ist ‚*Mein Notfallplan*', in dem notiert werden kann, welche Schritte im Falle einer Krise unternommen und welche Personen informiert werden sollen. Dieses Kapitel begegnet den Sorgen der meisten Eltern/Elternteile und einiger Kursteilnehmerinnen und -teilnehmer, die sich der Notwendigkeit einer tragfähigen Zukunftsplanung durchaus bewusst sind.

Unserer Erfahrung nach lassen sich manche Teile im Lebensbuch am besten in der Gruppe oder in der biografischen Einzelarbeit bearbeiten, während andere mit Unterstützung der Angehörigen bearbeitet werden müssen. Themen wie ‚Wohnen', ‚Wichtige Menschen' oder ‚Dinge, die ich tue' lassen sich am besten in der Gruppe bearbeiten, denn die Teilnehmerinnen und Teilnehmer präsentieren dabei nicht nur ihr eigenes Leben, sondern gewinnen Einblicke in das Wohnen, die Freizeit etc. der An-

Abb. 5: „Gesundheit". Aus: Lindmeier, B./Oermann, L. (2014): Mein Lebensbuch: Was für mich und andere wichtig ist. Karlsruhe: Loeper.

Meine Gesundheit

Dinge, die mir helfen, mich beim Arztbesuch wohler zu fühlen:

____

____

____

Ich gehe wegen bestimmter Dinge regelmäßig zum Arzt:

☐ Ja ☐ Nein

Wegen welcher Dinge?

____

____

____

____

135

Abb. 6: „Notfallplan“. Aus: Lindmeier, B./Oermann, L. (2014): Mein Lebensbuch: Was für mich und andere wichtig ist. Karlsruhe: Loeper.

Notfallplan

Bitte frage die Personen, die du hier einträgst, ob sie damit einverstanden sind.

Falls mir oder den Personen, die mich zu Hause begleiten,etwas passiert, bitte die folgenden Personen benachrichtigen:

1 Name: ______________________________

Telefonnummer: ______________________

Diese Person ist:

☐ ein Verwandter ☐ mein Betreuer

☐ ein(e) Sozialarbeiter(in) ☐ ein Freund

☐ jemand anderes ...

Wer? ____________________________

146

deren und erhalten so möglicherweise Impulse für mögliche Veränderungen in ihrem Leben.

Vor allem die Themen ‚Feiertage', ‚Gefühle', ‚Dinge, die ich kann', und ‚Meine Gesundheit' können unserer Erfahrung nach sehr gut mit einem nahestehenden Angehörigen ausgefüllt werden, der über die familiären Traditionen, die besonderen Vorlieben und Eigenheiten sowie die Erfahrungen mit Ärzten etc. Bescheid weiß. Der Notfallplan erfordert selbstredend das familieninterne Gespräch und kann nicht stellvertretend von Fachkräften erstellt werden. Diese können möglicherweise moderierend diese Gespräche begleiten, wenn das von den Familien übereinstimmend gewünscht wird.

Wann und in welchem Umfang biografische Einzelarbeit erforderlich ist, richtet sich nach verschiedenen Gesichtspunkten: schwierige Lebenserfahrungen, über die jemand nicht in der Gruppe sprechen möchte, oder eine schwere Beeinträchtigung, die ein sich Einlassen auf individuelle Kommunikationsformen und einen entsprechenden Zeitbedarf erfordert, können zeitweilige Einzelarbeit sinnvoll machen – allerdings ist das nicht notwendigerweise der Fall.

Ein Teilnehmer konnte nur den Anfang eines einzelnen Wortes lautierend sprechen. Die anderen Teilnehmerinnen und Teilnehmer, die ihn gut kannten, rieten das möglicherweise gemeinte Wort, und wenn es gefunden war, bestätigte er: Dies funktionierte in der Gruppe besonders gut, da alle bereit waren, sich auf diese Kommunikation einzulassen, und zusammen viel mehr Ideen produzierten, was gemeint sein könnte. Außerdem konnte der Teilnehmer so dem Gesprächsverlauf zustimmen, von anderen Gesagtes bestätigen oder ergänzen, sodass viel mehr wichtige Informationen aufgeschrieben werden konnten, als es in Einzelarbeit möglich gewesen wäre.

Die Teilnehmerinnen und Teilnehmer nehmen das Lebensbuch zwischen den einzelnen Kurseinheiten mit nach Hause und werden angeregt, es ihren Angehörigen zu zeigen und sich Zeit zu nehmen, es gemeinsam zu ergänzen oder passende Fotos auszuwählen, die dann kopiert und eingeklebt werden können. Auf diese Weise können Eltern und Geschwister auf die biografische

Reise mitgenommen werden, die ihr Sohn oder ihre Tochter mit dem Kurs antreten.

4.2 Kooperation mit Angehörigen

Eine enge, vertrauensvolle und wertschätzende Zusammenarbeit mit den Angehörigen hat sich in der biografischen Arbeit mit dem Lebensbuch als äußerst erfolgsreich erwiesen. Dazu sind wir – den Einladungen der Angehörigen in den ersten ‚Probedurchläufen' folgend – dazu übergegangen, während der Kursvorbereitung jede Teilnehmerin und jeden Teilnehmer zu Hause zu besuchen (siehe Kapitel 5). Bei diesen Besuchen wurden wir sehr unterschiedlich empfangen: es gab Angehörige, die der Idee des Lebensbuchkurses von Beginn an aufgeschlossen gegenüber standen. Sie fragten, welche Unterstützung wir brauchen, und ermutigten ihren Sohn oder ihre Tochter, sein/ihr Zimmer und das Haus zu zeigen. In anderen Familien dagegen begegneten uns Abwehr und Misstrauen, und in einzelnen Fällen gelang es nicht, diese soweit aufzubrechen, dass eine Kursteilnahme möglich wurde.

> „Viele Eltern waren total skeptisch am Anfang, am Ende waren sie aber total gerührt."

> „Es gab auch Eltern, die total geblockt haben, da gab es dann kein Treffen und keine Fotos."

Natürlich ist es der behinderte Mensch selbst, der sich anmeldet oder nicht anmeldet – aber der Einfluss der Eltern auf die Entscheidung ist nach unserer Erfahrung erheblich. In den meisten Fällen trägt der Besuch zu Hause aber dazu bei, dass es möglich wird, die Intention des Kurses so zu erklären, dass die Angehörigen sich darauf einlassen können. Sie sind die Gastgeber und können das Treffen gestalten, was dazu beiträgt, dass sie sich sicher fühlen. Meistens konnten ganz nebenbei Gespräche mit den Angehörigen über den Kurs entstehen. Ebenso kam das Gespräch nahezu von allein auf wichtige Themen innerhalb der Familie und das gemeinsam gelebte Leben. Mit dem Wissen der Kursleitung über das private Lebensumfeld ist es später im Kurs auch für wenig sprechende Teilnehmer und Teilnehmerinnen einfacher zu beschreiben, was sie an ihrem Wohnort und an ihrer Wohnung (ihrem Haus, ihrem Zimmer etc.) schätzen, weil die Kursleitung Gespräche darüber besser moderieren, durch Nachfragen gezielte Ergänzungen einfordern und stille Teilnehmerinnen und Teilnehmer besser einbeziehen kann. Die Bedeutung ihrer Unterstützung für einen ertragreichen Kursverlauf kann ihnen ebenfalls in diesem Gespräch vermittelt werden, indem sie darauf aufmerksam gemacht werden, dass sie für die Rekonstruktion der Lebensgeschichten ihrer erwachsenen Kinder von großer Wichtigkeit sind: Sie sind es, die das Glück und die Sorgen, die Höhen und Tiefen der ersten Jahre noch gut in Erinnerung haben, während die Teilnehmerinnen und Teilnehmer über diese Zeiten in der Regel nur durch Erzählungen informiert sind. Das Nacherzählen der ersten Jahre, die Erinnerungen an die Schulzeit oder die Sorgen, die mit dem Wechsel in die Werkstatt verbunden waren und ihre rückblickende Bewertung ist für die meisten Teilnehmerinnen und Teilnehmer eine große Hilfe, sich diese Lebensphasen wieder in Erinnerung zu rufen.

> „Was hatten wir für eine Angst, als unser Sohn dann von der behüteten Schule in die große Werkstatt kam. Und hinterher mussten wir sagen, das hat ihm unheimlich gut getan: Er ist dort viel selbstständiger geworden."

Äußerungen wie diese hörten wir häufig in Gesprächen mit Angehörigen, und sie lassen erahnen, mit welcher Verunsicherung diese Übergänge für alle Familienmitglieder verbunden waren. Für die erwachsenen Kinder bedeutet eine solche Aussage in ihrem Beisein aber vor allem eine Anerkennung ihrer Selbstständigkeit und ihres Erwachsenseins und kann so ihre Entwicklung in der biografischen Auseinandersetzung unterstützen.

4.3 Biografiearbeit mit dem Lebensbuch bei hohem Unterstützungsbedarf

> „Biografiearbeit und dieses Lebensbuch, das sind ja wirklich schöne Sachen, aber für unsere Leute ist das nichts. Die könnten damit gar nichts anfangen, die verstehen das ja gar nicht. Die würden das Buch nur zerreißen."

Skeptische Einschätzungen wie diese wurden im Projekt häufiger geäußert, meist von Fachkräften, aber in ähnlicher Form auch von Eltern. In ihnen spiegeln sich die Herausforderungen der Arbeit mit Menschen mit hohem Unterstützungsbedarf wider: Oft bleiben Fachkräfte und Angehörige unsicher, wie viel am Ende tatsächlich ‚angekommen' ist, Wünsche und Bedürfnisse können häufig nur interpretiert oder gar vermutet werden. Angesichts der Schwierigkeit, für Menschen mit hohem Unterstützungsbedarf Leitprinzipien wie Inklusion, Teilhabe und Selbstbestimmung umzusetzen, wächst dabei schnell der Wunsch nach Rezepten, die Handlungssicherheit versprechen – doch gerade in der Arbeit mit Menschen mit hohem Unterstützungsbedarf funktionieren einfache Regeln nicht. Die Professionalität der Fachkräfte ist gefragt, wenn es darum geht, Teilhabe und Selbstbestimmung so umfassend wie möglich zu gewährleisten. Dabei müssen wir nach allen Erfahrungen davon ausgehen, dass viele Menschen mehr verstehen und aufnehmen, als sie zeigen können, weshalb wir im Zweifel immer für eine Kursteilnahme plädieren. Das pauschale Absprechen von Bildungsinteressen oder grundlegenden Verstehensmöglichkeiten *(‚für unsere Leute ist das nichts', ‚sie versteht eh gar nichts')* hat häufig mehr mit eigener Ideenlosigkeit, Bequemlichkeit oder eigenen Vorurteilen zu tun als mit den tatsächlichen Potenzialen der betreuten Menschen. Ein sogenannter ‚hoher Unterstützungsbedarf' kann ganz Unterschiedliches bedeuten: Gemeint sind in aller Regel Männer und Frauen mit schweren und mehrfachen Behinderungen sowie diejenigen mit herausfordernden Verhaltensweisen[4]. Schnell wird auch vermu-

4 Nach unserer Erfahrung kann ein hoher Unterstützungsbedarf im Kon-

tet, dass eine körperliche Beeinträchtigung, die den Menschen am Ausführen der Arbeitsschritte oder an der verbalen Kommunikation im Kurs hindert, gleichzeitig auch den Zugang zur biografischen Auseinandersetzung allgemein behindert, oder dass ein im Alltag häufiges, auffälliges Verhalten eine Teilnahme am Kurs generell unmöglich macht.

Im Projekt haben wir wiederholt die ganz gegensätzliche Erfahrung gemacht – nämlich, dass das Interesse an der eigenen Lebensgeschichte stark ausgeprägt ist und dass die Methoden, die sich strikt an einer für den Teilnehmer bzw. die Teilnehmerin bestmöglichen Lesbarkeit orientieren, dazu beitragen, dieses Interesse zu wecken und Wege schaffen, es gemeinsam zu entwickeln. Eine Mitarbeiterin beschreibt ihre Erfahrungen im Projekt so:

> „Am Anfang war ich ja auch skeptisch, gerade bei den Beschäftigten mit schwereren Beeinträchtigungen. Aber ich muss sagen, es ist erstaunlich, was alles geht!“

Lesbarkeit meint dabei deutlich mehr als die Orientierung an den Regeln Leichter Sprache: Lesbarkeit bedeutet, im Einzelfall zu prüfen, welches Medium jeweils geeignet ist, dem Teilnehmer/der Teilnehmerin die Auseinandersetzung mit seiner/ihrer Geschichte zu ermöglichen. Das können Fotos sein, Bilder oder auch ein umfangreicherer Text, der von anderen vorgelesen werden kann, wenn die Sehfähigkeit der Teilnehmerin/des Teilneh-

---

text von biografisch orientierter Bildungsarbeit aber beispielsweise auch bedeuten, dass ein Mensch extrem schüchtern und zurückhaltend ist. Sehr schwierig gestaltet sich auch die Arbeit mit Menschen, die einerseits zwar Lust auf die biografische Auseinandersetzung hatten, die aber gleichzeitig immer wieder sehr verletzende Erfahrungen in ihrem Leben gesammelt haben und die sich daher durch eine große Härte und scheinbare Autonomie vor einer Annäherung und Auseinandersetzung mit diesen Erfahrungen zu schützen versuchten. Hier ist mitunter auch eine Indikation für eine (gesprächs)therapeutische Unterstützung vorhanden, die aber für Menschen mit kognitiver Beeinträchtigung noch zu selten zugänglich ist.

mers beeinträchtigt ist. Auch die Arbeit mit ‚Anybook-Readern'[5] kann hier in Erwägung gezogen werden.

Auch Menschen mit herausfordernden Verhaltensweisen konnten erfolgreich an unseren Kursen teilnehmen. Dazu ist es zunächst noch einmal wichtig zu betonen, dass die Kursteilnahme generell freiwillig ist und sich an den Interessen der Teilnehmerinnen und Teilnehmer orientiert. Wenn jemand mit einer Aufgabe über- oder unterfordert ist oder einfach keine Lust dazu hat, kann er diese abbrechen, sie wird aber auch nochmals in einer einfacheren oder schlicht anderen Form angeboten. Daneben gibt es immer auch die Möglichkeit, nur über einen kurzen Zeitraum in der Gruppe zu bleiben und den Rest der Zeit in einer 1:1-Situation mit einer Kursleitung zu arbeiten. Diese Freiheit, den Abstand zum Thema und auch zur Gruppe situativ immer wieder neu zu wählen und nicht gezwungen zu sein, an einem strikten Ablauf teilnehmen zu müssen, ermöglicht es auch Menschen mit herausfordernden Verhaltensweisen, biografisch zu arbeiten und positive Erfahrungen mit dem Lernen in Gruppen zu sammeln.

Herr Schmidt kann nicht verbal kommunizieren, er läuft gerne herum oder sitzt am Tisch. Im Kursraum bleibt er meist nur wenige Minuten am Tisch, dann läuft er umher, sitzt zwischendurch wieder für einen Moment am Gruppentisch und verlässt dann den Raum wieder.

In kurzen Einzelsituationen erarbeitet eine Kursleiterin den Körperumriss (vgl. Einheit 1: ‚Das bin ich, und so lebe ich') mit ihm gemeinsam. Abstrakte Bilder und Zeichnungen erkennt Herr Schmidt vermutlich nicht. So ergänzt sie den gezeichneten Umriss mit lebensgroßen Fotos seines Kopfes, der Hände und der Füße. Durch diese methodi-

---

5 Mithilfe sogenannter ‚Anybook-Reader' können Tonaufnahmen wiedergegeben werden, die zuvor aufgezeichnet und auf einem ‚Sticker' gespeichert wurden (siehe dazu: http://anybook.millennium2000.de). Für die Nutzung im Kontext der Lebensbücher ist es beispielsweise denkbar, die auf einer aufgeklebten Bilder zu kommentieren oder die notierten Texte (ggf. gemeinsam) auf zu sprechen und so dem Teilnehmer/der Teilnehmerin zu ermöglichen, sich die Inhalte jederzeit und ohne Unterstützung zu vergegenwärtigen und auch anderen Menschen zu präsentieren.

sche Vorgehensweise ist es Herrn Schmidt möglich, sich auf dem Plakat zu erkennen. Für die Einheit 2 ‚Meine Stärken und Vorlieben' wurden die ‚Ich bin'-Bildkarten genutzt (vgl. Einheit 2). Wichtige Eigenschaften wurden fotografisch festgehalten (z. B. bei Musik bin ich entspannt – Herr Schmidt mit seinem Rekorder) und als Foto auf den Körperumriss geklebt. Die Sammlung wichtiger Eigenschaften, Vorlieben und Stärken gelang im intensiven Austausch mit der Gruppenleiterin und den Angehörigen.

Frau Saro besucht in Begleitung ihrer Gruppenleiterin den Kurs. Sie bleibt während des gesamten Kurszeitraums im Raum, geht manchmal umher und beobachtet die anderen Teilnehmerinnen und Teilnehmer. Frau Saro lacht viel, nimmt gerne Körperkontakt auf und zeigt durch Mimik und Körperhaltung Freude, Anteilnahme und Abwehr. Sie kann nicht verbal kommunizieren und benötigt umfassende Unterstützung. Beim spielerischen Einstieg zur Einheit 2: ‚Meine Stärken und Vorlieben', in der Arbeit zu Geschlechtsrollen (‚Typisch Mann – Typisch Frau?'), beobachtet sie zunächst, wie die anderen Kursteilnehmerinnen und -teilnehmer die verschiedenen Gegenstände den Piktogrammen ‚Mann' und ‚Frau' zuordnen (z. B. Rasierer, Handtasche, Hammer, Fußball). Als die Kursleiterin ein buntes Halstuch zeigt, ergreift Frau Saro dies und legt es ohne zu zögern zum Piktogramm ‚Frau'.

Für beide Teilnehmerinnen und Teilnehmer ist das Lebensbuch sehr attraktiv. Sie schauen es gern an, betrachten die Fotos und Piktogramme und blättern darin. In der Form als Ringbuch ist es für diesen Zweck nicht stabil genug. Ausgewählte Seiten aus dem Originallebensbuch wurden daher für sie nach der Bearbeitung laminiert und durch stabile Spannringe[6] zusammengehalten. So wird ihnen ebenfalls ein selbstbestimmter Umgang mit ihrem Lebensbuch, insbesondere das Betrachten allein oder das Zeigen einzelner Seiten, ermöglicht.

Kommunikation und Verstehen bei hohem Unterstützungsbedarf

Menschen, die sich in nonverbaler Weise mitteilen, sind in hohem Grade abhängig von der richtigen Interpretation ihrer Äu-

---

6 Spannringe, mit denen mehrere Schlüssel zusammengehalten werden können, sind hier geeignet.

ßerungen und Verhaltensweisen. In besonderem Maße verschärft sich diese Abhängigkeit für Personen, deren Äußerungen sehr subtil und ‚leise' sind, sodass sie in einem lebhaften Alltag nur mit entsprechender Aufmerksamkeit wahrgenommen werden können. Wenn Vorlieben, Abneigungen, bedeutsame Erinnerungen etc. übersichtlich an einer Stelle – in diesem Fall im Lebensbuch – gebündelt dokumentiert sind, stärkt das die Position dieser Männer und Frauen im Alltag und erhöht die Wahrscheinlichkeit, dass ihre Bedürfnisse wahrgenommen und respektiert werden. Damit wird ihr Recht auf Teilhabe und Selbstbestimmung ebenso gestärkt wie ihre Fähigkeit zur Kommunikation von Bedürfnissen. Vermeintliche ‚Macken', wie nur scheinbar unmotiviertes Schreien, können unter Umständen als sinnvoller Kommunikationsversuch in einer Situation verstanden werden – beispielsweise als Versuch darauf aufmerksam zu machen, dass die Position im Raum für jemanden unangenehm ist.

Frau Oberkamp kann nicht verbal kommunizieren und ist im Alltag auf umfassende Hilfen angewiesen, auch in ihrer Mobilität, denn ihren Rollstuhl kann sie nicht selbstständig steuern. Wegen ihrer körperlichen Einschränkungen ist es ihr wichtig, ihre Umgebung stets gut mit dem Blick kontrollieren zu können und auf diese Weise viele Schreckmomente zu vermeiden. In ihrem Lebensbuch ist deswegen deutlich und in verschiedenen Zusammenhängen vermerkt: Ich möchte mit dem Rücken zur Wand stehen und immer die Tür und den Raum im Blick haben können. Wenn das nicht möglich ist, brauche ich eine Person an meiner Seite, auf die ich mich verlassen kann. Sie muss jederzeit verhindern können, dass sich mir jemand nähert, mich anfasst oder mich wegschiebt, wenn ich das nicht möchte.

Dabei darf allerdings nicht übersehen werden, dass sich Bedürfnisse verändern können und dass das biografische Wissen, das im Lebensbuch dokumentiert ist, nicht für die Ewigkeit zementiert ist, sondern regelmäßig reflektiert und überprüft werden muss. Zudem müssen immer wieder Gelegenheiten für neue Erfahrungen geschaffen und bewusst genutzt werden, die die persönliche Entwicklung unterstützen. Biografisches Wissen darf keinesfalls dazu führen, sich mit einer Person ausschließlich nach einem bestimmten, aus den biografischen Informationen abgeleiteten Schema zu beschäftigen, sondern soll dazu einladen, Geschichte und Persönlichkeit ernst zu nehmen und neuen Raum für Entwicklung zu schaffen.

Herr Rüske liebt Puzzle – viele Jahre lang verbrachte er die Pausen mit dieser Tätigkeit und erholte sich damit von der Arbeit. Mit dem Älterwerden veränderten sich seine Fähigkeiten und es wollte ihm immer weniger gelingen, ein Puzzle fertigzustellen. Darauf reagierte er zunehmend frustriert und später auch aggressiv, sodass seine Gruppenleiter in der Arbeitsgruppe für Alternativen sorgten. Seitdem malt Herr Rüske in den Pausen mit großer Hingabe immer gleiche Bilder in unterschiedlichen Farben. Erholt und entspannt setzt er sich hinterher wieder an seine Aufgaben. Hätte er in früheren Jahren schon ein Lebensbuch gehabt, hätte man diese Veränderung dringend aufnehmen müssen, um die tägliche Überforderung zu vermeiden, der er sich beim Puzzeln ausgesetzt fühlte.

Die Bedeutung der Angehörigen

Die Kooperation mit Angehörigen und weiteren wichtigen Bezugspersonen wurde an anderer Stelle schon hervorgehoben, ist aber im Zusammenhang von Biografiearbeit mit Personen mit hohem Unterstützungsbedarf von außerordentlicher Bedeutung (vgl. dazu auch Lindmeier 2016):

Durch die Sicherung biografischen Wissens über die Menschen mit hohem Unterstützungsbedarf, die selbst keine umfassende Auskunft über ihre Lebensgeschichte geben könnten, tragen Angehörige wesentlich dazu bei, allzu große Brüche im Leben ihrer Söhne und Töchter oder Geschwister zu verhindern. Das folgende Beispiel illustriert, wie ein an den jeweiligen Stellen umfassend ausgefülltes Lebensbuch beispielsweise liebgewonnene und wichtige Rituale sichern kann.

„Sie müssen wissen, dass Paul die Zeit, die er alleine in seinem Zimmer mit Fernsehen, Malen oder Musikhören verbringt, braucht. Er würde sie aber nie selbst einfordern. Man muss ihm diese Möglichkeit zur Entspannung bewusst einräumen." Paul Müller lebt mit seinem Bruder und seiner Schwägerin zusammen. Er ist sehr gerne unter Menschen, denen er aufgeregt immer wieder Fragen stellt oder etwas erzählt. Um sich von diesen für ihn sehr schönen, aber auch anstrengenden Sozialkontakten zu erholen und zur Ruhe zu kommen, ist er auf Hilfe angewiesen. Seine Schwägerin sorgt dafür, dass das im Lebensbuch unter der Kategorie ‚Gefühle' unmissverständlich deutlich wird und ergänzt, welche Dinge es ihm erleichtern, sich zu entspannen.

Angehörige unterstützen mit ihrem Wissen die Arbeit des Fachpersonals: Für Fachkräfte, die den Menschen in einer schwierigen Lebenssituation wie einem Umzug begleiten, ist ein Lebensbuch von großer Bedeutung: Es vermittelt ihnen Handlungssicherheit und ermöglicht einen schnelleren Zugang zu der Person und wirkt damit unmittelbar auf die Lebensqualität desjenigen zurück, der einer solchen Umbruchsituation ausgesetzt ist.

„Ich wusste nicht, was Klara schon alles erlebt hat! Das muss ja schön gewesen sein, mit so vielen Tieren auf dem Land aufzuwachsen! Jetzt weiß ich auch, warum sie so gerne aus dem Fenster schaut und die Tiere draußen beobachtet!" Die Kinderfotos einer Kursteilnehmerin mit hohem Unterstützungsbedarf, die weder jemals über sich erzählt hat, noch selbst an den Methoden (Körperumriss, Lebensbuch, Zeitleiste) gearbeitet hat (dies wurde von den Kursleitenden stellvertretend übernommen) ermöglichen den Fachkräften ihrer Arbeitsgruppe einen ganz neuen Zugang zu ihr, neue Ideen für die Hilfeplanung können entstehen.

Stellvertretende Biografiearbeit

Christian Lindmeier (2012, 2016) zeigt am Beispiel von Eltern mit jüngeren Kindern mit schwerer Behinderung, wie stellvertretende Biografiearbeit die Position der Eltern gegenüber Fachleuten stärken kann: Zwar besteht auch immer die Möglichkeit, dass Eltern aus ihrer eigenen Sicht der Dinge heraus eine abweichende Position ihres Kindes oder bestimmte seiner Eigenschaften und Interessen nicht ausreichend wahrnehmen, aber Eltern sind immer Experten für den familiären Alltag mit ihrem behinderten Kind, sie verfügen über ein detailliertes und relevantes Wissen. Sie werden zudem durch stellvertretende Biografiearbeit in ihrer Expertenschaft für einen erfolgreichen Alltag mit ihrem Sohn oder ihrer Tochter anerkannt, was ihr Selbstbewusstsein im Umgang mit Fachkräften stärken kann und eine gleichberechtigte Zusammenarbeit im Interesse des schwer behinderten Menschen erleichtert. Dies können wir durch unsere Projekterfahrungen bestätigen: Viele Angehörige, die zunächst der Besuchssituation und der Herausforderung durch den Kurs unsicher gegenüber standen, erkannten schnell die Bedeutung ihres Wissens und ihrer Erfahrungen und ließen sie entsprechend mehr und mehr einfließen – sei es durch das Bereitstellen von Fotos oder das Ausfüllen der entsprechenden Seiten im Lebensbuch. Darüber hinaus haben wir auch erlebt, dass Angehörige, die zunächst eine sehr passive und notgedrungen akzeptierende Haltung gegenüber den Angeboten der Einrichtung eingenommen haben, im Laufe der Zeit deutlicher ihre Ansprüche, ihre Erwartungen und auch Kritik formulieren konnten.

„Hier kann man wohnen, Gott sei Dank! In dem anderen Wohnheim hat es mir ehrlich gesagt nicht so gefallen, da wäre Hanna bestimmt nicht glücklich geworden", freut sich Frau Lüdecke, die mit ihrer Schwester Hanna Meyer ein Wohnheim im Grünen besucht. Zuvor hatte sie ein anderes Angebot besichtigt und sich aus der Not heraus schon fast damit arrangiert. Die Auseinandersetzung mit der Lebensgeschichte und den vielen Jahren Landleben, die ihre Schwester zusammen mit ihren Eltern genossen hat, haben sie dazu bewogen, sich nach Alternativen umzuschauen, die Hannas Bedürfnissen und ihrer Lebensgeschichte besser gerecht werden.

Nicht zuletzt stärkt eine von Angehörigen oder anderen nahen Bezugspersonen stellvertretend durchgeführte Biografiearbeit die Wahrnehmung der behinderten Menschen als Erwachsene: Während der Alltag häufig geprägt ist von den umfassenden Unterstützungsleistungen und den damit verbundenen Einschränkungen, öffnet Biografiearbeit den Blick für die Entwicklungsprozesse im Leben und die vielen Veränderungen sowie positive und negative Erfahrungen, die zu jedem Leben dazugehören.

Freude und Interesse an der Teilnahme

Nicht immer ist in der Kursarbeit sofort ersichtlich, ob der Teilnehmer oder die Teilnehmerin Spaß am Angebot hat. Es ist hilfreich, Bezugspersonen zu fragen, was Zeichen von Freude und Wohlbefinden, von Interesse und auch von Angst oder Unzufriedenheit sind. Deshalb empfiehlt es sich, in den ersten Einheiten sehr aufmerksam auf entsprechende Äußerungen zu achten. Unserer Erfahrung nach ist die erste Einheit gerade für Menschen mit hohem Unterstützungsbedarf, für die aufgrund ihrer besonderen Bedürfnisse häufiger der Zugang zu Bildungsangeboten erschwert ist, noch eine Herausforderung, der sie aufmerksam, aber auch ein wenig ängstlich begegnen. Kurze Besuche und Gespräche in der Arbeitsgruppe vor und/oder nach der Einheit haben sich als hilfreich erwiesen, um den Kontakt zu festigen. In der zweiten Einheit sind häufig schon deutliche Veränderungen zu vermerken: Die Teilnehmerinnen und Teilnehmer sind offener und begegnen dem Kurs mit deutlich mehr Freude und Mut.

„Ob Hermann heute überhaupt was vom Kurs hatte?“, fragen sich die Kursleiterinnen nach der ersten Einheit, an der auch Hermann Wolter teilgenommen hat. Hermann Wolter spricht nicht. Material, das man ihm anbietet, hält er sich kurz vor die Augen und wirft es dann weg. Er verfolgt das Geschehen aufmerksam mit den Augen, aber Zeichen von Freude oder besonderem Interesse sind in der ersten Einheit nicht zu vermerken gewesen. „Wir warten ab, wie er sich in der nächsten Woche verhält. Vielleicht erinnert er sich an die Veranstaltung und kann sich besser darauf einlassen“, vereinbaren sie.

Eine Woche später zeigt Herr Wolter den Kursleiterinnen eine ganz neue Seite von sich: Weiterhin ist er sehr aufmerksam, aber diesmal scheint es, als wolle er aktiv am Kurs teilnehmen: Er bewegt sich viel hin und her, lautiert auffallend häufig und lacht immer wieder deutlich. Als er ein Foto seines Vaters bekommt, wirft er dieses zwar auch wieder weg, lautiert danach aber deutlich den Namen seines Vaters. Die Kursleiterinnen bewerten dieses Verhalten sehr positiv: Er scheint sich zum einen an die Situation im Kurs von vor einer Woche erinnern zu können, darüber hinaus scheint er nicht mehr ängstlich zu sein, sondern sich in der kleinen Arbeitsgruppe wohl zu fühlen. Er traut sich, mit seinen Möglichkeiten an der Gruppe teilzuhaben und beweist mit der Fähigkeit, den Namen seines Vaters zu artikulieren, sprachliche Kompetenzen, die ihm vorher nicht zugetraut wurden.

In der ersten Einheit hält sich Frau Wesseler fast durchgängig die Hände vor die Augen, als ob sie sich vor möglichem Blickkontakt mit den anderen Teilnehmerinnen und Teilnehmern und der Kursleitung schützen müsse. Die einzige Person, zu der sie Kontakt aufnimmt, ist eine Praktikantin aus ihrer Arbeitsgruppe, die sie während des gesamten Kurses begleiten soll. Anders wäre sie wohl kaum bereit gewesen, vier Stunden lang unter mehr oder weniger fremden Menschen zu bleiben. Die Kursleitung kennt sie zwar schon aus den Vorgesprächen, blieb aber in diesen Kontakten zunächst sehr zurückhaltend. Doch schon in der zweiten Einheit wirkt sie wie ausgewechselt: Sie betritt den Raum mit offenem Blick und einem Lächeln. Der Kontakt zu den Kursleiterinnen ist so gut, dass die Praktikantin zwischenzeitlich auch andere Teilnehmer unterstützen kann, während eine Kursleiterin Frau Wesseler begleitet.

Frau Wesseler genießt nach anfänglicher Irritation die Aufmerksamkeit, die ihr im Kurs zukommt. Sie scheint zu begreifen, dass sie mit ihrer Geschichte im Mittelpunkt steht, dass sie die zentrale Person in ihrem Lebensbuch ist. Ihre Schwester, bei der sie lebt, erzählt uns nach einigen Wochen, dass sie Frau Wesseler häufig dabei beobachtet, wie sie im Wohnzimmer sitzt und durch ihr Lebensbuch blättert, das mit vielen Fotos aus ihrem Leben bestückt ist. Sie zieht das Buch den bebilderten Zeitschriften vor, mit denen sie sich bislang beschäftigt hat.

Zudem profitieren die häufig nicht oder nur wenig lautsprachlich kommunizierenden Teilnehmerinnen und Teilnehmer von einer heterogen zusammengesetzten Gruppe: Die Äußerungen der anderen Teilnehmer und Teilnehmerinnen im Kurs können anregend wirken und bilden häufig eine positive Ergänzung zur Kommunikation in ihrer Arbeitsgruppe. Wenn diese eine sogenannte ‚Fördergruppe' ist, wie sie in Niedersachsen ‚unter dem verlängerten Dach der Werkstatt' meist separat von den stärker leistungsorientierten Gruppen des Arbeitsbereichs existieren, oder eine Gruppe einer separaten Tagesförderstätte, dann sind dort ausschließlich Menschen mit hohem Unterstützungsbedarf: Viele von ihnen verfügen nur über eingeschränkte bzw. besondere kommunikative Fähigkeiten. Ein mehrstündiger Kontakt in einer kleinen Arbeitsgruppe mit Personen, die über ihr Leben berichten und dies auch noch mit Bildern oder Fotos verdeutlichen, kann einen großen Gewinn für Teilnehmerinnen und Teilnehmer mit hohem Unterstützungsbedarf bedeuten.

Unser Eindruck ist, dass sie häufig deutlich mehr von dem Gesagten verstehen, als anfangs vermutet werden konnte. Dieser Vorschuss an Vertrauen in die Fähigkeiten aller Teilnehmenden ist unbedingt notwendig, um erfolgreich Kurse für diesen Personenkreis anzubieten. Hierfür bedarf es engagierter Kursleitungen, die über pädagogischen Optimismus, ein Methodenrepertoire und vor allem über die notwendige Kreativität verfügen, Methoden individuell auf die Bedürfnisse Einzelner abzustimmen.

Schlussfolgerungen für die Arbeit mit dem Lebensbuch in Bildungskursen

Zusammenfassend möchten wir festhalten, dass biografisch orientierte Bildungsarbeit nicht an besondere Voraussetzungen oder Kompetenzen auf Seiten der Teilnehmer und Teilnehmerinnen gebunden ist. Einzige Voraussetzung ist allein ihr Interesse daran, sich mit dem Thema auseinandersetzen und – im Falle von gruppenbezogenen Angeboten – sich auf die Gruppe einzulassen. Für Menschen mit hohem Unterstützungsbedarf, deren Interesse nicht immer gleich eindeutig zu erkennen ist, sowie bei Menschen mit hohen Schwellenängsten kann dies bedeuten, dass erst nach dem zweiten oder dritten Kurstreffen eine Aussage darüber getroffen werden kann, ob Interesse an der Arbeit mit dem Lebensbuch und ihrer Lebensgeschichte vorhanden ist oder nicht. Da der Grundsatz der Freiwilligkeit bei der Arbeit mit der eigenen Lebensgeschichte von herausragender Bedeutung ist, sollte niemand zu einer weiteren Teilnahme überredet werden, wenn kein Interesse vorliegt. Das Gebot der Freiwilligkeit gilt umgekehrt auch, wenn die Kursleitung Interesse beobachtet zu haben meint, aber der Teilnehmer oder die Teilnehmerin sich dennoch abmeldet – und es gilt auch dann, wenn die Fachkräfte des begleitenden Dienstes oder die Gruppenleitung die Abmeldung nicht den originären Wünschen des Teilnehmers oder der Teilnehmerin, sondern der Ablehnung des Kurses durch seine Eltern zuschreiben.

Unserer Erfahrung nach können an den Kursen durchaus auch Menschen mit einem hohen Unterstützungsbedarf teilnehmen, wenn angemessene Rahmenbedingungen und Unterstützungsangebote geschaffen werden. Die im folgenden Kapitel beschriebene geringe Gruppengröße und die Kursleitung im Tandem stellen bereits Anpassungen an Menschen mit hohem Unterstützungsbedarf bzw. sehr heterogene Gruppen dar und ermöglichen eine intensive Begleitung der biografischen Arbeit jeder und jedes Einzelnen. Auch die Methoden sind bereits grundsätzlich durch Visualisierung und Handlungsorientierung an Menschen mit hohem Unterstützungsbedarf angepasst, müssen aber bei Bedarf nochmals weiter verändert werden.

Zusätzlich zu den bereits genannten Anpassungen hat es sich als hilfreich bzw. in einigen Fällen als erforderlich erwiesen, zu den ersten Treffen oder über den gesamten Zeitraum eine Begleitung durch eine vertraute Bezugsperson sicherzustellen. Zum einen ermöglicht die Vertrautheit zur Bezugsperson dem Menschen eine möglichst aktive Teilnahme am Kurs. Zum anderen kennt die begleitende Bezugsperson die individuellen Unterstützungsbedarfe des Teilnehmers bzw. der Teilnehmerin und kann so sicherstellen, dass ein Zugang zu den Kursinhalten hergestellt werden kann.

Mitunter kann diese Bezugsperson auch dadurch gewährleistet werden, dass eine der beiden Kursleitungen aus einer Gruppe (der WfbM oder des Tagesförderbereichs) rekrutiert wird, in der potenzielle Teilnehmerinnen und Teilnehmer sind, die eine solche Begleitung benötigen.

5. Die Kursdurchführung zum Thema ‚Biografiearbeit mit dem Lebensbuch'

Im folgenden Kapitel finden sich praktische Hinweise zu einem möglichen Ablauf eines Lebensbuch-Kurses.

5.1 Vorbereitungen

Information und Vorbereitung interessierter Mitarbeiterinnen und Mitarbeiter

Es hat sich bewährt, die Kurse in Tandems zu leiten, da so bestmöglich auf die einzelnen Teilnehmer eingegangen werden kann. Dabei ist es sinnvoll, Mitarbeiterinnen und Mitarbeiter des begleitenden Dienstes zu beteiligen, da sie viele Beschäftigte und Angehörige kennen. Aber auch Gruppenleitungen des Arbeitsbereiches oder des Tagesförderbereiches können eingebunden werden. Sie kennen in der Regel auch Beschäftigte, die nicht in ihrer Gruppe sind oder bekommen rasch Zugang zu ihnen. Während der ersten Treffen können die Teilnehmerinnen und Teilnehmer wesentlich schneller Vertrauen zu ihnen aufbauen als zu fremden Kursleitungen, auch können Gespräche durch das vorhandene Vorwissen leichter initiiert werden. Die andere Kursleitung sollte unbedingt Kenntnisse und Erfahrungen in der Erwachsenenbildung haben, denn beim biografischen Lernen handelt es sich um ein anspruchsvolles erwachsenenpädagogisches Konzept, dass hier zudem mit einem besonderen Personenkreis umgesetzt wird.

Bei größeren Trägern mit mehreren Werkstattstandorten hat es sich bewährt, in jeder Werkstatt Ansprechpartnerinnen und -partner zu haben. Dazu haben wir eine Kursleiterausbildung entwickelt, die neben dem Kurskonzept Grundwissen zu Erwachsenenbildung, Biografiearbeit, Moderation und Zusammenarbeit mit älteren Familien (einschließlich Sensibilisierung für deren Erfahrungen, Lebenswirklichkeiten und Zukunftsperspektiven) umfasst. In dem von uns durchgeführten Projekt wurde einer Projektmitarbeiterin, die nach Beendigung des Projekts weiterhin in der Werkstatt als Erwachsenenpädagogin in der beruflichen Bildung tätig ist, die Zuständigkeit für die kontinuierliche Kursdurchführung übertragen. Je nachdem, wie stark der Doppelauftrag der Werkstatt, neben wirtschaftlichem Betrieb auch die Persönlichkeitsentwicklung zu unterstützen, in der Berufsauffassung der Mitarbeiterschaft verankert ist, gestaltet sich die Freistellung von Personal für die arbeitsaufwendigen Kurse leichter oder schwieriger. Eine zusätzliche Unterstützung durch HEP-Schülerinnen und Schüler oder ‚Bufdis' ist denkbar und sinnvoll, kann aber verantwortliche Kursleitungen nicht ersetzen.

Anzahl, Zeitpunkt und Dauer der Kurstermine

Vor Kursbeginn ist festzulegen, wann die einzelnen Kurstermine stattfinden und welchen Umfang die einzelnen Termine umfassen sollen. Die Organisation ist für die Kursteilnehmerinnen und -teilnehmer und ihre Angehörigen am einfachsten, wenn die Kurse während der regulären Arbeits- bzw. Betreuungszeiten stattfinden. Termine, die außerhalb der regulären Arbeitszeiten liegen, bedeuten teilweise einen erheblichen zusätzlichen Organisationsaufwand sowohl für die Teilnehmerinnen und Teilnehmer selbst als auch für die Angehörigen, die die Fahrten zum Kurs sicherstellen müssen. Dies ist für ältere Familien schwieriger als für jüngere.

Biografisches Arbeiten mit dem Lebensbuch umfasst die Auseinandersetzung mit der eigenen Lebensgeschichte der Kursteilnehmerinnen und -teilnehmer und basiert dabei auf einer vertrauensvollen Arbeitsbeziehung zwischen ihnen und der Kursleitung. Sie lernen innerhalb des Kurses viel über sich und werden in die Lage versetzt, eigene Wünsche und Pläne für die Zukunft zu erarbeiten. Da die Beschäftigung mit dem eigenen Leben, den eigenen Erinnerungen und Wünschen einen größeren Zeitaufwand benötigt, oft zudem auch anstrengend oder belastend sein kann, sollten sich die Kurstermine über einen längeren Zeitraum erstrecken, um genügend Zeit für das Besprechen in der Familie und die innere Verarbeitung zu gewährleisten. Unsere ursprünglichen Planungen sahen vor, dass ein Kurs aus insgesamt 20 Einheiten zu je 90 Minuten bestehen solle. Die hohe Anzahl der Treffen wirkte jedoch aufgrund des umfassenden Zeitraums abschreckend. Zudem wurde deutlich, dass der Zeitraum von 90 Minuten pro Einheit zu knapp bemessen war, wir empfehlen daher als kürzeste Zeiteinheit 120 Minuten. Ein Wochenendkurs hat sich nicht bewährt, da nur eine größere Zahl an Treffen die Möglichkeit bietet, zwischendurch zu Hause über den Kurs zu sprechen. In unserer Praxis hat sich schließlich die Durchführung des Kurses in insgesamt sieben Einheiten zu je 240 Minuten bewährt. Hinzu kommt eine ‚Vorphase' von sechs Wochen sowie eine Woche zur Nachbereitung. In dieser Zeit werden ein Vortreffen, Einzeltermine mit allen Teilnehmerinnen und Teilnehmern und Angehörigenbesuche durchgeführt. Dadurch verlängert sich die gesamte Dauer der Kursdurchführung auf 14 Wochen.

Bei einer Kursdurchführung über sechs Wochen Vorphase und sieben Einheiten zu je 240 Minuten erstreckt sich der gesamte Kurs so über einen angemessenen Zeitraum, der es ermöglicht, lange Unterbrechungen durch Sommerferien und Weihnachten einschließlich der Vorweihnachtszeit zu vermeiden. Die einzelnen Sitzungen bieten aber auch ausreichend Raum, um die vorgesehenen Themen ausführlich und ohne Zeitdruck bearbeiten und reflektieren zu können und zwischen den Sitzungen Informationen durch Angehörige einzubeziehen.

Soll dennoch ein mehrtägiges Seminar durchgeführt werden, muss der steigende Pausenbedarf im Tagesverlauf berücksichtigt werden. Zu Beginn des Seminars empfiehlt es sich zudem, für die Gruppe die Möglichkeit zu schaffen, zunächst anzukommen und sich einzufinden, bevor ein Einstieg in die Arbeit erfolgt. Auch am Abschlusstag sollte ausreichend Zeit für Reflexion und Ausklang vorhanden sein. Neben der Durchführung als regelmäßiges Angebot oder mehrtägiges Seminar ist auch eine Kombination beider Kursformen denkbar, indem beispielsweise zusätzlich zum wöchentlichen Angebot ein Termin am Wochenende als Tagesveranstaltung Teil des Kurses ist.

Veranstaltungsort

Die Räumlichkeiten, in denen das Projekt stattfindet, sollten so ausgewählt sein, dass sowohl ausreichend Platz für die Bildung eines Stuhlkreises, die Arbeit an Tischen als auch für kreative Arbeit im Raum (für die Methode ‚Körperumriss') vorhanden ist. Der gewählte Raum sollte barrierefrei sein, um allen Interessenten Zugang zu ermöglichen, und für alle Kurseinheiten verfügbar sein. Vor dem ersten Treffen sollte der Kursraum durch die Kursleitung ansprechend gestaltet werden, indem beispielsweise der Stuhlkreis bereits vorbereitet ist und Getränke sowie Kleinigkeiten zu essen bereit stehen. Wichtig ist außerdem, dass der Kursraum als solcher von außen sichtbar gekennzeichnet wird, um unnötige Störungen zu vermeiden und eine ruhige, vertrauensvolle Arbeitsatmosphäre sicherzustellen.

Teilnehmerzahl

Die Anzahl der Teilnehmerinnen und Teilnehmer sollte in Abhängigkeit von der Anzahl der Kursleitungen sowie der individuellen Kompetenzen und Bedarfe der Zielgruppe festgelegt werden. Unserer Erfahrung nach sind Gruppengrößen von sechs Personen optimal, da die Kursleitungen so in Phasen der Einzelarbeit individuelle Unterstützung leisten können. Es ist zu bedenken, dass immer einige Teilnehmerinnen und Teilnehmer dabei sind, die bisher noch nicht an Bildungskursen teilgenommen haben oder für die die im Kurs praktizierten selbstreflexiven Formen des Arbeitens sehr fremd und entsprechend anstrengend sind.

Information über das Kursangebot innerhalb der WfbM

Unserer Erfahrung nach ist es wichtig, schon im Vorfeld des Projekts alle Beteiligten in der Einrichtung sowie innerhalb des Kreises der Angehörigen umfassend über die Inhalte, den Umfang und die Wichtigkeit bzw. den Nutzen der Kurse zu informieren. Dadurch sollen Interesse geweckt und Vorbehalte abgebaut werden, denn es handelt sich in mehr als einer Beziehung um einen aufwendigen Kurs: auf Seiten der Beschäftigten übersteigen die mehrstündigen Termine, während derer die Beschäftigten nicht in ihrer Arbeitsgruppe sind, die üblichen Kurse der Werkstattprogramme in der beruflichen Bildung. Auf Seiten der Kursleitung kommen die Vor- und Nachbereitungszeit des Kurses selbst und die aufwendige Vorphase hinzu. Da in den meisten Werkstätten das Programm der beruflichen Bildung eher ‚nebenher' läuft und Bildung für die Beschäftigten von vielen Gruppenleitungen als ‚nettes, aber nicht notwendiges Extra' angesehen wird, passiert es leicht, dass bei hoher Arbeitsbelastung in den Arbeitsgruppen teilnehmender Beschäftigter oder bei personellen Engpässen aufgrund von Krankheits- oder Urlaubsvertretung Kollegen oder Vorgesetzte fordern, den Kurs ‚hinten anzustellen'. Daher sollte vor Beginn eine möglichst hohe Akzeptanz für den Kurs bei allen Mitarbeiterinnen und Mitarbeitern geschaffen werden, flankiert von einer eindeutigen Stellungnahme der Werkstattleitung, da nur so die Möglichkeit gegeben ist, die Biografiearbeit mit dem Lebensbuch als selbstverständlichen Teil in den Alltag der Einrichtung zu integrieren. Die Information aller Beteiligten kann gut im Rahmen von Informationsveranstaltungen stattfinden, an denen neben den Mitarbeiterinnen und Mitarbeitern und Angehörigen auch andere beteiligte Gremien, wie z. B. der Werkstattrat und der Angehörigenbeirat teilnehmen sollten. Auch in Dienstbesprechungen sollte das Vorhaben erklärt und beworben werden.

In unserem Projekt unterstützte ein Beschäftigter, der bereits in der Erprobungsphase (Oermann 2008b) ein Lebensbuch ausgefüllt hatte und engagiert davon berichten konnte, die Informationsveranstaltungen. Weiterhin empfiehlt es sich unserer Erfahrung nach, Informationen über das geplante Projekt auf verschiedenen Wegen zu verbreiten, z. B. in der einrichtungsinternen Zeitung, durch Aushänge und einen in leichter Sprache formulierten Flyer.

Ausschreibung des Kurses und Werbung der Teilnehmerinnen und Teilnehmer

Als Zielgruppe empfehlen wir zunächst alle Beschäftigten, die zum Zeitpunkt des Kurses über 40 Jahre alt sind und bei ihren Familien leben. Natürlich können auch jüngere Beschäftigte, die in einer potenziell instabilen Lebenssituation leben, einbezogen werden. Grundsätzlich ist eine Beschäftigung mit der eigenen Lebensgeschichte und den individuellen Zukunftsplänen mit dem Ziel des Erwerbs biografischer Kompetenz in allen Altersstufen sinnvoll, und auch jüngere Beschäftigte profitieren von einer frühzeitigen Kursteilnahme, sodass die Ausschreibungen nach Bedarf angepasst werden sollten. In unserem Projekt bestand allerdings ein so hoher Bedarf in der Altersgruppe über 40, dass diese Eingrenzung sinnvoll erschien.

Die Veranstaltung sollte in der WfbM-üblichen Form in leichter Sprache öffentlich ausgeschrieben werden, in der Regel im Programmheft für Erwachsenenbildungsangebote der WfbM, der örtlichen Volkshochschule oder einem regionalen Verbund. Aus der Ausschreibung sollten neben der Zielgruppe des Angebots und den Rahmenbedingungen, wie Dauer des Kurses, Anzahl der Treffen, Ort usw. vor allem auch die Inhalte des geplanten Kurses knapp und in leichter Sprache ersichtlich werden, da das Thema ‚Biografiearbeit' auf den ersten Blick oft sehr abstrakt klingt und es für Beschäftigte, aber auch für Angehörige und Mitarbeiterinnen und Mitarbeiter zunächst schwierig ist, sich konkret vorzustellen, was in einem solchen Kurs geplant ist (vgl. Abb. 7). Die Namen der Kursleitungen sollten bereits in der Ausschreibung genannt und mit einem Foto ergänzt werden, so können Nachfragen direkt an die betreffenden Personen gerichtet werden. Sind sie als Gruppenleitung oder im begleitenden Dienst tätig, ist die Hemmschwelle niedriger, sich für den Kurs anzumelden. Aus diesem Grund ist die Einbeziehung von Kursleitungen aus der jeweiligen (Zweig-)Werkstatt bei dieser Thematik unbedingt zu empfehlen. Nach unserer Erfahrungen an fünf verschiedenen Standorten sind geringe Anmeldezahlen durch Unsicherheit und Skepsis auf Seiten der behinderten Menschen, ihrer Gruppenleitungen oder ihrer Angehörigen begründet. Durch gezielte Ansprache durch die Kursleitungen, die noch einmal persönlich Werbung für das Projekt machen, Informationen geben und Fragen beantworten, können viele Menschen zur Teilnahme motiviert werden. Wir haben auch des Öfteren erlebt, dass zwischen Beschäftigten der WfbM und ihren Angehörigen oder ihrer

Abb. 7: Kursankündigung

Mein Leben

Das ist mir wichtig – das soll so bleiben.

Biografie-Arbeit mit dem Lebens-Buch

In diesem Kurs geht es um Ihre Lebens-Geschichte.
Über diese Fragen wollen wir mit Ihnen nachdenken:

- Wie bin ich so als Mensch?
  Was sind meine Stärken?
- Welche Menschen waren und sind mir wichtig in meinem Leben?
- Welche besonderen Erlebnisse gab es in meinem Leben?
- Was wünsche ich mir für die Zukunft?

Zum Kurs gehört ein Lebens-Buch.
Im Lebens-Buch können Sie alles Wichtige aus Ihrem Leben aufschreiben.
Sie können auch Bilder einkleben.

Dieser Kurs ist nur für Beschäftigte, die 40 Jahre und älter sind und die bei ihren Angehörigen leben.

Der Kurs dauert ungefähr 3 Monate.
Start: XXX
Ort: XXX

Kurs-Leiterinnen:
XXX
XXX

Gruppenleitung Uneinigkeit darüber herrschte, ob eine Teilnahme an dem Kursangebot sinnvoll oder überhaupt möglich sei. Im Umfeld der potenziellen Teilnehmerinnen und Teilnehmer herrschten dabei Zweifel darüber vor, ob der behinderte Mensch dazu in der Lage sei, dem Kurs zu folgen und sich zu beteiligen. In diesem Fall können persönliche Gespräche der Kursleitungen mit Angehörigen oder Mitarbeitern aus den Wohneinrichtungen, in denen erläutert wird, wie in dem geplanten Kurs gearbeitet wird, helfen, um die Situation zu klären und zu einer Kursteilnahme zu ermuntern. Auch Beispiele von anderen, möglicherweise sogar bekannten Kursteilnehmerinnen und -teilnehmern mit einer ähnlich schweren Beeinträchtigung oder das Vertrauen in eine bekannte Kursleitung ‚aus den eigenen Reihen' können hier manchmal hilfreich sein. Fast immer werden die Fähigkeiten unterschätzt, sodass ein Versuch immer lohnt.

Kursablauf

Während der Erprobungsphase im Jahr 2008 wurde der Kurs zunächst als reiner Gruppenkurs begonnen, um dann bei Bedarf Termine für die biografische Einzelarbeit sowie Angehörigenbesuche durchzuführen, in den Jahren 2009/2010 wurde ausschließlich biografische Einzelarbeit durchgeführt. Beides erwies sich allerdings in vielen Fällen nicht als ausreichend, um der Zielgruppe gerecht zu werden.

Bewährt hat sich dagegen eine Kombination aus biografischer Einzel- und Gruppenarbeit, wobei es nach unserer Erfahrung sinnvoll ist, dem Kurs eine etwa sechswöchige Vorbereitungsphase vorzuschalten, in der nach einem gemeinsamen Vortreffen die Kursleitung in biografischer Einzelarbeit mit den Kursteilnehmerinnen und -teilnehmern Grundlagen erarbeitet, Kontakt zu den Angehörigen aufnimmt und sie, wenn sie damit einverstanden sind, zu Hause besucht.

Der zeitliche Umfang des biografisch orientierten Bildungsangebots erstreckt sich demnach auf einen Zeitraum von insgesamt 14 Wochen und gliedert sich folgendermaßen:

Arbeit mit dem Lebensbuch: Vortreffen, Angehörigenbesuche und Kursablauf

Woche 1	Vortreffen mit allen Teilnehmerinnen und Teilnehmern • Ausgabe der Lebensbücher und der Arbeitsmappen • Ausfüllen des Arbeitsblattes ‚*Seite über mich*'* • Erstellen von Porträtfotos • Vereinbarung von Einzelterminen • Vereinbarung von Besuchsterminen mit Angehörigen
Woche 2–6	Arbeitsblätter (AB) erarbeiten • AB ‚*Mein Lebenslauf*'* • AB ‚*Wichtige Personen in meinem Leben*'* • AB ‚*Meine Stärken: 9 gute Dinge über mich*'* Erste Arbeiten im Lebensbuch Angehörigenbesuche
Kursbeginn	
Woche 7	Einheit 1: *Das bin ich und so lebe ich*
Woche 8	Einheit 2: *Meine Stärken und Vorlieben*
Woche 9	Einheit 3: *Mein Lebensbaum*
Woche 10	Einheit 4: *Mein Lebensweg*
Woche 11	Einheit 5: *Wichtige Erinnerungen*
Woche 12	Einheit 6: *Meine Wünsche für die Zukunft*
Woche 13	Einheit 7: *Abschluss*
Woche 14	Zeit für nachbereitende Arbeiten, wenn nötig

* Die Arbeitsblätter ‚Seite über mich', ‚Mein Lebenslauf', ‚Wichtige Personen in meinem Leben' sowie ‚Meine Stärken: 9 gute Dinge über mich' finden sich im Anhang.

5.2 Vorphase: Vortreffen, biografische Einzelarbeit und Einbeziehung der Angehörigen

Vortreffen

Sechs Wochen vor dem eigentlichen Beginn des Gruppenkurses sollte ein Vortreffen mit allen Teilnehmerinnen und Teilnehmern stattfinden, das dem Kennenlernen und der Klärung von Fragen zu Kursablauf und -inhalt dient. Im Rahmen des Vortreffens werden Porträtfotos von den Teilnehmerinnen und Teilnehmern gemacht, die im Kurs für das eigene Lebensbuch und die Kursmappe verwendet werden können. Außerdem bietet es sich an, während des Vortreffens gemeinsam das erste Arbeitsblatt ‚*Seite über mich*' anzuschauen, das bis zum Kursbeginn von allen Teilnehmerinnen und Teilnehmern mit Unterstützung der Kursleitung ausgefüllt werden soll. Hierbei zeigen sich bereits die Fähigkeiten und der Unterstützungsbedarf der Teilnehmerinnen und Teilnehmer, was als Grundlage für die weitere Planung durch die Kursleitung relevant ist. Bei diesem Termin werden auch die Lebensbücher und Kursmappen verteilt sowie Einzeltermine mit den Teilnehmerinnen und Teilnehmern vereinbart, an denen eine gemeinsame Arbeit an dem ersten Arbeitsblatt und ggf. weiteren Seiten des Lebensbuchs stattfindet. Bereits zu diesem Zeitpunkt oder bei den Einzelterminen werden auch Termine mit den Angehörigen vereinbart. Sie sind selbstverständlich, ebenso wie die gesamte Teilnahme, freiwillig, aber auf Grund ihrer hohen Bedeutung ist es sehr wichtig, dass die Kursleitung hier Anstrengungen unternimmt, damit die Treffen stattfinden können. In dem teilweise sehr ländlichen Einzugsbereich, in dem unser Projekt angesiedelt war, sind diese Termine zwar zumeist mit erheblichem Aufwand verbunden, der sich jedoch im Hinblick auf den in der Regel wertvollen Austausch lohnt.

Biografische Einzelarbeit

Die vorbereitende Arbeit in 1:1-Situationen ist ideal, um sich gegenseitig kennenzulernen und ein Vertrauensverhältnis aufzubauen (vgl. Lindmeier 2013). Inhalte der Einzelarbeit sind die Arbeitsblätter ‚*Seite über mich*', ‚*Mein Lebenslauf*' sowie ‚*Wichtige Personen in meinem Leben*' (Osnabrücker Werkstätten gGmbH 2014) und ‚*Meine Stärken: 9 gute Dinge über mich*' (ebd.). Sie wurden in einem Projekt des Trägers entwickelt[7], in dem es um Persönlichkeitsentwicklung, Zufriedenheitsermittlung und Schwerpunktplanung (Hilfeplanung) ging. Wenn diese Seiten, deren Inhalt sich aus dem Titel der Arbeitsblätter ergibt und daher hier nicht näher erläutert wird, vollständig ausgefüllt sind, ist der Kursteilnehmer bzw. die Kursteilnehmerin gut auf die Anforderungen im Kurs vorbereitet. Auch die Kursleitung hat auf diese

7 Zum Teil wurden die Arbeitsblätter auf der Grundlage bereits bestehender Vorlagen aus der persönlichen Zukunftsplanung weiterentwickelt, die ursprünglich aus dem amerikanischen Raum stammen.

Weise einen umfassenden Eindruck von den Ressourcen und Bedarfen des Teilnehmers bzw. der Teilnehmerin entwickeln können.

Das Arbeitsblatt *,Seite über mich'* dient im Kurs zudem auch zur Erhebung der biografischen Kompetenz, bzw. ihrer Veränderung im Kursverlauf (siehe Kapitel 3.3, 3.4 und 6.1). Es wird zu drei unterschiedlichen Zeitpunkten mit den Teilnehmerinnen und Teilnehmern ausgefüllt: zum ersten Mal vor Beginn der Kurse, ein zweites Mal nach Beendigung der Kurse und ein drittes und letztes Mal sechs Monate nach Ende der Kurse.

Darüber hinaus können die Wochen vor Kursbeginn dazu genutzt werden, erste Eintragungen im Lebensbuch vorzunehmen und geeignete Fotos zu machen bzw. auszuwählen und einzukleben. Folgende Fotomotive haben sich als hilfreich für die Kursarbeit erwiesen:

- Wohnhaus von außen
- ggf. Wohnungstür/Klingelschild
- das eigene Zimmer
- der Lieblingsplatz im Haus
- Foto des Teilnehmers/der Teilnehmerin mit den Menschen, mit denen er zusammenwohnt
- Babyfoto des Teilnehmers bzw. der Teilnehmerin
- ggf. Foto aus der Kindergartenzeit
- Foto aus der Schulzeit/Tagesbildungsstätte
- Familienfoto
- Foto aus den ersten Jahren in der Werkstatt
- Fotos aus Urlauben/Freizeiten
- Fotos von Hochzeiten/Silberhochzeiten/runden Geburtstagen/Familienfeiern, bei denen der Teilnehmer/die Teilnehmerin dabei war
- Fotos von den Arbeits-Jubiläen des Teilnehmers/der Teilnehmerin, Urkunden
- Foto vom Arbeitsplatz
- Foto von dem Gruppenleiter/der Gruppenleiterin
- Foto der Arbeitsgruppe
- Fotos von den wichtigen Menschen
- Foto vom Kurs

Abb. 8: Arbeitsblatt „Mein Lebenslauf“

HHO Heilpädagogische Hilfe Osnabrück Osnabrücker Werkstätten

» Mein Lebens-Lauf

	Mein Name: Meine Adresse:	
	Mein Geburtstag: Mein Geburtsort:	
	Diese Schulen/Tages-Bildungs-Stätten habe ich besucht:	
	Hier war ich im Arbeits-Trainings-Bereich:	
	In diesen Werkstätten habe ich schon gearbeitet:	
	Diese Arbeiten habe ich in der Werkstatt schon gemacht:	

Hier ist Platz für ein Foto von dir.

Mein Leben. Das ist mir wichtig – das soll so bleiben

Piktogramme: Photo Selector | Bilder: © Lebenshilfe für Menschen mit geistiger Behinderung Bremen e. V., Illustrator Stefan Albers, Atelier Fleetinsel, 2013

Kennenlernen der Angehörigen und der Lebenssituation durch Hausbesuche

Eine grundsätzliche Schwierigkeit in der Arbeit mit älteren Familien besteht aus der Sicht vieler Fachkräfte darin, dass Fachkräfte für die Unterstützung des behinderten Menschen zuständig sind, dessen Möglichkeiten zu selbstbestimmtem Leben und gesellschaftlicher Teilhabe sie erweitern wollen und sollen, dass aber die Eltern oder Geschwister diesem Menschen sehr häufig weder Selbstbestimmung noch Teilhabe zutrauen oder ihn vor den damit immer auch verbundenen schwierigen Entscheidungen und potenziellen Verletzungen bewahren wollen. Die Zusammenarbeit erfordert tatsächlich immer wieder eine schwierige Kompromissfindung. Allerdings haben auch die Fachkräfte mitunter einen einseitigen Blick. So urteilte eine Projektmitarbeiterin über eine Multiplikatorin auf Grund von deren Äußerungen im Multiplikatorenkurs:

„Sie würde ich ungern allein zum Familienbesuch fahren lassen, denn sonst zieht sie da als erstes ein Antragsformular für einen Wohnheimplatz aus der Tasche, und so brauchen wir bei der Familie gar nicht anzufangen!"

Das Kursangebot richtet sich vorrangig an die Menschen mit kognitiver Beeinträchtigung, für die es ja auch ausgeschrieben ist. Sie sollen die Möglichkeit erhalten, an ihrer Lebensgeschichte zu arbeiten und Perspektiven für die Zukunft zu erarbeiten. Da aber Zukunftsperspektiven in der Regel nicht losgelöst vom eigenen persönlichen Umfeld entwickelt und umgesetzt werden, müssen die Bezugspersonen, wie z. B. Eltern oder andere Angehörige, Bezugsmitarbeiterinnen oder -mitarbeiter sowie langjährige Freunde in diesen Prozess möglichst miteinbezogen werden. Voraussetzung hierfür ist das Einverständnis der jeweiligen Teilnehmerin bzw. des Teilnehmers, die selbst entscheiden, wer sie in welcher Form begleiten und unterstützen soll. Auch auf Seiten der Bezugspersonen ist die Kooperation freiwillig und ausdrücklich keine Bedingung für die Kursteilnahme. Sollten beide Seiten der Zusammenarbeit zustimmen, findet der Kontakt in der Phase zwischen Vortreffen und dem Beginn des Kurses statt. Unserer Erfahrung nach ist es sinnvoll, in diesem Zeitraum die Teilnehmerinnen und Teilnehmer in ihrem häuslichen Umfeld zu besuchen. Dafür empfiehlt es sich, bereits direkt im Anschluss an das Vortreffen Besuchstermine mit den Bezugspersonen zu vereinbaren und mit dem Teilnehmer bzw. der Teilnehmerin abzustimmen.

Die Besuche bei den Angehörigen dienen aber nicht nur der Kontaktaufnahme und Einbeziehung. Hier findet ein erster persönlicher Kontakt der Kursleitung mit dem Lebensumfeld des Teilnehmers bzw. der Teilnehmerin statt. Gleichzeitig sollte an dieser Stelle aber auch Ziel und Inhalt des Kurses nochmals erläutert werden und die nötige Zusammenarbeit mit den Angehörigen begonnen werden, die ihnen zugleich den besten Einblick in die Arbeit im Kurs gibt und hilft, Skepsis und Zweifel zu zerstreuen. Mit ihrem Einverständnis und auf ihre Vorschläge hin werden noch fehlende Fotos für das Lebensbuch gemacht, der bisher bearbeitete Lebensweg wird besprochen und die Bezugspersonen werden gebeten, beim Vervollständigen der Arbeitsblätter zu unterstützen. In der Regel übernehmen Angehörige schnell eine „liebevolle Chronistenfunktion" (vgl. Jansen 2011, 23f.), indem sie beispielsweise anhand des Fotoalbums über den ersten Schultag erzählen. Die niedrigschwellige Einbindung der Angehörigen in die biografische Arbeit ermöglicht ihnen auch einen Austausch über die Chancen und Herausforderungen der aktuellen Lebenssituation. Nicht selten wird gerade in Gesprächen mit älteren Eltern deutlich, dass die Familien sich bereits intensiv mit möglichen Zukunftsperspektiven beschäftigt haben. Einige haben die Weichenstellungen bereits vorgenommen, andere sind sich noch nicht sicher, welche Alternative ihren Ansprüchen am ehesten gerecht wird.

Struktur bekommen die Hausbesuche durch die ersten Arbeitsblätter (Themen: ‚*Mein Lebenslauf*', ‚*Wichtige Menschen*' und ‚*Meine Stärken und Vorlieben*', ggf. auch ‚*Routinen, die für mein Wohlbefinden von Bedeutung sind*'), die entweder bereits im Vorfeld im Rahmen der Einzeltermine von den Teilnehmerinnen und Teilnehmer mit Unterstützung der Kursleitung bearbeitet wurden oder während des Besuchs gemeinsam ausgefüllt bzw. ergänzt werden können.

Die Vorstellung der Arbeitsblätter und die gemeinsame Arbeit daran machen den Besuch für die Angehörigen planbar und sie können einschätzen, welche Art von Unterstützung benötigt wird. Der gemeinsame Blick in das Lebensbuch, das den Bezugspersonen an dieser Stelle vorgestellt werden kann, verdeutlicht außerdem, welche Fotos aus der Vergangenheit hilfreich wären. Unserer Erfahrung nach verlaufen die Treffen mit Angehörigen oder anderen dem Teilnehmer bzw. der Teilnehmerin nahestehenden Personen auch nach anfänglicher Skepsis oftmals sehr harmonisch. Nachdem ein erstes persönliches Kennenlernen stattgefunden hat, stehen viele Angehörige der Kursteilnahme viel positiver gegenüber und helfen gerne mit alten Fotos und Informationen aus der Vergangenheit weiter.

Unsere Erfahrungen im Projekt haben gezeigt, dass vorbereitende Hausbesuche für den nachfolgenden Kurs von großem

Vorteil sind, da auf diesem Wege sofort, gemeinsam mit der Familie, das Haus, das Zimmer, die Angehörigen etc. fotografiert werden können, und zwar nach den Vorgaben und Vorschlägen der Familie. Mit dem Lebensbuch kann die Kursleitung außerdem zeigen, welche weiteren Themen im Mittelpunkt des Kurses stehen und welche Fotos zur Dokumentation hilfreich wären. Die Angehörigenbesuche ermutigen in vielen Fällen Bezugspersonen zur aktiven Beteiligung, z. B. erhalten erfahrungsgemäß viele Teilnehmerinnen und Teilnehmer Unterstützung von Familienmitgliedern beim Ausfüllen des Lebensbuchs. Weiterhin bieten die Zusammentreffen die Möglichkeit, biografische Daten zu sammeln und Formalitäten zu besprechen, wie z. B. eine Einverständniserklärung zur Fotofreigabe.

Das Duplizieren alter Fotos, an denen die Familien verständlicherweise sehr hängen, ist glücklicherweise sehr einfach geworden; oft reicht es, die alten Fotos einfach nochmals abzufotografieren, oder sie können für einige Tage ausgeliehen und gescannt werden.

5.3 Kurseinheiten

Die Kurseinheiten bauen so aufeinander auf, dass sich die Teilnehmerinnen und Teilnehmer zunächst mit ihrer eigenen Person, ihrer aktuellen Lebenssituation und ihren Stärken beschäftigen (Einheit 1 und 2), dann ihr soziales Netzwerk reflektieren (Einheit 3) und zuletzt mithilfe einer Zeitleiste eine Übersicht der für sie bedeutsamen Lebensereignisse erstellen (Einheit 4 bis 6). Diese Zeitleiste soll es den Teilnehmerinnen und Teilnehmern ermöglichen, einen verbindenden Blick auf Vergangenheit, Gegenwart und Zukunft zu richten. In einer siebten und abschließenden Einheit werden die Arbeitsergebnisse von den Kursteilnehmerinnen und Kursleitnehmern auf freiwilliger Basis in Form einer Ausstellung vor geladenem Publikum präsentiert.

Die einzelnen Einheiten folgen immer dem gleichen Ablauf: Jede Einheit beginnt mit einer Sequenz, in der die Themen der vorherigen Sitzung kurz wiederholt werden. Anschließend findet die inhaltliche Arbeit an einem Kursthema statt, bevor jede Einheit mit der Aufforderung endet, das jeweilige Treffen zu bewerten.

In der letzten Einheit werden die Teilnehmer zusätzlich gebeten zu bewerten, welche der drei Methoden (Körperumriss, Lebensbaum und Zeitleiste) ihnen am meisten bzw. am wenigsten Spaß gemacht hat.

Einheit 1 – Das bin ich und so lebe ich

Ziel:
- Gegenseitiges Kennenlernen
- Erarbeiten von Gruppenregeln
- Auseinandersetzung mit der eigenen Person und der eigenen Wohnsituation

Materialien:
- Arbeitsblatt *‚So wohne ich‘* (siehe Materialsammlung im Anhang)
- Piktogramme Gruppenregeln
- Bilder von Wohnungen der Teilnehmerinnen und Teilnehmer
- große Bögen Papier
- Kleber, Schere, Buntstifte

Methoden:
- Körperumriss
- Arbeit mit dem Lebensbuch

Einstieg:
- Strukturierte Vorstellungsrunde („Ich heiße…“, „Ich wohne…“, …)
- gemeinsames Erarbeiten von Gruppenregeln

Ablauf:
- Vorstellung und Reflexion der eigenen Wohnsituation (ggf. mit Fotos)
- Diskussion über unterschiedliche Wohnformen im Plenum
- Formulierung von Wünschen und Vorstellungen bzgl. des zukünftigen Wohnens
- Dokumentation auf Arbeitsblatt *‚So wohne ich‘*
- Anfertigung von Körperumrissen, Ausgestaltung der Umrisse durch die Teilnehmerinnen und Teilnehmer
- Bearbeitung des Arbeitsblatts *‚So wohne ich‘* (Ausschneiden und Aufkleben auf Körperumriss, ggf. Ergänzung mit persönlichen Bildern)
- Festhalten der Ergebnisse der Sitzung im Lebensbuch (schriftlich und mit Bildern auf den Seiten ‚Wo ich lebe‘)

Abschluss:
- Reflexion der Einheit in der Gruppe (Genanntes in einer Tabelle mit Datum, Piktogramm und kurzen Notizen zum Inhalt der Sitzung festhalten)
- Bewertung der Einheit

Ziel der Einheit ist zum einen das gegenseitige Kennenlernen und das Einfinden in die Arbeitssituation in der Gruppe, zum anderen die Auseinandersetzung mit sich selbst und der eigenen Wohnsituation.

Nach einer Vorstellungsrunde und dem gemeinsamen Erarbeiten von Gruppenregeln regt die Kursleitung die Gruppe zum Gespräch über die eigene Wohnsituation an. Neben der Frage ‚Wo und mit wem wohne ich?' soll die eigene Wohnsituation mit den Fragen ‚Was gefällt mir an meinem Wohnort und an meinem Zuhause?', ‚Was nervt mich zu Hause?' reflektiert werden. Die Frage ‚Wo möchte ich in 20 Jahren wohnen?' bietet die Chance, über Wünsche und Vorstellungen für die Zukunft zu sprechen. Die Wahl einer fernen Zukunft macht es auch denjenigen Teilnehmerinnen und Teilnehmern möglich, Wünsche zu äußern, in deren Familien ein Gespräch über konkrete Pläne und die nahe Zukunft tabuisiert ist. Die individuellen Antworten werden auf dem Arbeitsblatt ‚*So wohne ich*' (vgl. Abb. 9) festgehalten.

Eine Präsentation mit Fotos von den Häusern der Teilnehmerinnen und Teilnehmer kann dabei sehr hilfreich sein, weil es den Zugang zum Thema durch die Anknüpfungspunkte mit dem eigenen Leben erleichtern kann und gleichzeitig eine erhöhte Aufmerksamkeit der Teilnehmerinnen und Teilnehmer mit sich bringt. Die Kursleitung achtet bei der Präsentation der unterschiedlichen Wohnungen darauf, die Unterschiede beim Wohnen (Wohnort, Wohnform, …) hervorzuheben, ohne dabei eine Wertung unterschiedlicher Lebensentwürfe und finanzieller Möglichkeiten vorzunehmen. Wichtig ist, dass die Teilnehmerinnen und Teilnehmer einen Eindruck von den unterschiedlichen Möglichkeiten erhalten, mit wem und wie man wohnen kann.

In einem weiteren Schritt wird von jeder Teilnehmerin und jedem Teilnehmer ein Körperumriss angefertigt, den sie dann in Einzelarbeit ausmalen und gestalten. Sie werden dabei unterstützt, dies möglichst detailgetreu vorzunehmen und beispielsweise auf besondere Kennzeichen sowie Kleidung, Frisur oder Schmuck Wert zu legen. Ggf. muss die Kursleitung bei dieser Aufgabe assistieren oder sie stellvertretend ausführen. In diesem Fall ist es wichtig, den Teilnehmer bzw. die Teilnehmerin eng in die Arbeit einzubeziehen und sich das eigene Vorgehen so gut wie möglich bestätigen zu lassen.

Wenn der Körperumriss fertiggestellt ist, schneiden die Teilnehmerinnen und Teilnehmer das Arbeitsblatt *‚So wohne ich'* entsprechend der Fragestellungen auseinander und kleben die Antworten auf den Körperumriss. Es können Bilder vom eigenen Zuhause ergänzt werden, um es für Teilnehmerinnen und Teilnehmer mit geringen schriftsprachlichen Fähigkeiten besser ‚lesbar' zu gestalten.

Der Zeitbedarf für das Ausmalen des Körperumrisses kann individuell sehr unterschiedlich ausfallen, sodass unter Umständen die Notwendigkeit besteht, diesen Arbeitsschritt in der nächsten Einheit fortzusetzen. Wie sinnvoll dieser Einstieg in die biografische Arbeit trotz des hohen zeitlichen Aufwandes ist, belegt das folgende Zitat einer Teilnehmerin, die zum Abschluss des gesamten Kurses begründet, warum ihr die Arbeit am Körperumriss am besten gefallen hat:

> „Ich bin so eine, die immer zuerst an alle anderen denkt, und erst zuletzt an sich selbst. Bei dem Körperumriss brauchte ich viel Zeit, um die großen Flächen auszumalen. Dabei hatte ich auch viel Zeit, über mich nachzudenken: Wer ich bin, was mich ausmacht. Ich musste nicht an die anderen denken, sondern nur an mich. Das hat mir unheimlich gut gefallen."

Am Ende der Einheit sollte noch genügend Zeit vorhanden sein, um die Ergebnisse zum Thema ‚Wohnen' im Lebensbuch festzuhalten. Außerdem sollte abschließend die Möglichkeit genutzt werden, die Inhalte der Sitzung gemeinsam zu reflektieren. Dazu können Stichpunkte zum Inhalt der Einheit auf einer Plakatwand in einer bereits vorbereiteten Tabelle festgehalten werden, welche die sieben Einheiten mit Datum und Piktogramm (die in unseren Kursen verwendeten Piktogramme finden sich im Kursablaufplan im Anhang) abbildet.

Nach der Reflexionsphase haben die Teilnehmerinnen und Teilnehmer die Möglichkeit, die Einheit zu bewerten. Dazu benutzen wir unterschiedliche Methoden. Die einfachsten stellen

Abb. 9: Arbeitsblatt „So wohne ich“

Arbeits-Blatt: So wohne ich

Mein Leben

Mit wem wohne ich zusammen?

Was gefällt mir an meinem Wohnort?

Was gefällt mir an meinem Haus/meiner Wohnung?

Mein Leben: Das ist mir wichtig – das soll so bleiben.
Bilder: © Lebenshilfe für Menschen mit geistiger Behinderung Bremen e. V., Illustrator Stefan Albers, Atelier Fleetinsel, 2013

Welches ist mein Lieblingszimmer?

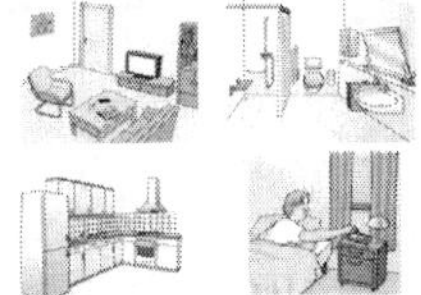

Was mache ich am liebsten zu Hause?

Was nervt mich zu Hause? Was möchte ich verändern?

Wo möchtest du in 20 Jahren wohnen?

Mein Leben: Das ist mir wichtig – das soll so bleiben.
Bilder: © Lebenshilfe für Menschen mit geistiger Behinderung Bremen e. V., Illustrator Stefan Albers, Atelier Fleetinsel, 2013

Symbole von Daumen (vgl. Abb. 10) oder die Nutzung roter (nicht so gut) und grüner (gut) Klebepunkte dar. Sie sind den bekannten Smileys vorzuziehen, da manche Teilnehmerinnen und Teilnehmer lieber lachende Gesichter benutzen, auch wenn es ihnen nicht so gut gefallen hat. Wichtig ist, dass die Teilnehmerinnen und Teilnehmer sagen, was ihnen gut und weniger gut gefallen hat, und dass sie ermuntert werden, auch negative Kritik zu äußern.

Abb. 10: Daumensymbole zur Bewertung der Kurseinheit

Einheit 2 – Meine Stärken und Vorlieben

Ziel:	• Auseinandersetzung mit eigenen Stärken und Vorlieben
Materialien:	• Körperumriss aus der vorherigen Sitzung • ‚Ich bin'-Bildkarten der Hamburger Arbeitsassistenz • zusätzlich: Blanko-Karten • geschlechtsrollentypische Gegenstände (Damenschuh – Herrenschuh, Badehose – Bikini, Bügeleisen – Hammer, Fußball – Stricknadeln, …) • ausgefülltes AB *‚Meine Stärken: 9 gute Dinge über mich'* • Fotoapparat • Bastelmaterial
Methode:	• Körperumriss
Einstieg:	• Rückblick auf die letzte Einheit (Fotos zeigen) • Präsentation geschlechtsrollentypischer Gegenstände (s. o.) → Zuordnung zu ‚typisch Mann – typisch Frau' durch Teilnehmerinnen und Teilnehmer
Ablauf:	• Gespräch über Dinge, die man selbst gerne oder nicht gerne tut (auch besonders in Abweichung von Rollenstereotypen) • Erarbeitung von Eigenschaften der Teilnehmer mithilfe der Bildkarten (Ankreuzen der zutreffenden Eigenschaften) oder im Gespräch

- Ausschneiden der angekreuzten Aspekte, Aufkleben auf Körperumriss
- Ergänzung der Information durch Zuhilfenahme des ausgefüllten ABs *‚Meine Stärken: 9 gute Dinge über mich'*
- Aufhängen der Körperumrisse, Präsentation durch Teilnehmerinnen und Teilnehmer (Foto → später ins Lebensbuch einkleben)
- Dokumentation der Ergebnisse im Lebensbuch im Kapitel ‚Dinge die ich tue' und ggf. ‚Dinge, die ich kann' (schriftlich und mit Bildern)

Abschluss:
- Reflexion der Einheit in der Gruppe
- Bewertung der Einheit

Nach einer gemeinsamen Rückschau auf die letzte Einheit, bei der zum Einstieg die Fotos vom letzten Treffen gezeigt werden, führt die Kursleitung in das Thema dieses Tages ein. Der in der vorherigen Sitzung angefertigte Körperumriss wird noch einmal verwendet: Ziel ist es, sich mit den eigenen Stärken und Vorlieben auseinanderzusetzen und diese in Form von Bildern auf dem Körperumriss anzubringen. Dafür werden die ‚Ich bin'-Bildkarten der Hamburger Arbeitsassistenz (2007) verwendet. Sie bilden eine große Bandbreite von Eigenschaften ab, sodass sich jeder Teilnehmer/jede Teilnehmerin darin wiederfinden kann. Fähigkeiten, die hier nicht auftauchen, können auf Blanko-Karten ergänzt werden.

Als Einstieg in das Thema ‚Vorlieben' hat sich gerade bei Gruppen, die sich wenig spontan zu den eigenen Vorlieben äußern, eine Annäherung über typische Geschlechtsrollenbilder bewährt, die in der Generation der Teilnehmer häufig noch stark ausgeprägt sind. Sie sollen allerdings nur einen Einstieg bieten und nicht unhinterfragt bestätigt werden. Dazu präsentiert die Kursleitung den Teilnehmerinnen und Teilnehmern verschiedene Gegenstände, die diese als ‚typisch Mann' oder ‚typisch Frau' zuordnen sollen. Gegenstände, die sich dafür bewährt haben, sind beispielsweise:

Damenschuh – Herrenschuh
Badehose – Bikini

Bügeleisen – Hammer
Fußball – Stricknadeln
Kochlöffel – Grillzange
Bier – Sekt
Aftershave – Lippenstift

Die oben genannten Gegenstände bieten einen Einstieg zu einem Gespräch darüber, mit welchen Tätigkeiten sie assoziiert werden und ob jemand die assoziierten Tätigkeiten gerne oder eben nicht gerne ausführt. An dieser Stelle ist es ausdrücklich erwünscht, klassische Rollenbilder zu hinterfragen und zu durchbrechen, indem beispielsweise ein männlicher Teilnehmer berichtet, dass er gerne kocht oder eine weibliche Teilnehmerin gerne ins Fußballstadion geht. Ziel ist es, die Teilnehmerinnen und Teilnehmer in die Lage zu versetzen, für sich persönlich zu überlegen, wie sie sich sehen, welche Aktivitäten sie selber gerne ausüben und welche sie vielleicht in der Zukunft gerne einmal ausprobieren möchten. Das Gespräch über verschiedene Tätigkeiten, die die unterschiedlichen Teilnehmerinnen und Teilnehmer gerne oder besonders gut ausführen, führt in der Regel schon dazu, dass die ersten Fähigkeiten und Eigenschaften auf den Körperumrissen festgehalten werden können.

Im nächsten Schritt erarbeitet die Gruppe gemeinsam die unterschiedlichen Bildkarten aus der ‚Ich bin'-Karten Sammlung der Hamburger Arbeitsassistenz (2007). Jeder Teilnehmer und jede Teilnehmerin markiert die Eigenschaften, die gut zu ihm bzw. ihr passen, schneidet diese später aus und klebt sie auf den Körperumriss. Manche Teilnehmerinnen und Teilnehmer sind in Bezug auf ihre Fähigkeiten sehr unsicher und trauen sich nicht, bestimmte Eigenschaften anzukreuzen. In diesen Fällen kann die Gruppe sehr hilfreich sein, das Selbstbild des Teilnehmers bzw. der Teilnehmerin zu stärken:

„Findest du, du bist ein freundlicher Mensch, Ralf, oder eher nicht?", fragt die Kursleiterin Herrn Pracht. Herr Pracht rutscht unruhig auf seinem Stuhl herum und weiß keine Antwort auf die Frage, seine Unsicherheit wird durch seine körperliche Unruhe auch für alle sichtbar. Das ist neu, denn eigentlich erleben sie Herrn Pracht nur als sehr selbstständigen, selbstbewussten Menschen, der nie um einen frechen Spruch verlegen ist. „Sollen wir die anderen mal fragen, was die sagen?", muntert die Kursleiterin ihn auf. „Kannst du ja mal machen", stimmt Ralf nach kurzem Zögern zu. „Was sagt ihr: Ist Ralf ein freundlicher Mensch? Oder schimpft er oft und ist wütend?" „Freundlich!", hallt die klare und ehrliche Antwort aus dem Plenum zurück, gemischt mit ein bisschen Erstaunen darüber, dass Ralf diese Eigenschaft von sich tatsächlich infrage gestellt hat. „Das kannst du aber ganz klar ankreuzen, das würde ich auch sagen!", bestätigt die Kursleiterin. Ralf strahlt und scheint sehr erleichtert über diese Einschätzung.

Als weitere Informationsquelle über die Stärken der Teilnehmerinnen und Teilnehmer kann das im Vorfeld erarbeitete Arbeitsblatt ‚*Meine Stärken: 9 gute Dinge über mich*' verwendet werden. Die hier beschriebenen Eigenschaften können ebenfalls in Bild- und Schriftform auf dem Körperumriss übertragen werden.

Die fertigen Körperumrisse werden dann gut sichtbar aufgehängt. Jeder Teilnehmer und jede Teilnehmerin stellt sich mit seinem Körperumriss der Gruppe vor. Die Kursleitung fotografiert die fertigen Körperumrisse, sodass diese später in das Lebensbuch (Kapitel ‚Dinge, die ich tue') geklebt werden können.

Es muss ausreichend Zeit eingeplant werden, um die Ergebnisse noch ins Lebensbuch zu übertragen. Neben den Seiten über ‚Dinge, die ich tue' sind auch einige Informationen relevant für den Abschnitt ‚Dinge, die ich kann'. Diese Seiten müssen aber auch mit Unterstützung der Angehörigen ausgefüllt werden, denn sie betreffen vor allem Fähigkeiten im häuslichen Bereich, in den die Kursleitung oder Gruppenleitung keinen umfassenden Einblick gewinnen können und sollen.

Es ist in einigen Fällen vorgekommen, dass sich die Stärken von Teilnehmerinnen und Teilnehmern nicht adäquat mithilfe der im Kapitel ‚Dinge, die ich kann' aufgelisteten Tätigkeiten darstellen ließen. Diese sind stark an Verrichtungen der häuslichen Selbstversorgung orientiert. Aktivitäten wie das Bedienen des Wasserkochers oder das Tischdecken sind für Personen mit umfassenden körperlichen Beeinträchtigungen in den meist nicht barrierefrei eingerichteten elterlichen Haushalten nicht bzw. nur mit Unterstützung möglich. Dann ist es sinnvoll, neue, mit Schrift und ggf. Fotos selbst gestaltete, Seiten einzufügen, die individuelle Stärken und Eigenschaften von Teilnehmern abbilden und gegebenenfalls rigoros die vorgedruckten Seiten zu entnehmen.

Abb. 11: Arbeitsblatt ‚*Meine Stärken: 9 gute Dinge über mich*'*

Meine Stärken: 9 gute Dinge über mich[1]

Name: ____________________

Datum: ____________________

Bitte beschreiben Sie möglichst genau, was Ihre Stärken sind.
Am besten sind Beispiele aus Ihrem Alltag.

	Beim Arbeiten ...	Mit Menschen ...	In der Freizeit ...
1.			
2.			
3.			

1 In enger Anlehnung an: Emrich, C.; Gromann, P. & Niehoff, U. (2009): Gut leben. Persönliche Zukunftsplanung realisieren – ein Instrument. Marburg: Lebenshilfe-Verlag I Weiterentwickelt von:

PEZ PersönlichkeitsEntwicklung und Zufriedenheitsermittlung

HHO Heilpädagogische Hilfe Osnabrück Osnabrücker Werkstätten

Piktogramme: Picto Selector

* Das Arbeitsblatt wurde aus dem PEZ-Projekt (Osnabrücker Werkstätten 2014) übernommen.

Mit Ende der zweiten Einheit haben die Teilnehmerinnen und Teilnehmer ein umfassendes Bild von sich gezeichnet, das ihre Lebenssituation, ihre Persönlichkeit und ihre Kompetenzen widerspiegelt und auf diese Weise ihr Selbstbewusstsein unterstützt. Der Fokus auf die eigene Person und die eigene Lebenssituation im Hier und Jetzt führt in der Regel erfolgreich in die biografische Arbeit ein.

Mit einer Reflexion und Bewertung wie in der ersten Einheit endet das Treffen.

Einheit 3 – Mein Lebensbaum

Ziel:	• Bewusstmachen und Dokumentation des eigenen sozialen Netzes
Materialien:	• Beispielbilder ‚wichtige Menschen' (vgl. Abb. 12)
	• Vorlage Lebensbaum (Abb. 13) für jeden Teilnehmer bzw. jede Teilnehmerin in DIN A0 oder DIN A1[8]
	• ausgefülltes Arbeitsblatt *‚Wichtige Personen in meinem Leben'*[9] (vgl. Materialsammlung im Anhang)
	• Fotos der wichtigen Menschen (ggf. noch Fotos machen)
	• Bastelmaterial
Methoden:	• Lebensbaum
	• Arbeit mit dem Lebensbuch
Einstieg:	• Rückblick auf die vorherige Einheit
	• Piktogramme von Menschen in verschiedenen Situationen zeigen und darüber ins Gespräch kommen
Ablauf:	• Benennen der Menschen, die im eigenen Leben wichtig sind
	• Entscheidung, an welcher Position des Lebensbaums die wichtigen Menschen positioniert werden sollen
	• Ergänzung der Fotos um Namen und Beziehung (Mutter, Freundin, ...)

8 Im Projekt wurde mit dem Format DIN A0 gearbeitet. Es ist allerdings zu überlegen, ob ein kleineres Format ausreicht, da es dann leichter ist, den Lebensbaum rahmen zu lassen und aufzuhängen, wie es eine Mutter vorgeschlagen hat.

9 Das Arbeitsblatt wurde aus dem PEZ-Projekt (Osnabrücker Werkstätten 2014) übernommen.

- Vorstellung der Lebensbäume durch die Teilnehmerinnen und Teilnehmer in der Gruppe
- Dokumentation der Ergebnisse im Lebensbuch (,Wichtige Menschen', schriftlich und mit Bildern)

Abschluss:
- Reflexion der Einheit in der Gruppe
- Bewertung der Einheit

Die dritte Einheit lenkt den Blick von der intensiven Fokussierung der eigenen Person stärker auf die Einbindung der Teilnehmerinnen und Teilnehmer in soziale Beziehungen. Nach einer gemeinsamen Rückschau regt die Kursleitung die Teilnehmerinnen und Teilnehmer dazu an, über die wichtigen Menschen in ihrem Leben ins Gespräch zu kommen. Bilder von Menschen in verschiedenen sozialen Situationen können dabei sehr gesprächsanregend und motivierend wirken.

Abb. 12: Beispielbilder zur Auseinandersetzung mit dem Thema ,Wichtige Menschen' (Lebenshilfe Bremen)

In einem zweiten Schritt erhalten die Teilnehmerinnen und Teilnehmer einen auf DIN A0 oder DIN A1 gedruckten ,Lebensbaum', in dessen Mitte sie als Erstes ein Foto von sich positionieren. Anschließend wählen sie mithilfe des in der Vorbereitung ausgefüllten Arbeitsblattes ,*Wichtige Personen in meinem Leben*' die Personen aus, die sie auf ihrem Lebensbaum festhalten möchten. Fotos von diesen Personen sind entweder bereits während der Vorbereitung erstellt und entwickelt worden oder müssen im Zuge dieser Einheit gemacht werden. Die Teilnehmerinnen und Teilnehmer werden dazu angeregt, den Platz für den jeweiligen Menschen auf dem Lebensbaum zu finden, der sich ,richtig' anfühlt: „Wie nah steht dir diese Person, wie weit ist sie von dir entfernt?“ Die Fotos werden ergänzt um die Namen der Personen und die Beziehung, in der man zueinandersteht, z. B. Mutter, Vater, Tante, Onkel, Arbeitskollege oder Freundin, mit der man regelmäßig Karten spielt. Diese Information ist aber eher für die Kursleitung und die anderen Teilnehmenden relevant, wenn über die Ergebnisse gesprochen wird. Auch für nicht sprechende Menschen ist diese Methode gut geeignet, sich selbst und auch anderen das soziale Netz in seiner Bedeutung zu veranschaulichen.

Abb. 13: Vorlage ‚Mein Lebensbaum‘

MEIN LEBENSBAUM

Im Anschluss stellen sich die Gruppenmitglieder ihre Lebensbäume gegenseitig vor. Die Kursleitung macht sich Notizen, beispielsweise zu wichtigen Personen, deren Fotos noch benötigt werden, und unterstützt die Teilnehmerinnen und Teilnehmer dabei, diese zu beschaffen. Die Betrachtung des fertigen Lebensbaums kann durch die Veranschaulichung des ganz eigenen sozialen Netzwerks, das ein Sicherheitsnetz in guten und schlechten Zeiten bedeutet, das Gefühl von Sicherheit bieten.

Die Ergebnisse der Einheit werden im Lebensbuch im Bereich ‚Wichtige Menschen' dokumentiert.

Ein besonderer Abschnitt im Lebensbuch ist derjenige, der von ‚Menschen, die mich gut kennen' verfasst wird. Mit den folgenden Worten werden wichtige Bezugspersonen des Besitzers oder der Besitzerin des Lebensbuchs gebeten, etwas in das Buch zu schreiben: „Hier können Menschen, die dich gut kennen, schreiben, was du magst oder nicht magst und was Wichtiges in deinem Leben passiert ist" (Lindmeier/Oermann 2014b, S. 26 ff.). Die Teilnehmerinnen und Teilnehmer werden ermutigt, eine oder mehrere Personen auszuwählen und sie zu bitten, diese Seiten auszufüllen. Diese Beschreibungen durch Gruppenleitungen, Eltern oder Geschwister sind oft sehr wichtig für die Teilnehmerinnen und Teilnehmer.

Die Einheit endet wie gewohnt mit einer Reflexion und Bewertung.

Einheit 4 – Mein Lebensweg

Ziel:
- Erinnerung an und Auseinandersetzung mit den eigenen lebensgeschichtlichen Erfahrungen in verschiedenen Lebensphasen
- Erinnerung an (normative) Übergänge im Lebenslauf und ihre Bewältigung

Materialien:
- Piktogramme ‚Altersstufen' und ‚Lebensphasen'
- Zeitleisten aus Tonkarton (drei weiße Tonkartonbögen (70 × 50 cm, 300 g) werden rückseitig an der jeweils kurzen Seite verbunden, auf der Länge von zwei Bögen wird im unteren Drittel eine Linie gezogen; Beschriftung der Zeitleisten (Geburtsjahr des Teilnehmers bzw. der Teil-

	nehmerin auf den Anfang der Linie auf die linke Seite, Eintragung aller einzelnen Jahreszahlen bis hin zum aktuellen Jahr)
	• Piktogramme zur Dokumentation von (normativen) Lebensphasen und Ereignissen (Säuglingsalter, Kindergarten, Schulzeit, Arbeitsleben, ...)
	• Bastelmaterial
Methoden:	• Zeitleiste • Arbeit mit dem Lebensbuch
Einstieg:	• Rückblick auf die letzte Einheit • Präsentation einer eigenen Zeitleiste durch die Kursleitung
Ablauf:	• Aufforderung an die Gruppe, die Piktogramme der Altersstufen chronologisch zu ordnen • Verteilen von Piktogrammen zu den normativen Ereignissen und Zuordnung zu dem zugehörigen Lebensalter auf der Zeitleiste → anschließendes Gespräch darüber, Auswahl entsprechender Fotos aus der individuellen Sammlung der Teilnehmerinnen und Teilnehmer • Austeilen der Zeitleisten • Aufkleben der Piktogramme (‚Altersstufen' und ‚Lebensphasen') und entsprechende Beschriftung • Dokumentation der Ergebnisse im Lebensbuch (schriftlich und mit Bildern)
Abschluss:	• Reflexion der Einheit in der Gruppe • Bewertung der Einheit

Mit einem Rückblick auf die letzte Einheit wird eine neue und letzte Methode eingeführt: Die chronologische Strukturierung der Zeit mithilfe einer Zeitleiste. Die Kursleitung präsentiert dazu seine bzw. ihre eigene Zeitleiste, alternativ können auch ehemalige Teilnehmerinnen und Teilnehmer eingeladen werden, die Vorstellung zu übernehmen und dem Kurs damit vor Augen führen, welche Schritte als nächstes vor ihnen liegen und welche Ergebnisse erzielt werden können.

Eine Zeitleiste besteht aus drei Bögen weißen Tonkartons, die rückseitig an der schmalen Seite mit Gewebeband miteinander verklebt werden, sodass ein langer, breiter Streifen entsteht. Auf dem ersten und zweiten Karton wird im unteren Drittel eine Linie gezogen, die mit dem Geburtsjahr des jeweiligen Teilnehmers/der Teilnehmerin beginnt und mit dem aktuellen Jahr endet. Wichtig ist, dass jedes Lebensjahr auf der Zeitleiste eingetragen ist, dadurch wird die Orientierung auf der Zeitleiste deutlich erleichtert. Diese Vorbereitung erfolgt meist vor Kursbeginn durch die Kursleitung. Es muss darauf geachtet werden, dass die Teilnehmerinnen und Teilnehmer die Darstellung der Chronologie als Verlauf von links (Geburt) nach rechts (heutiges Alter, Zukunft) verstehen. Leistungsstärkere Gruppen und Einzelpersonen sollten daher die Beschriftung selbst vornehmen.

Als Einführung in das Thema wird die Gruppe dazu aufgefordert, Piktogramme von Personen (DINA4) in verschiedenen Altersstufen in eine chronologisch richtige Reihenfolge zu bringen.

Anschließend erhalten die Teilnehmerinnen und Teilnehmer Piktogramme, die typische (normative) Lebensphasen abbilden (Abb. 16). Diese Bilder sollen sie den ungefähren Lebensaltern entsprechend zuordnen. Daran schließt sich eine Unterhaltung über eigene lebensgeschichtliche Erfahrungen in den jeweiligen Lebensphasen und den zugehörigen Übergängen an. Entsprechende Fotos werden gemeinsam aus dem Fundus der Teilnehmerinnen und Teilnehmer herausgesucht und auf der Zeitleiste angebracht.

Die Teilnehmerinnen und Teilnehmer erhalten dann ihre jeweils eigene Zeitleiste, auf der sie die ihnen jetzt bekannten Piktogramme (Abb. 14/15 ‚Altersstufen' und Abb. 16 ‚normative Lebensphasen') entsprechend aufkleben. Dazu erfolgt eine knappe Beschriftung, um deutlich zu machen, welche Schule, welche Werkstatt etc. der-/diejenige besucht hat, ob es Wechsel und wichtige Ereignisse in dieser Zeit gab. Fotos, die die jeweilige Zeit dokumentieren, machen die Zeitleiste persönlicher und noch leichter verständlich. Weitere Beschriftungen und auf Klebepunkte gemalte, lachende und traurige Smileys können dazu gute und schlechte Erinnerungen markieren und die emotionale lebensgeschichtliche Bedeutung der Lebensphasen und der Übergänge in neue Lebensabschnitte deutlich machen. Auch weitere Lebensereignisse, wie die Hochzeit einer Schwester, der Tod des Vaters, der Beginn einer Partnerschaft können schon eingetragen werden, wenn sie von einzelnen Teilnehmerinnen und Teilnehmern benannt werden, stehen aber erst in der folgenden Einheit im Mittelpunkt.

Abb. 14: Beispielbilder zur Auseinandersetzung mit verschiedenen Altersstufen (weiblich) (Lebenshilfe Bremen)

Abb. 15: Beispielbilder zur Auseinandersetzung mit verschiedenen Altersstufen (männlich) (Lebenshilfe Bremen)

Abb. 16: Beispielbilder zur Auseinandersetzung mit normativen Lebensphasen (Lebenshilfe Bremen)

Die Ergebnisse werden zusätzlich im Lebensbuch im Bereich ‚Über meine Vergangenheit' (ab S. 32) festgehalten.

„Ich bin kein Baby!", wehrt sich die 50-jährige Eva Gehrke, sie will das Babybild nicht auf ihre Zeitleiste kleben. „Nein, jetzt bist du kein Baby mehr, aber früher, als du gerade bei deiner Mama aus dem Bauch kamst, da warst du ein Baby", erklärt die Kursleiterin geduldig zum wiederholten Male. Aber Frau Gehrke will nicht. Die Wut in ihren Augen lässt die Kursleitung später vermuten, dass sie möglicherweise mit dem Wort „Baby" beleidigt wurde und sie sich deswegen dagegen sträubt. Also wird das Bild mit dem Baby zunächst an die Seite gelegt. Frau Gehrke hat einen großen Fundus alter Fotos mitgebracht, ihr Bruder hat sie mit ihr zusammen aus den Alben ausgewählt und bereits kopiert. Viele Fotos zeigen sie als Mädchen im Schulalter, einige sogar als Kleinkind. Nachdem diese Fotos auf ihrer Zeitleiste kleben, erklärt ihr die Kursleiterin erneut: „Schau mal. Das bist du heute, eine erwachsene

Frau. Und damals", sie führt ihren Finger an den Anfang der Zeitleiste, „da warst du noch ein kleines Mädchen. Und hier bist du schon älter geworden, eine junge Frau. Und da bist du wieder so alt wie heute!" Am Ende besteht Frau Gehrke, die gerne malt und bastelt, doch noch darauf, das Babybild auf der Zeitleiste zu ergänzen. In der Teilnehmerbefragung nach Kursende antwortet sie auf die Frage nach einer wichtigen Erinnerung, nach einem wichtigem Lebensereignis: „Ich war mal kleiner!"

Es ist wichtig, sich vor Augen zu führen, dass die Teilnehmerinnen und Teilnehmer sehr häufig Erfahrungen des Scheiterns und der Ausgrenzung in der Schulzeit, während einer Ausbildung und bei der Arbeit erlebt haben. Kursleiterinnen und Kursleiter sollten nicht versuchen, diese Erinnerungen zu vermeiden oder sie schön zu reden, sondern den Teilnehmerinnen und Teilnehmer Raum geben, sich zu erinnern und diese Erinnerungen zu bewerten. Dadurch besteht die Möglichkeit, auch negative Erfahrungen in die Lebensgeschichte zu integrieren, wie das beispielsweise die Teilnehmerin Ella Joost getan hat:

> „Nach der Schule hat meine Mutter darauf bestanden, dass ich erst ein Praktikum in einer Werkstatt mache, obwohl ich das überhaupt nicht wollte. Ich wollte in ein Berufsbildungswerk. Da war ich dann auch, aber erst nach dem Praktikum in der Werkstatt. Wenn ich das Praktikum nicht gemacht hätte, wäre es mir später, nachdem ich die Zeit im Berufsbildungswerk abgebrochen hatte, viel schwerer gefallen, in einer Werkstatt anzufangen und hier Fuß zu fassen."

Zum Abschluss wird die Einheit in der Gruppe reflektiert und bewertet.

Einheit 5 – Wichtige Erinnerungen

Ziel:	• Auseinandersetzung mit außergewöhnlichen Lebensereignissen
Materialien:	• Zeitleiste • Bildmaterial für außergewöhnliche Lebensereignisse • Bastelmaterial

Methoden:	•	Zeitleiste
	•	Arbeit mit dem Lebensbuch
Einstieg:	•	Rückblick auf die letzte Einheit
Ablauf:	•	Erweiterung der bestehenden Zeitleisten um individuelle schöne und traurige Ereignisse (genaue zeitliche Einordnung oft nicht mehr möglich und nicht zwingend nötig)
	•	Dokumentation der Ergebnisse im Lebensbuch (schriftlich und mit Bildern)
Abschluss:	•	Reflexion der Einheit in der Gruppe
	•	Bewertung der Einheit

Diese Einheit schließt inhaltlich und methodisch an die vorangegangene Einheit an, insofern ist eine intensive Rückschau zugleich eine gute Überleitung zum aktuellen Thema. Ziel dieser Einheit ist die Auseinandersetzung mit nicht-normativen Erlebnissen, also den ganz persönlichen Höhepunkten und Tiefpunkten im Leben, die nicht einem lebenslaufbezogenen Muster folgen, sondern die Teil der ganz persönlichen Geschichte sind. Themen, die hier häufig auftauchen, sind Krankheit, Krankenhausaufenthalte, das Sterben von nahen Angehörigen, besondere Urlaubsreisen, die Geburt von (eigenen) Kindern sowie eigene Partnerschaften.

Die Bilder für die jeweiligen Erinnerungen werden an die chronologisch entsprechende Stelle auf der Zeitleiste geklebt und durch schriftliche Erläuterungen ergänzt.

Diese Themen erfordern von der Kursleitung viel Sensibilität, denn sie berühren Bereiche, die oft nicht nur die Lebensgeschichte der einzelnen Teilnehmerinnen und Teilnehmer prägen, sondern die Geschichte der ganzen Familie. Häufig ist beispielsweise die Kindheit durch lange und zum Teil dramatisch verlaufene Krankenhausaufenthalte gekennzeichnet, die auch Jahrzehnte später noch das Selbstverständnis der Familie charakterisieren und ihren Zusammenhalt begründen.

Die Gründung einer eigenen Familie mit Kindern ist den meisten Menschen mit kognitiven Beeinträchtigungen dieser Generation verwehrt geblieben. Vor Inkrafttreten des neuen Betreuungsrechts 1992 konnten behinderte Menschen auf Wunsch ihrer Eltern bereits im Kindesalter sterilisiert werden. Nicht wenigen Menschen ist nicht einmal gesagt worden, was dieser Eingriff bedeutete, oder sie wurden durch Erklärungen wie ‚Blinddarmoperation' sogar gezielt getäuscht. Andere haben Kinder, die gleich nach der Geburt in Pflege gegeben wurden. Auch hier gilt es wieder, das Thema nicht zu tabuisieren, sondern angemessenen Raum zum Trauern zu geben, aber keine Gesprächstherapie ersetzen zu wollen. Zudem lassen sich die bestehenden Bindungen betonen: Das Bild ‚Frau mit Kind' wird häufig besonders von Frauen verwendet, die damit Nähe zu ihren Nichten und Neffen dokumentieren. Auf diese Weise gelingt es ihnen, einen Teil der Geschlechtsrolle, die ihnen verwehrt war, zu leben (vgl. Oermann 2008b).

Abb. 17: Beispielbilder zur Auseinandersetzung mit persönlich bedeutsamen Lebensereignissen (Lebenshilfe Bremen)

Es kommt immer wieder vor, dass bestimmte Erinnerungen zeitlich nicht mehr genau rekonstruiert werden können – weder vom Teilnehmer oder der Teilnehmerin selbst, noch von Angehörigen (insbesondere den Geschwistern) oder mithilfe des Sozialdienstes, der viele Daten mithilfe der Akten der Teilnehmerinnen und Teilnehmer recherchieren kann. Die Erinnerung wird dann nur ‚ungefähr' in den entsprechenden Zeitraum (Kindheit oder Erwachsenenalter) geklebt. Wichtig ist, dass sie auf dem Zeitstrahl sichtbar und damit ‚aufgehoben' und dokumentiert werden kann.

Mit einer Reflexion und Bewertung der Einheit schließen die Teilnehmerinnen und Teilnehmer ihre Arbeit am ersten Teil der Zeitleiste ab, die sich mit ihrer Vergangenheit beschäftigt.

Im Fall einer Teilnehmerin, die erst mit ca. 50 Jahren, als ihre Mutter verstarb, zu ihrer Schwester zog und auch dann erst in der Werkstatt zu arbeiten begann, konnten wir über ihr Leben zwischen dem 20. und 50. Geburtstag kaum Informationen mehr einholen. Die Eltern hatten ihre Tochter in diesen Jahrzehnten sehr abgeschirmt und ihre Aktivitäten auf das Gelände des Elternhauses beschränkt, entsprechend ereignisarm war ihr Leben in dieser Zeit. Erinnerungsfotos gibt es lediglich von vereinzelten größeren Familienfeiern. In diesem Fall wurde die Zeitleiste nicht mit immer gleichen Abständen zwischen den einzelnen Lebensjahren gestaltet. Die Jahre zwischen 20 und 50 erhielten weniger Raum, um mehr Platz für die vielen Erinnerungen und Fotos seit dem 50. Lebensjahr zu haben.

Biografische Methoden müssen also nicht strikt nach Beschreibung umgesetzt werden, sondern die Kursleiterinnen und Kursleiter sind aufgefordert, sie besonders in der Arbeit mit diesem Personenkreis immer wieder so anzupassen, dass sie für den einzelnen verständlich und handhabbar sind.

Immer wieder kommen Frau Völkel die Tränen, so sehr trauert sie auch heute noch um ihren Vater, der vor einigen Jahren verstorben ist. Es ist ihr sehr schwer gefallen, den Grabstein als Symbol für seinen Tod auf die Zeitleiste zu kleben, aber jetzt ist er da, sichtbar und ansprechbar. Dieses Ereignis dominierte bislang, neben ihrer eigenen sehr schweren Erkrankung kurz vor dem Tod des Vaters, ihre lebensgeschichtlichen Erzählungen: alles kreiste immer wieder vor allem darum, andere Erinnerungen verblassten daneben und wurden nicht erzählt. Als sie ihre Zeitleiste bis zur Gegenwart fertiggestellt hat, nimmt sich die Kursleiterin Zeit, mit ihr alle Ereignisse anzuschauen. Sie bietet ihr verschiedene Interpretationsfolien an, das Erlebte neu zu deuten: „Schau mal. Hier warst du so schlimm krank. Und dann, kurz danach, ist dein Vater gestorben. Das muss ganz schlimm für euch alle gewesen sein. Aber danach kommen ja noch mehr Bilder: Da ist ein Hochzeitsbild von deiner Schwester, und ein Bild von deiner Nichte, die geboren wurde. Und nur zwei Jahre später bekommt deine Schwester noch ein Kind. Da ist also danach auch wieder viel Schönes passiert, als wenn es wieder ein bisschen bergauf ging. Kannst du dich daran noch erinnern?" Frau Völkel muss erneut weinen, erkennt aber, dass das Leben nach dem Tod ihres Vaters weitergeht. Mit einem lachenden Auge erzählt sie: „Und meine Mutter hat gesagt, mein 50. Geburtstag im Sommer, der wird gefeiert, da kann ich machen, was ich will!"

Einheit 6 – Meine Wünsche für die Zukunft

Ziel:	• Bewusster Blick in die Zukunft – Entwicklung von Wünschen und Perspektiven
Materialien:	• eine Auswahl verschiedener Piktogramme
	• Zeitleiste
Methoden:	• Zeitleiste
	• Arbeit mit dem Lebensbuch
Einstieg:	• Rückblick auf die letzte Einheit
	• Frage in die Gruppe: „Was bedeutet Zukunft?"
Ablauf:	• Zuhilfenahme der dritten, noch leeren Seite der Zeitleiste zur Erläuterung, dass dieser Bereich für die noch bevorstehende Lebenszeit steht
	• bei Schwierigkeiten: Annäherung über konkrete zukünftige Ereignisse (Geburtstage, Feiertage usw.) → erste Eintragungen möglich
	• ggf. gezielte Frage nach Wünschen für die Bereiche Wohnen, Freizeit und Arbeit
	• Wünsche in ‚Traumwolken' festhalten, Ängste ggf. in durchgestrichenen Wolken
	• ggf. Vortrag eines/einer Beschäftigten mit einem interessanten Lebensentwurf
	• Dokumentation der Ergebnisse im Lebensbuch (schriftlich und mit Bildern)
	• Vorbereitung auf das Kursende
	• Verteilung von Einladungen für Abschlusstreffen
Abschluss:	• Reflexion der Einheit in der Gruppe
	• Bewertung der Einheit

Nach dem gemeinsamen Einstieg über die Erinnerung an die letzte Einheit lenkt die Kursleitung den Blick auf das Thema ‚Zukunft'. Da es sich bei der Zukunft um eine nur schwer greifbare Vorstellung handelt, die möglicherweise für einzelne Teilnehmerinnen und Teilnehmer schwierig zu verstehen ist, werden sie zunächst gebeten, selbst zu überlegen, was Zukunft bedeutet. Zur Verdeutlichung kann eine Zeitleiste hervorgeholt werden. Das letzte Drittel ist, abgesehen von den letzten Bildern der verschiedenen Lebensalter, noch frei und symbolisiert so die Lebenszeit, die noch bleibt und die die Teilnehmerinnen und Teilnehmer mit ihren Wünschen und Träumen füllen können.

Fällt es der Gruppe schwer, sich auf das abstrakte Konstrukt ‚Zukunft' einzulassen, empfiehlt sich eine Annäherung über konkret bevorstehende Ereignisse: Geburtstage, Jubiläen, Feiertage oder Urlaub planen viele Teilnehmerinnen und Teilnehmer schon lange im Vorfeld und können damit erste Einträge in der Spalte ‚Zukunft' vornehmen. Das erleichtert die Auseinandersetzung mit der weiter entfernten Zukunft und weniger konkreten Wünschen. Eine weitere Möglichkeit ist es, gezielter nach Wünschen in den Bereichen Wohnen, Arbeit und Freizeit zu fragen. Die Eingrenzung auf einen Bereich macht das Nachdenken über Veränderungen einfacher – nicht zuletzt kann man die einzelnen Gruppenmitglieder unserer Erfahrung nach oftmals motivieren, sich gegenseitig etwas für die Zukunft zu wünschen. In der Regel kennen sie sich untereinander sehr gut und können erstaunlich treffende Ideen für die Zukunft formulieren. Wichtig ist dann, den jeweiligen Teilnehmer bzw. die Teilnehmerin auf keinen Fall zu einem Wunsch zu überreden, sondern diesen nur vorzuschlagen. Er/sie entscheidet selbst, ob der Wunsch festgehalten wird oder nicht.

Darüber hinaus haben wir gute Erfahrungen mit der Einladung von Expertinnen und Experten gesammelt, die im Kurs von ihren Erfahrungen berichten. In jeder Werkstatt gibt es Beschäftigte, die einen außergewöhnlichen Lebensentwurf leben und die damit Vorbild für andere sein können, ebenfalls an ihre Träume zu glauben, auch wenn sie zunächst wenig realistisch erscheinen. Es ist ein großer Gewinn für die Einheit, solche Kolleginnen und

Kollegen zu einem kleinen Vortrag über ihren Weg zum Ziel einzuladen. Die Teilnehmerinnen und Teilnehmer fassen auf diese Weise Mut, selbst ‚groß' zu denken und sich nicht innerhalb der scheinbar bestehenden (rechtlichen, finanziellen, organisatorischen, ...) Beschränkungen aufzuhalten.

Die Träume können in ‚Wunschwolken' festgehalten und aufgeklebt werden, gerne auch ergänzt durch entsprechende Piktogramme. Möglicherweise haben Teilnehmerinnen und Teilnehmer auch Albträume, wenn sie an ihre Zukunft denken. Diese können mithilfe durchgestrichener Wolken symbolisiert werden.

Abb. 18: Vorlage Traumwolke

Zuletzt weisen die Kursleiterinnen und Kursleiter auf das bevorstehende Ende des Kurses hin. Das nächste Treffen wird gleichzeitig das Abschlusstreffen sein. Zu dieser letzten Einheit dürfen die Teilnehmerinnen und Teilnehmer Gäste einladen, denen sie ihre Arbeitsergebnisse vorstellen möchten. Dazu erstellt die Kursleitung bereits im Vorfeld der sechsten Einheit eine Einladung, die nun vervielfältigt wird, sodass die Teilnehmerinnen und Teilnehmer sie verteilen können. Eine Liste der Gäste wird in der Gruppe erstellt, da sich die Gruppe mit ihren Ideen auf diese Weise gegenseitig anregen kann.

Die Einheit endet, wie gewohnt, mit einer Reflexion und Bewertung.

Einheit 7 – Abschluss

Ziel:
- Fertigstellung begonnener Arbeiten
- Präsentation der Ergebnisse

Einstieg:
- Rückblick auf die letzte Einheit
- individuelle Entscheidung der Teilnehmerinnen und Teilnehmer, woran sie die nächsten zwei Stunden arbeiten möchten

Ablauf:
- individuelle Arbeit nach Bedarf
- Begrüßung der Gäste durch die Kursleitung, kurze Einführung in das Thema
- Parallele Vorstellung der verschiedenen Methoden durch die Teilnehmerinnen und Teilnehmer für ihre persönlichen Gäste
- Würdigung der Ergebnisse und Hinweise zur möglichen individuellen Weiterarbeit durch die Kursleitung

Abschluss:
- Reflexion der Einheit in der Gruppe
- Bewertung der Einheit
- Vergleichende Bewertung der verwendeten Methoden
- Verleihung der Teilnahmezertifikate

Die letzte Einheit dient der Fertigstellung noch nicht abgeschlossener Arbeiten an den Methoden oder im Lebensbuch, soweit dies im Rahmen des Kurses geleistet werden kann, sowie der Präsentation und Wertschätzung der Arbeitsergebnisse.

Wie gewohnt startet der Kurs mit einem Rückblick auf die letzte Einheit. Anschließend benennen die Teilnehmerinnen und Teilnehmer, an welchen Themen und Aufgaben sie in den nächsten zwei Stunden noch arbeiten möchten, bis die Gäste erscheinen. Diese Zeit bis zum Eintreffen der Gäste wird von den Teilnehmerinnen und Teilnehmern individuell genutzt; es sind keine gemeinsamen Aufgaben für die Gruppe vorgesehen.

Die Gäste werden offiziell von der Kursleitung und den Teilnehmerinnen und Teilnehmern begrüßt, dann erhalten sie eine kurze Einführung in die Ziele und den Ablauf des Kurses. Anschließend stellen die Teilnehmerinnen und Teilnehmer ihren per-

Abb. 19: Teilnehmerzertifikat

Teilnahme-Bescheinigung

Herr/Frau

XXX

hat an dem Kurs der Osnabrücker Werkstätten gGmbH

„Das ist mir wichtig – das soll so bleiben"
Biografie-Arbeit mit dem Lebens-Buch

teilgenommen.

Hier Gruppenfoto einfügen

Im Kurs ging es um diese Dinge:

- **So bin ich!**
  Körper-Umriss ausmalen – Bilder aufkleben:
  - Diese Dinge kann ich gut
  - So wohne ich
- **Lebens-Baum**
  - Diese Menschen sind in meinem Leben wichtig
  - Diese Menschen waren in meinem Leben wichtig
- **Zeit-Leiste**
  - Diese Erinnerungen sind wichtig
  - Diese Träume habe ich für die Zukunft
  - Diese Dinge dürfen in Zukunft nicht passieren
- **Lebens-Buch ausfüllen.**
  - Wichtige Dinge aus dem eigenen Leben im Lebens-Buch aufschreiben
  - Erinnerungs-Fotos in das Lebens-Buch kleben

Osnabrück, xxx

(Kursleitung)	(Werkstattleitung)	(f. d. Berufliche Bildung)

sönlichen Gästen ihre erarbeiteten Materialien vor. Hierfür ist es wichtig, dass der Raum groß genug ist oder zwei nebeneinander liegende Räume genutzt werden können. Die Kursleitung kann an dieser Stelle auf besondere Arbeitsergebnisse und -leistungen hinweisen, indem sie von einem zum anderen geht, bei der Vorstellung unterstützt und einzelne Aspekte der Arbeit hervorhebt.

Abschließend resümiert die Kursleitung die besonderen Themen dieser Arbeitsgruppe, hebt ihre Leistungen hervor und zeigt Möglichkeiten, mit den Ergebnissen in der Familie weiterzuarbeiten.

Die letzte halbe Stunde der Einheit verbringt der Kurs wieder ohne Gäste: Die Teilnehmerinnen und Teilnehmer werden zunächst, wie gewohnt, aufgefordert, die heutige Einheit zu bewerten. Danach bittet die Kursleitung darum, zu überlegen, welche der drei Methoden (Körperumriss, Lebensbaum und Zeitleiste) ihnen am meisten und welche am wenigsten Spaß gemacht hat. Nachdem die Kursleitung durch Zeigen des entsprechenden Fotos auf dem Ablaufplan noch einmal an die Methoden erinnert, erhalten alle Teilnehmerinnen und Teilnehmer grüne und rote Daumenpiktogramme und werden eingeladen, diese entsprechend den Methoden zuzuordnen.

Mit dem Verteilen der Teilnehmerzertifikate endet der Kurs ‚Mein Leben: Das ist mir wichtig – das soll so bleiben. Biografie-Arbeit mit dem Lebens-Buch'.

6. Projektergebnisse

Es wurde bereits mehrfach erwähnt, dass Bildungsarbeit, insbesondere wenn sie sich an kognitiv stärker eingeschränkte Menschen richtet, mit starken Vorurteilen hinsichtlich der Bildungsinteressen und der Bildungsfähigkeit konfrontiert ist, die sowohl bei Eltern als auch bei Fachkräften vorzufinden sind. Ähnliche Erfahrungen werden jede Leserin und jeder Leser machen, die ähnliche Projekte umzusetzen suchen. Daher wurde im Projekt versucht, der Methode und dem Personenkreis angemessene Formen zur Einschätzung des Bildungserfolgs zu entwickeln.

Im gesamten Projektzeitraum erfolgte eine Sammlung von Daten, um zu ermitteln, ob durch die Teilnahme an den Kursen eine Stärkung biografischer Kompetenz bei den Teilnehmerinnen und Teilnehmern erreicht werden konnte. Außerdem wurde evaluiert, ob es in der Einschätzung zukunftsbezogener Fragen bei den Angehörigen Veränderungen gegeben hatte. Teilweise wurde die Evaluation formativ gestaltet, d.h. die Ergebnisse wurden in den folgenden Kursen bereits berücksichtigt.

Für die Evaluation wurden für die Teilnehmerinnen und Teilnehmer unterschiedliche Formate entwickelt. Für die Eltern bzw. andere Angehörige, Gruppenleitungen und Kursleitungen wurden verschiedene Fragebögen genutzt. Die Ergebnisse der Befragung der Kursleitungen werden nicht in diesem Kapitel dargestellt, da es zu wenige waren, um Anonymität sicherzustellen. Sie sind entweder gleich in die Veränderung des Kurskonzepts eingeflossen oder werden im abschließenden Kapitel erwähnt.

Zahlen, Daten, Fakten

- Während des Projektzeitraums wurden insgesamt 23 Kurse an fünf Standorten sowie eine Blockveranstaltung in einem externen Bildungshaus durchgeführt.
- In der Regel nahmen fünf bis sieben Personen pro Kurs teil, insgesamt 139 Teilnehmerinnen und Teilnehmer.

- Jeder Kurs bestand aus sieben Einheiten zu je 240 Minuten. Vorgeschaltet waren sechs Wochen, in denen biografische Einzelarbeit sowie Hausbesuche durchgeführt wurden.
- Nach der Vorbereitungsphase fanden an jedem Standort pro Jahr zwei Kurse statt, an den kleineren Standorten wurde ab 2016 nur noch ein Kurs jährlich angeboten.
- Eingebunden in die Kurse waren auch Beschäftigte mit einem hohen Unterstützungsbedarf.
- Der erste Kurs wurde gemeinsam von den hauptamtlichen Projektmitarbeiterinnen und -mitarbeitern durchgeführt. Alle weiteren Kurse 2014/2015 wurden jeweils gemeinsam von einer hauptamtlichen Projektmitarbeiterin und einer Kursleitung durchgeführt, die aus der jeweiligen WfbM kam.
- Dazu wurde ein Multiplikatorenkonzept entwickelt, mit dem insgesamt 16 Kursleitungen geschult wurden, die dann zunächst als Co-Kursleitung tätig waren, im Projektverlauf zunehmend Verantwortung übernahmen und das Bildungsangebot fortführen sollen.
- Zum Ende des Projekts zogen sich die Projektmitarbeiterinnen nach und nach zurück und übertrugen die Verantwortung für die Bildungsmaßnahme zunehmend den Kursleitungen aus der jeweiligen WfbM. 2016 übernahmen die Kursleitungen die Verantwortung für die Durchführung der Kurse und moderierten sie eigenverantwortlich. Die Projektmitarbeiterinnen standen weiterhin bei Fragen zur Verfügung.
- 119 Teilnehmerinnen und Teilnehmer beteiligten sich an der Evaluation des Projekts. Außerdem konnten 127 Angehörigenfragebögen und 68 Gruppenleitungsfragebögen ausgewertet werden.

6.1 Befragung der Teilnehmerinnen und Teilnehmer

Befragungen, die sich an die Nutzerinnen und Nutzern der Angebote für behinderte Menschen richten, haben verschiedene Schwierigkeiten zu berücksichtigen. Gerade bei Kursangeboten, bei denen, wie beispielsweise in den Lebensbuchkursen, die Vertrautheit zwischen den Teilnehmerinnen und Teilnehmern und der Kursleitung oftmals hoch ist, ist eine Tendenz zur Antwort im Sinne der sozialen Erwünschtheit häufig vorhanden – die teilnehmenden Beschäftigten möchten der netten Kursleitung nichts Unangenehmes sagen – erst recht nicht, wenn zur Kursleitung auch Begleitender Dienst oder Gruppenleitungen gehören, mit denen die Beschäftigten in anderen Kontexten zu tun haben. Hinzu kommt, dass es, abgesehen von den regelmäßigen Zufriedenheitsbefragungen in den Werkstätten, wenig Gelegenheiten im Leben der meisten Teilnehmerinnen und Teilnehmer gibt, Angebote zu bewerten und zu kritisieren, und sie dementsprechend wenig geübt darin sind. Und schließlich ist es, je umfänglicher die kognitive Beeinträchtigung ist, desto schwerer, die Fragen verständlich zu stellen und sicher zu sein, dass sie nicht rein zufällig beantwortet wurden. Auch Schwankungen der Tagesform und des Gemütszustandes wirken sich möglicherweise stärker aus als bei anderen Befragten, und die Gefahr, dass die gerade bearbeiteten Inhalte am Besten im Gedächtnis geblieben sind und die Antwort dominieren, besteht ebenfalls in höherem Maße (vgl. Hagen 2007; Schäfers 2008; Niediek 2015). Dennoch ist es möglich, die erforderlichen Einschätzungen in den Kursen einzuüben und zusätzlich andere Formate zu finden, um Kompetenzzuwachs zu erfassen. Die gefundenen Lösungen sollten zudem möglichst wenig aufwendig sein.

Zum einen hatten alle Teilnehmerinnen und Teilnehmer wöchentlich die Möglichkeit, die jeweilige Kurseinheit zu beurteilen und am Kursende die unterschiedlichen Methoden rückblickend vergleichend zu bewerten. Zum anderen wurde mittels des Arbeitsblatts ‚*Seite über mich*' die biografische Kompetenz der Teilnehmenden erhoben und eine potenzielle Steigerung überprüft.

Erhebung mithilfe der ‚Seite über mich'

Mit der ‚Seite über mich' werden die Teilnehmerinnen und Teilnehmer neben persönlichen Daten nach Vorlieben, Aktivitäten, wichtigen Lebensereignissen und Wünschen befragt (siehe Materialsammlung im Anhang). Die Erhebung wurde zu drei unterschiedlichen Zeitpunkten durchgeführt, um ermitteln zu können, ob eine Steigerung der biografischen Kompetenz bei den Teilnehmerinnen und Teilnehmern stattgefunden hat. Wie in Kapitel 3.4 dargestellt, ist die Erhöhung der biografischen Kompetenz ein zentrales Ziel der Kurse. Sie kann als Voraussetzung dafür gelten, dass die Teilnehmerinnen und Teilnehmer bei späteren Veränderungen der Lebenssituation ihre Bedürfnisse und Willensäußerungen einbringen können. Die Erhebung der Veränderung der biografischen Kompetenz wurde daher zur Kursevaluation durchgeführt. Ihre relativ ausführliche Darstellung geschieht auch, um die verbreitete Auffassung innerhalb der teilnehmenden Werkstätten und bei vielen Eltern zu entkräften, dass die Thematik bei den teilnehmenden Menschen ‚nicht ankomme'. Die erste Erhebung fand vor Kursbeginn statt, die weiteren Daten wurden direkt im Anschluss an die Kursdurchführung und ein halbes Jahr nach Beendigung der Bildungsmaßnahme erhoben, um eine längerfristige Wirkung zu überprüfen. Häufig wurden die Arbeitsblätter von den Teilnehmerinnen und Teilnehmern mit Unterstützung beim Lesen und Aufschreiben durch die Kursleitung bearbeitet. Die Teilnehmerinnen und Teilnehmer standen der Erhebung überwiegend positiv und aufgeschlossen gegenüber und zeigten eine hohe Motivation und Bereitschaft zur Teilnahme.

Lagen die ausgefüllten Arbeitsblätter aller drei Erhebungszeitpunkte vor, fand ein Vergleich der Antworten des Teilnehmers statt, um mögliche, durch die Kursteilnahme entstandene Veränderungen feststellen zu können. Die Veränderungen der biografischen Kompetenz der einzelnen Teilnehmerinnen und Teilnehmer wurden in den Kategorien ‚leichter Zuwachs', ‚mittlerer Zuwachs', ‚hoher Zuwachs', ‚nicht erfolgter Zuwachs biografischer Kompetenz' eingeordnet, die folgendermaßen definiert wurden:

Leichter Zuwachs biografischer Kompetenz: Der Teilnehmer bzw. die Teilnehmerin kann seine Vorlieben und Aktivitäten über die drei Erhebungszeitpunkte konkret benennen. Es zeigen sich leichte, eindeutig kursbezogene Veränderungen, die sich aber eher auf konkrete Ereignisse oder Freude an bestimmten Methoden oder Kurseinheiten beziehen. Zudem kann er seinen Wohnort und/

oder die Menschen, mit denen er zusammen lebt, korrekt benennen:

> „Rainer konnte vor dem Kurs keine Angaben zu einem für ihn wichtigen Lebensereignis machen. Direkt nach dem Kurs sagt er: ‚Dass meine Mutter und ich bei meiner Freundin eingeladen waren.' Bei dem letzten Befragungszeitpunkt sagt er: ‚Der Lebensbaum hat mir Spaß gemacht.' In den anderen Bereichen fand kaum eine Veränderung statt. Eine Freizeitgruppe, die noch beim ersten Zeitpunkt erwähnt wurde, ist nur unter Motivation der Kursleitung erwähnt worden."

Mittlerer Zuwachs biografischer Kompetenz: Der Teilnehmer bzw. die Teilnehmerin benennt nach Beendigung des Kursangebots zusätzliche Vorlieben und Aktivitäten oder entwickelt zusätzliche persönliche Ziele und nennt wichtige Lebensereignisse:

> „Frauke hat sehr gerne an dem Kurs teilgenommen und fragt mich regelmäßig, ob sie ein weiteres Mal teilnehmen könne. Bei ihren Zukunftswünschen konnte sie direkt nach dem Kurs äußern, dass sie gerne mit ihrem Freund Eberhard zusammenziehen möchte. Sie ist sehr stolz auf ihr Lebensbuch, schien bei der Abschlussveranstaltung offener anderen Menschen gegenüber und präsentierte mit Stolz ihre Arbeitsergebnisse."

Hoher Zuwachs an biografischer Kompetenz: In den Antworten des Teilnehmers bzw. der Teilnehmerin werden größere Veränderungen zwischen den Erhebungszeitpunkten deutlich. Dazu gehört kann auch gehören, dass bestimmte Fragen zwischenzeitlich nicht mehr beantwortet werden können, weil vorhandene Gewissheiten infrage gestellt wurden. An dieser Stelle ist davon auszugehen, dass dem Teilnehmer durch das Kursangebot bewusst geworden ist, dass seine Angaben bei der ersten Erhebung nicht den eigenen Überlegungen entsprachen bzw. es nach Abschluss des Kurses nicht mehr tun. Ein weiterer Hinweis auf einen hohen Zuwachs biografischer Kompetenz wird deutlich, wenn ein Teilnehmer seine Angaben zu konkreten und sich verändernden Lebenszielen überarbeitet und sie neu und evaluierend formulieren kann.

> „Wünsche für die Zukunft: (1) Dass meine Gesundheit etwas besser wird. (2) Wünsche, Ziele [keine Antwort], (3) Dass Mama bei mir bleibt.
>
> Wichtigstes Lebensereignis: (1) Anfälle, im Internat Freunde gefunden, (2) Gehirnoperation, (3) Ich hatte viele schwierige Erlebnisse und habe alle gemeistert und mich wieder hochgerappelt.“

Kein Zuwachs an biografischer Kompetenz: Der Teilnehmer bzw. die Teilnehmerin gibt die gleichen Antworten wie in der vorherigen Befragung, oder er bzw. sie antwortet in weiteren Erhebungen gar nicht mehr, obwohl aus der Kursarbeit deutlich wurde, dass das Genannte noch immer relevant ist.

Zu bedenken ist, dass diese Erhebungsform nicht für alle Teilnehmerinnen und Teilnehmer geeignet ist. Diejenigen, die weder mit Hilfsmitteln, wie einem Talker, noch verbalsprachlich eindeutig genug kommunizieren, können mit der ‚Seite über mich‘ nicht befragt werden, sodass für sie Fallbeschreibungen angefertigt wurden, in denen die Kursleitung ihre Beobachtungen zu den jeweiligen Teilnehmerinnen und Teilnehmern festhielt (vgl. Kapitel 7).

118 Teilnehmerinnen und Teilnehmer (von 139) haben die ‚Seite über mich‘ erhalten und bearbeitet. Zu beachten ist, dass lediglich von 87 Personen Blätter von allen drei Zeitpunkten vorlagen, da nicht allen Kursleitungen und Multiplikatorinnen und Multiplikatoren die Bedeutung der dritten Erhebung zu vermitteln war, die einen zusätzlichen Arbeitsaufwand dadurch verursachte, dass die Teilnehmerinnen und Teilnehmer nicht mehr wöchentlich zum Kurs zusammen kamen, sondern einzeln aufgesucht werden mussten.

Folgendes Ergebnis ergibt sich nach der Auswertung der Daten:

Tab. 9: Biografischer Zuwachs

	Standort 1	Standort 2	Standort 3	Standort 4	Standort 5
Leichter Zuwachs	7	1	6	5	4
Mittlerer Zuwachs	5	5	8	7	8
Hoher Zuwachs	4	5	1	6	1
Kein Zuwachs	1	1	1	10	1

Anhand der aufgezeigten Daten ist deutlich zu erkennen, dass eine Vielzahl der Kursteilnehmerinnen und -teilnehmern ihre biografische Kompetenz erweitern konnte, wobei nicht klar ist, was die schlechteren Werte einer Werkstatt (Standort 4) verursacht haben könnte. Als mögliche Einflussfaktoren sind unseres Erachtens eine im Vergleich mit den anderen Standorten größere Anzahl von Teilnehmerinnen und Teilnehmern mit eingeschränkter verbaler Ausdrucksfähigkeit und Unregelmäßigkeiten in der Kursdurchführung denkbar.

Die Erfahrungen haben gezeigt, dass die sechste Einheit des Kurses, die sich thematisch mit den Wünschen und Ängsten bezüglich der Zukunft befasst, für viele Teilnehmerinnen und Teilnehmer eine große Herausforderung darstellt. Es ist nicht eindeutig abzugrenzen, wie weit der abstrakte Charakter des Themas, familiäre ‚Tabus' oder auch eigene Ängste hier eine Rolle spielen. Durch die Auswahl geeigneter Methoden und eine Fokussierung auf positive Wünsche an Stelle von Befürchtungen konnte allerdings eine förderliche und zum Nachdenken anregende Atmosphäre geschaffen werden. Ihr Ergebnis sind die zahlreichen Angaben der Kursteilnehmerinnen und -teilnehmer unter der Rubrik ‚Diese Träume habe ich für die Zukunft' bei der Befragung durch das Arbeitsblatt ‚*Seite über mich*'. Für das Vorhandensein von familiären Tabus spricht, dass im Gespräch geäußerte Veränderungsideen bezüglich der Wohnsituation nur von wenigen Teilnehmerinnen und Teilnehmern festgehalten wurden. Auf der „Seite über mich" wurden diese Wünsche dann einfach nicht genannt, auf der Zeitleiste, und das unterstreicht die Vermutung familiärer Tabus, sprachen sich einige Teilnehmer explizit dagegen aus, einen Veränderungswunsch in Bezug auf das Wohnen schriftlich und damit sichtbar festzuhalten.

Die von den Teilnehmerinnen und Teilnehmern genannten Träume für die Zukunft sind zum Teil sehr einschneidend, wie u.a. der Wunsch, eine eigene Wohnung zu haben, gemeinsam mit einem Partner zu leben oder eine andere Arbeitsstelle auszuprobieren. Andere beziehen sich eher auf den Wunsch, bestimmte Lebensbedingungen, so wie sie sind, möglichst lange zu erhalten und verdeutlichen damit eine hohe Zufriedenheit mit der aktuellen Lebenssituation. Sicherlich ist hier in einzelnen Fällen von einem Zufriedenheitsparadox, einer hohen Zufriedenheit bei objektiv schlechten Bedingungen, auszugehen, in den meisten Fällen jedoch sind diese Wünsche in aktiver und kritischer Auseinandersetzung entstanden. Auch der Wunsch, verschiedene Reisen zu unternehmen, wurde häufiger genannt. In einem besonderen Fall ist dieser Wunsch als Ausdruck einer enormen Stärkung des Selbstbewusstseins zu werten: Die Teilnehmerin (siehe dazu das Fallbeispiel von Henriette Weber im folgenden Kapitel), die sich bereits über Jahre immer stärker aus sozialen Bezügen zurückgezogen hat und ihre eigenen Wünsche und Bedürfnisse zunehmend negiert hat, hat sich im Laufe des Bildungskurses intensiv mit ihren früheren Reiseerfahrungen in zum Teil sehr ausgefallene Regionen der Welt auseinandergesetzt. Sie hat in der sechsten Einheit u.a. den Wunsch geäußert und auch festgehalten, eine Kreuzfahrt zu unternehmen.

Bei der dritten Erhebung, sechs Monate nach Beendigung des Kurses, zeigte sich, dass einige ehemalige Teilnehmerinnen und Teilnehmer durch den Kurs angeregt worden waren, einige ihrer erarbeiteten Ziele umzusetzen, indem sie z.B. an Weiterbildungskursen teilnehmen.

> „Ja, einen Computerkurs habe ich ausprobiert: Einen Handykurs habe ich auch belegt, der hat mir gut gefallen."

Evaluation der Kurseinheiten und Methoden

In jedem Kurs wurde über die sieben Wochen des Gruppenkurses ein Wochenplan geführt, auf dem zu jeder Einheit ein passendes Piktogramm geklebt und das Datum geschrieben wurde. Zum Ende jeder Einheit gaben die Teilnehmerinnen und Teilnehmer in der Gruppe Rückmeldung über die Inhalte der jeweiligen Einheit. Die Ergebnisse wurden in Stichpunkten auf dem Wochenplan notiert. Vor diesem Hintergrund konnte der Kurs schnell bzgl. der Vorlieben und Abneigungen der jeweiligen Gruppe angepasst werden. Die Ergebnisse werden hier nicht dargestellt, sondern sind in unsere Vorschläge zur Kursorganisation eingeflossen.

Die Bewertung der verwendeten Methoden durch die beschriebenen Daumensymbole zum Ende jeder Einheit führte zu durchgängig positiven Ergebnissen. Aus diesem Grund wurde am Ende des gesamten Kurses nochmals eine vergleichende Bewertung der drei Methoden vorgenommen.

Bei der vergleichenden Bewertung der drei Methoden am Ende der Abschlussveranstaltung konnten die Kursteilnehmerinnen und -teilnehmer besser differenzieren. Sie hatten hier die Aufgabe, zu entscheiden, welche der drei verwendeten Methoden (Körperumriss, Lebensbaum, Zeitleiste) ihnen am besten gefallen hat. Die Bewertung erfolgte ebenfalls mithilfe der bereits zuvor eingeführten Daumen, wobei dieses Mal jeder Teilnehmer grüne und rote Daumen erhielt. Die grünen Daumen sollten auf die Methoden geklebt werden, die gerne bearbeitet wurden und die rote Daumen entsprechend auf die Methoden, die ungern bearbeitet wurde. Enthaltungen und Mehrfachnennungen waren möglich, kamen aber kaum vor.

Bewertungen der drei Methoden

Körperumriss:	25 gut – 3 schlecht
Lebensbaum:	27 gut – 0 schlecht
Zeitleiste:	25 gut – 3 schlecht

Zur Methode ‚Lebensbaum' betonten einige Kursteilnehmer, dass es schön gewesen sei zu sehen, von wie vielen Menschen sie umgeben seien:

> „Ich wusste gar nicht, dass es so viele Menschen um mich gibt. Die sind alle für mich da."

Ein anderer Teilnehmer mit hohem Hilfebedarf, für den der Lebensbaum stellvertretend erstellt wurde, hat im weiteren Verlauf der Einheit wiederholt fröhlich den Namen seines verstorbenen Vaters wiederholt. Fotos seines Vaters konnte er zu Hause nicht selbstständig zur Hand nehmen und mit dem Lebensbaum, der jetzt vor ihm lag – und der perspektivisch für ihn gut sichtbar in seinem Zimmer angebracht werden sollte – war die Erinnerung an seinen Vater jetzt viel einfacher und vor allem unabhängig von anderen verfügbar.

Obwohl sowohl die Zeitleiste als auch der Körperumriss jeweils die identische Anzahl an positiven und negativen Nennungen erhielt, wurde die Zeitleiste im Gespräch von den Teilnehmerinnen und Teilnehmern sehr unterschiedlich bewertet. Eine Gruppe mochte diese Methode sehr, weil sie die Möglichkeit bietet, sehr intensiv über das eigene Leben nachzudenken und zu erkennen, dass auch andere Ähnliches durchgemacht haben:

> „Eine tolle Sache. Da sieht man, was alles schon passiert ist und was man schon alles in seinem Leben geschafft hat."

Die andere Gruppe bewertet genau diesen Aspekt eher negativ, sie möchte sich nicht vor Augen führen, was alles schon passiert ist und empfindet die ausführliche Beschäftigung und Dokumentation eher als Belastung denn als Bereicherung. Es wurde zwar von niemandem ausgesprochen, jedoch bleibt es unseres Erachtens nach zu vermuten, dass diejenigen Teilnehmerinnen und Teilnehmer, bei denen die Sorge bezüglich der Zukunft groß ist, insbesondere durch die auf die Zukunft gerichtete letzte Einheit verunsichert wurde.

Insgesamt wird in den Ergebnissen der Evaluation deutlich, dass die Methoden im Rahmen der Biografiekurse sehr gut einsetzbar und entsprechend der individuellen Biografie, dem emotionalen Gehalt und dem kognitiven Niveau gut anpassbar sind.

6.2 Angehörige

Durch die Befragung der Angehörigen sollte ermittelt werden, inwieweit sich ihre Einschätzung bzgl. der Fähigkeiten und Kompetenzen ihrer Kinder/Angehörigen im Verlauf des Kurses verändert hat und ob sich die eigenen Zukunftsperspektiven entwickelt haben. Dazu wurde ein Fragebogen entwickelt, der für befragte Eltern und andere Angehörige, wie z.B. Geschwister, hinsichtlich der verwendeten Formulierungen (‚Sohn/Tochter' bzw. ‚Bruder/Schwester') variiert wurde. Auch diese Erhebung wurde zu drei verschiedenen Zeitpunkten (vor Kursbeginn, direkt Ende des Kurses und sechs Monate nach Beendigung des Kurses) durchgeführt, um Veränderungen und Entwicklungen herauszustellen. Die Fragebögen wurden in anonymisierter Form mit einem erklärenden Anschreiben sowie einem frankierten Rückumschlag postalisch versandt.

Von den 417 während der Projektdauer verteilten (im Rahmen des Angehörigenbesuchs, erster Erhebungszeitpunkt) und versandten Fragebögen wurden 127 (30,5 % Rücklauf gesamt) Bögen zurückgesandt, und zwar 49 zum ersten Erhebungszeitpunkt, 43 zum zweiten Erhebungszeitpunkt und 35 Bögen zum dritten Erhebungszeitpunkt, was in der quantitativen Forschung noch als akzeptabler Rücklauf gilt. Es ist bei den weiteren Aussagen allerdings zu berücksichtigen, dass sich durch den Rücklauf Verzerrungen in den Ergebnissen ergeben haben könnten.

Folgende Verteilung ergibt sich für die drei Erhebungszeitpunkte. Anzumerken ist, dass bei drei Kursen die dritte Erhebung nicht mehr vorgenommen wurde:

Abb. 20: Beteiligung an der Angehörigenbefragung

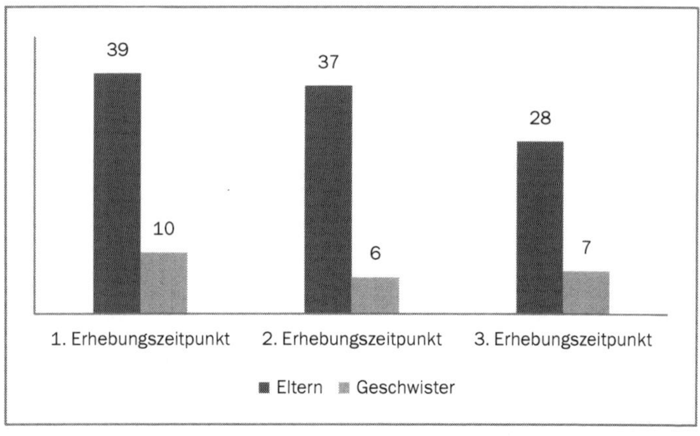

Neben Eltern(-teilen) beteiligten sich auch Geschwister der Teilnehmerinnen und Teilnehmer an der Erhebung, und zwar zum ersten und dritten Zeitpunkt die nicht unerhebliche Quote von 20%, zum zweiten Zeitpunkt 16%. Aufgrund der geringen Anzahl an Teilnehmerinnen und Teilnehmern, die bei ihren Geschwistern wohnen, wurde bei der weiteren Auswertung der Daten nicht zwischen den zwei Angehörigengruppen unterschieden, um die Anonymität zu gewährleisten.

Die Angehörigen gehen mit großer Mehrheit davon aus, dass ihre behinderten Söhne, Töchter und Geschwister in Zukunft nicht gut zurechtkommen werden (vgl. Abb. 21–23). Diese Befürchtung besteht zu allen drei Erhebungszeitpunkten und zeigt sich insofern, als die Hälfte der Angehörigen bei allen Befragungen angibt, dass ihnen die Vorstellung von der Zukunft ihres behinderten Familienangehörigen Sorge bereitet.

> „Noch ist meine Tochter bei mir und darüber bin ich sehr glücklich. Mit viel Freude fährt sie mit dem Bus zur Werkstatt. Die Betreuer und Mitarbeiter sind alle sehr lieb zu ihr."

Den offenen Antworten ist auch zu entnehmen, dass viele Angehörigen sich wünschen, ihre Töchter und Söhne bzw. Geschwister auch nach einer Veränderung der familiären Situation weiterhin unter Berücksichtigung ihrer Vorlieben und Gewohnheiten betreut und versorgt zu wissen, wie diese Antwort stellvertretend für eine Reihe weiterer zeigt:

> „Dass mein Sohn alle Vorzüge, die er Zuhause genießt, auch in seiner späteren Wohnsituation genießen kann. Das wären z. B.: 2× im Jahr in den Urlaub fahren, Kleidung kaufen (wobei es egal ist wie teuer, Hauptsache sie gefällt), täglich Krankengymnastik, bekocht werden, eine geputzte Wohnung."

Gleichzeitig sind jedoch auch viele Angehörige der Meinung, ihre Kinder bzw. Geschwister müssten bei einem Umzug in eine Wohneinrichtung vieles, was ihr Zuhause ausmacht, aufgeben.

Hinsichtlich der zukünftigen Wohnsituation sprechen sich die Angehörigen für eine auf das behinderte Familienmitglied individuell zugeschnittene Lösung aus:

> „Das[s] für Leni eine Wohneinrichtung gefunden wird, am besten eine Art Bauernhof, wo sie sich wohl und akzeptiert fühlt."

Interessant ist hier die Passivstruktur des Satzes, die offen lässt, wer für das Finden der Wohneinrichtung zuständig ist.

Mit großer Mehrheit gehen die Eltern davon aus, dass ihre Kinder in Zukunft nicht bei den Geschwistern leben werden, obwohl dies für nicht wenige die Wunschlösung wäre.

Zum dritten Erhebungszeitpunkt hält eine größere Gruppe den Umzug ihres behinderten Familienmitglieds in ein Wohnheim eher für eine akzeptable Möglichkeit als zuvor – zwischen den ersten beiden Zeitpunkten gibt es keine nennenswerte Veränderung.

Das Antwortverhalten der Angehörigen hinsichtlich der Frage, ob sie über die Zukunft nachdenken, ist widersprüchlich. So gibt eine Mehrheit zu allen drei Zeitpunkten an, allerdings in abnehmender Intensität, sich Sorgen um die Zukunft zu machen, und zugleich gibt eine Mehrheit in den ersten beiden Befragungen an, ebenfalls mit abnehmender Tendenz, nicht über die Zu-

Abb. 21: Antworten auf Frage 1: „Wenn ich mir das Leben meines Sohnes/meiner Tochter in 30 Jahren vorstelle, …“, 1. Erhebungszeitpunkt

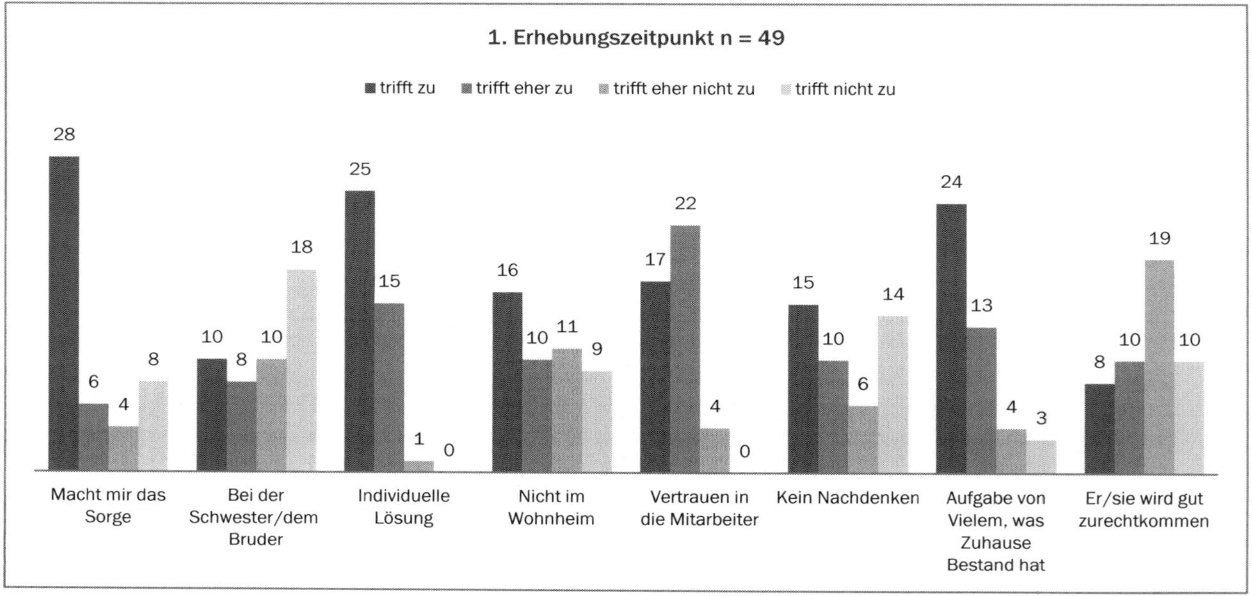

Abb. 22: Antworten auf Frage 1: „Wenn ich mir das Leben meines Sohnes/meiner Tochter in 30 Jahren vorstelle, …“, 2. Erhebungszeitpunkt

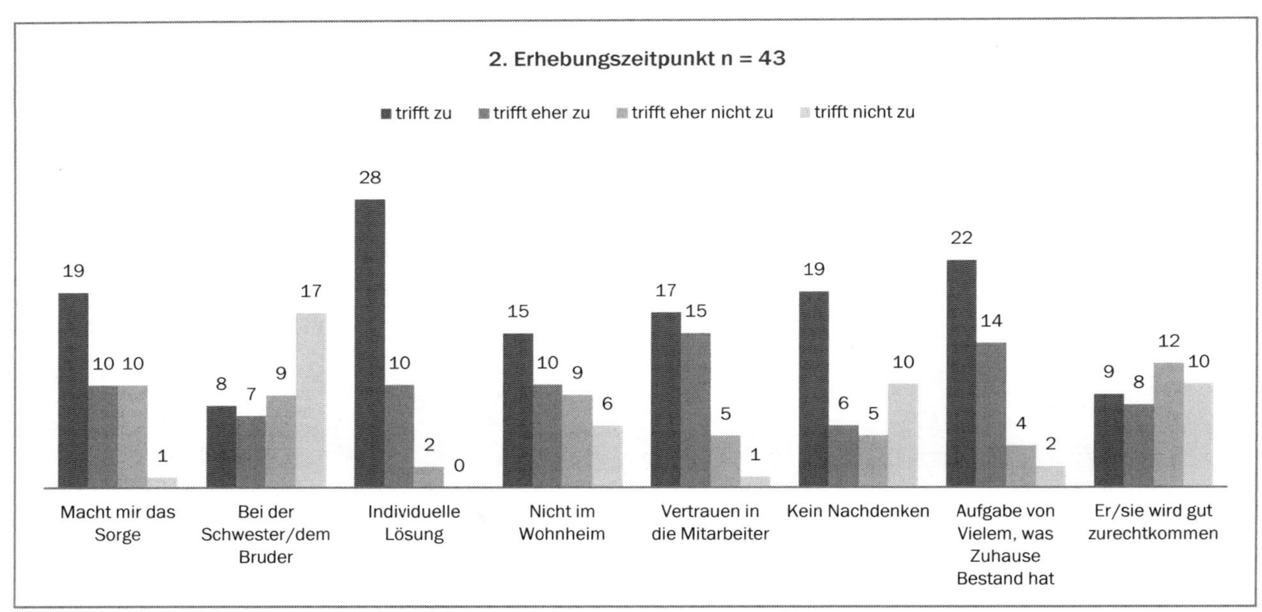

Abb. 23: Antworten auf Frage 1: „Wenn ich mir das Leben meines Sohnes/meiner Tochter in 30 Jahren vorstelle, …“, 3. Erhebungszeitpunkt

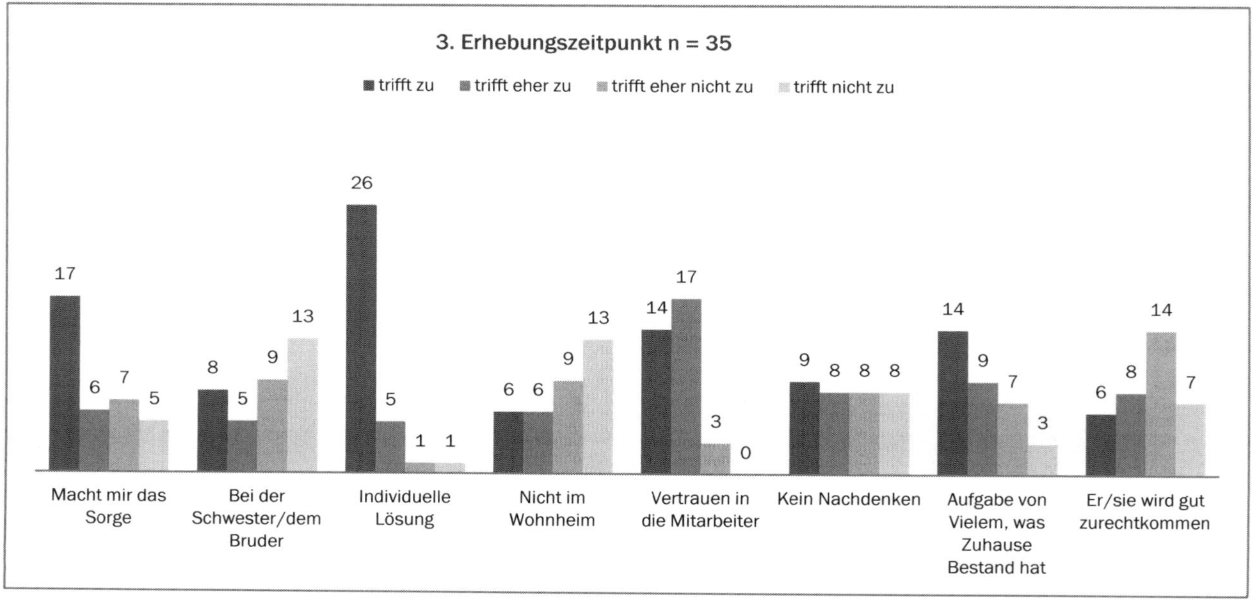

3. Erhebungszeitpunkt n = 35

	trifft zu	trifft eher zu	trifft eher nicht zu	trifft nicht zu
Macht mir das Sorge	17	6	7	5
Bei der Schwester/dem Bruder	8	5	9	13
Individuelle Lösung	26	5	1	1
Nicht im Wohnheim	6	6	9	13
Vertrauen in die Mitarbeiter	14	17	3	0
Kein Nachdenken	9	8	8	8
Aufgabe von Vielem, was Zuhause Bestand hat	14	9	7	3
Er/sie wird gut zurechtkommen	6	8	14	7

kunft nachzudenken. Erst bei der dritten Erhebung stimmt der Großteil der Befragten der Aussage zu, sich Gedanken zum zukünftigen Leben ihrer behinderten Angehörigen zu machen. Möglicherweise sind damit umsetzungsorientierte Planungen gemeint, die über ein unspezifisches ‚sich Sorgen machen beim Gedanken an die Zukunft' hinausgehen, in diesem Fall wäre der Kurs auch bei den Angehörigen ein großer Erfolg gewesen. Obwohl nicht Angehörigen zu allen drei Zeitpunkten geantwortet haben (erkennbar an den Codenummern auf den Fragebögen), lässt sich hier ein Trend erkennen, der bestätigt, was auch andere deutsche und internationale Forschungsarbeiten bereits herausgestellt haben: Ältere Familien benötigen Zeit für die Auseinandersetzung mit der schwierigen Thematik. Der Kurs wirkt dabei auch noch über seine Dauer hinaus als Anregung zum Nachdenken.

In der zweiten Frage des Fragebogens werden die Angehörigen aufgefordert, zu benennen, in welcher Wohnsituation sie ihre Kinder bzw. Geschwister in fünf Jahren sehen. In der Tabelle sind die drei Erhebungszeitpunkte bereits nebeneinander angeordnet, sodass sich Trends erkennen lassen. Ein solcher Trend ist allerdings nur bezüglich des Zusammenlebens mit den Eltern festzustellen: hier sinkt die Zahl der Nennungen, bleibt aber dennoch höher als alle anderen Nennungen zusammen. Das Wohnheim als neuer Lebensort bleibt unbeliebt, anders als junge Eltern (vgl. Rauscher/Metzler 2004) können sich die teilnehmenden Eltern aber nur äußerst selten Wohnen mit ambulanter Unterstützung vorstellen.

Der Fragebogen enthielt ebenfalls eine ergänzende offene Frage nach der idealen Lösung aus der Sicht der Eltern und Geschwister. Hier wurde ebenfalls häufig das Elternhaus genannt, zusätzlich wurde aber auch eine gewisse Unsicherheit angesichts der wahrgenommenen Notwendigkeit, stellvertretend zu entscheiden, deutlich:

> „Ich hoffe, dass meine Tochter so versorgt ist, wie ich es im guten Glauben für sie geregelt habe. Auch im Sinne ihrer Geschwister."

Abb. 24: Antworten auf Frage 2: „Wenn ich mir das Leben meines Sohnes/meiner Tochter in fünf Jahren vorstelle, sehe ich ihn/sie …“ (vereinzelte Mehrfachnennungen)

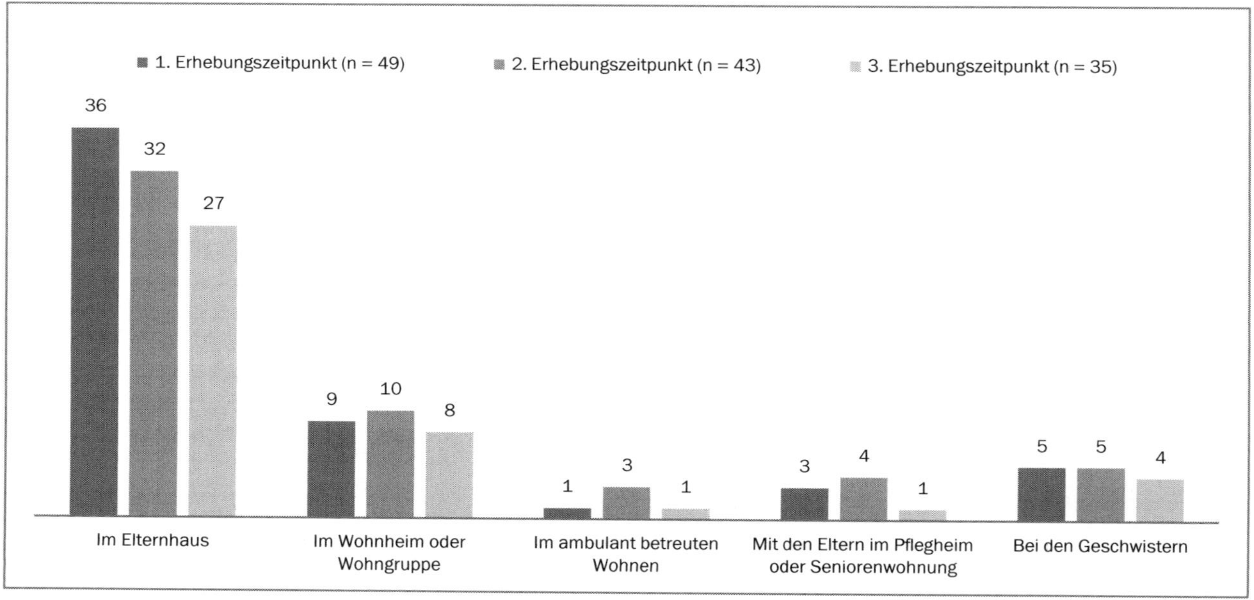

Mitunter hat seit der Kursdurchführung auch bereits ein Umzug stattgefunden:

> „Meine Tochter lebt seit dem 20. Juni in einem Wohnheim. Sie hat ein sehr schönes Zimmer und wird gut versorgt. Die Trennung ist noch nicht ganz einfach. Es wird aber immer besser. Ich hoffe für sie, dass ich richtig entschieden habe."

Die dritte Frage thematisierte die Erwartungen seitens der Angehörigen an die Mitarbeiterinnen und Mitarbeiter der Werkstatt sowie die Wohnberatung des Trägers. Die vorgegebenen Antwortmöglichkeiten gehen von dem Wunsch der Familien nach Aufrechterhaltung der derzeitigen Lebenssituation aus: ‚Akzeptanz der jetzigen Situation' bei ‚schneller und unbürokratischer Hilfe im Notfall' passen als Antworten zu der Vorstellung einer Mehrheit, auch in fünf Jahren noch als Familie zusammen zu leben (Frage 2) – ‚Hilfe im Notfall' ist allerdings ein Wunsch, der mitunter schwer zu erfüllen ist und dessen Erfüllung eine Einrichtung kaum versprechen kann. ‚Beratungsbedarf' wird ebenso häufig genannt, und ‚Hilfe bei Anträgen' und ‚Informationsbedarf' sind ebenfalls wichtig, aber deutlich weniger drängend. Zwischen den drei Zeitpunkten lassen sich keine wesentlichen Veränderungen feststellen.

Die vierte Frage richtete sich – unter Nennung der unten stehenden Antwortmöglichkeiten – auf die Erwartungen hinsichtlich des Wohnens. Dabei zeigt sich die besondere Bedeutung guter Pflege für die Angehörigen. Interessant ist, dass die Erwartungen hinsichtlich der emotionalen Zuwendung niedriger sind als bezüglich der anderen Erwartungen, aber zum dritten Zeitpunkt deutlich angestiegen sind. Möglicherweise ist dies ein Indiz für die sich langsam wandelnde Einschätzung einiger Eltern in Bezug auf die Bereitschaft des Fachpersonals, sich auch emotional auf den behinderten Sohn oder die Tochter einzulassen.

Allerdings zeigt die Befragung auch, dass sich die Angehörigen zum Teil – vor allem durch eigene Erfahrungen und Gespräche mit anderen Eltern – darüber bewusst sind, dass eine wirklich

Abb. 25: Antworten auf Frage 3: „Von Mitarbeitern der Werkstatt und der Wohnberatung erwarte ich…“, 1. Erhebungszeitpunkt

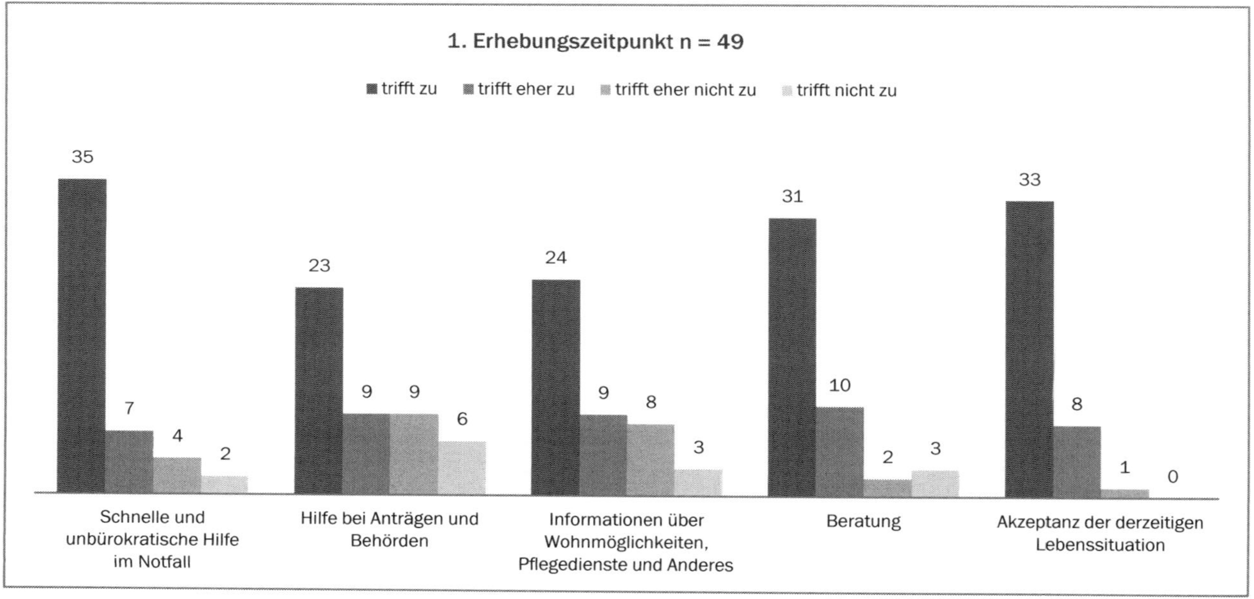

Abb. 26: Antworten auf Frage 3: „Von Mitarbeitern der Werkstatt und der Wohnberatung erwarte ich…“, 2. Erhebungszeitpunkt

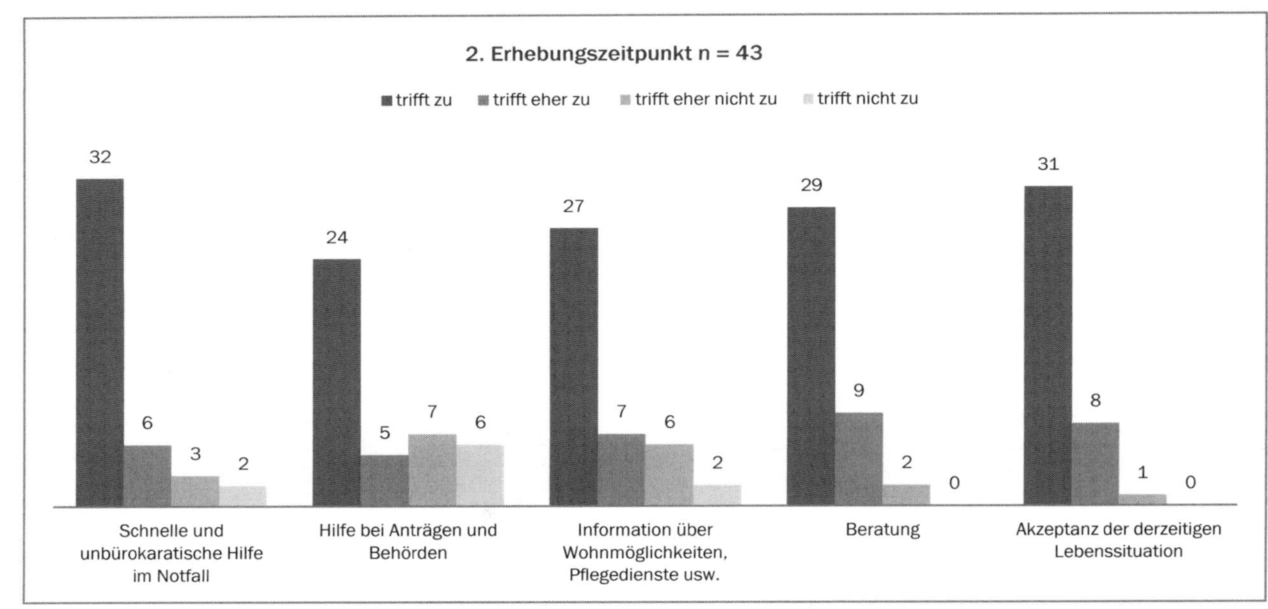

Abb. 27: Antworten auf Frage 3: „Von Mitarbeitern der Werkstatt und der Wohnberatung erwarte ich…“, 3. Erhebungszeitpunkt

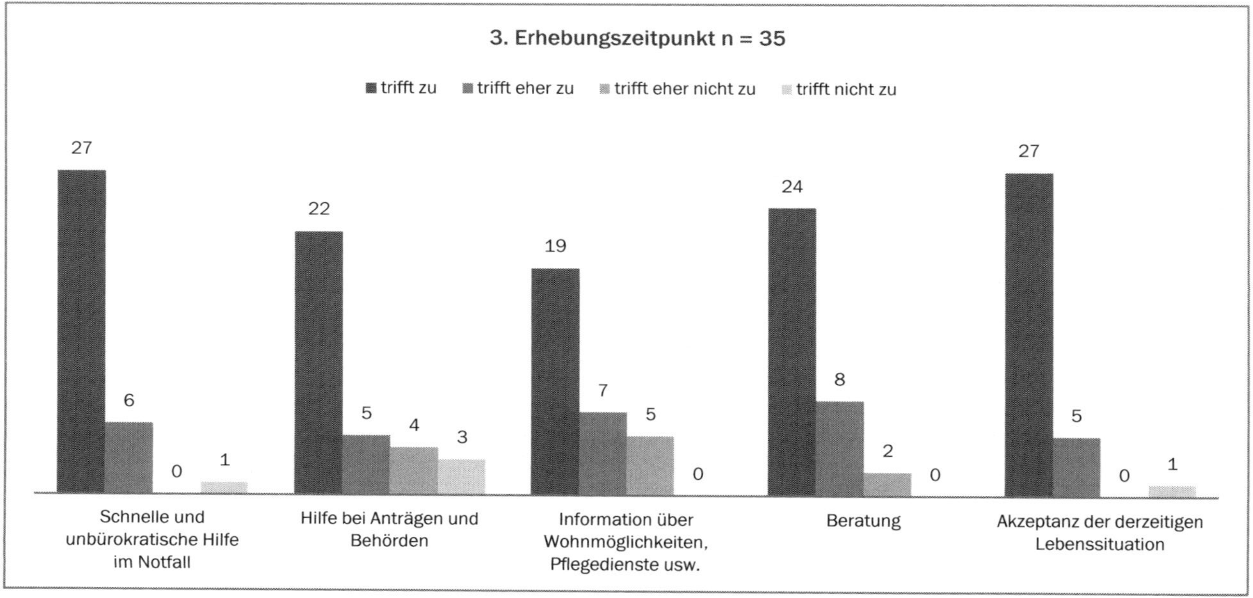

Abb. 28: Antworten auf Frage 4: „In Bezug auf das Wohnen erwarte ich für mein Kind…“, 1. Erhebungszeitpunkt

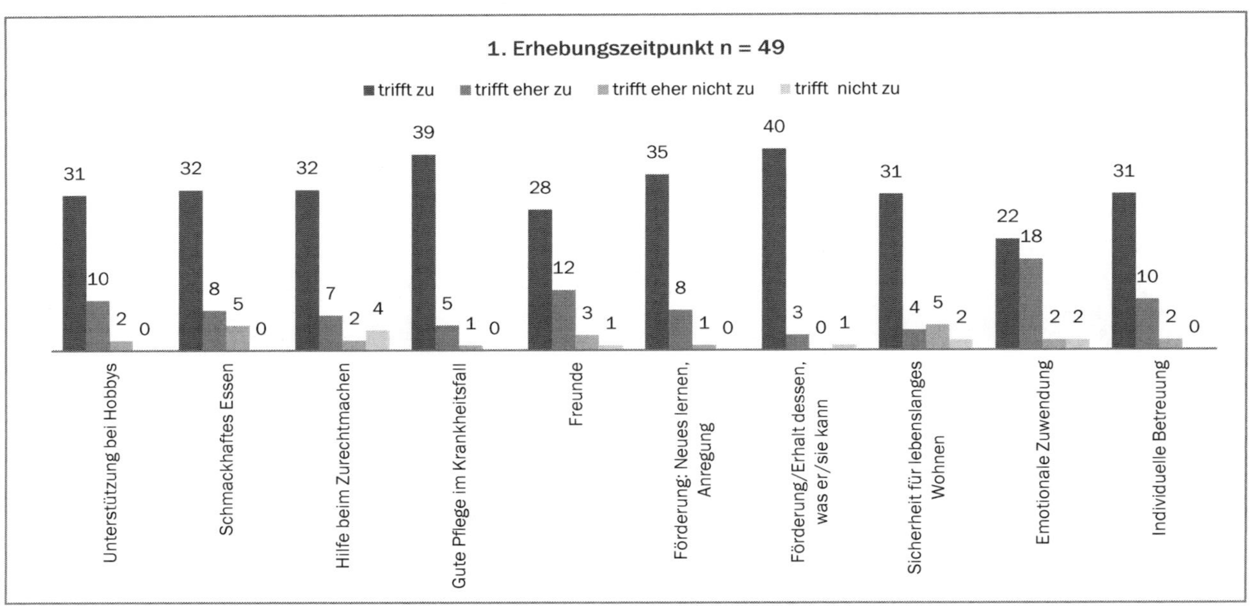

Abb. 29: Antworten auf Frage 4: „In Bezug auf das Wohnen erwarte ich für mein Kind…“, 2. Erhebungszeitpunkt

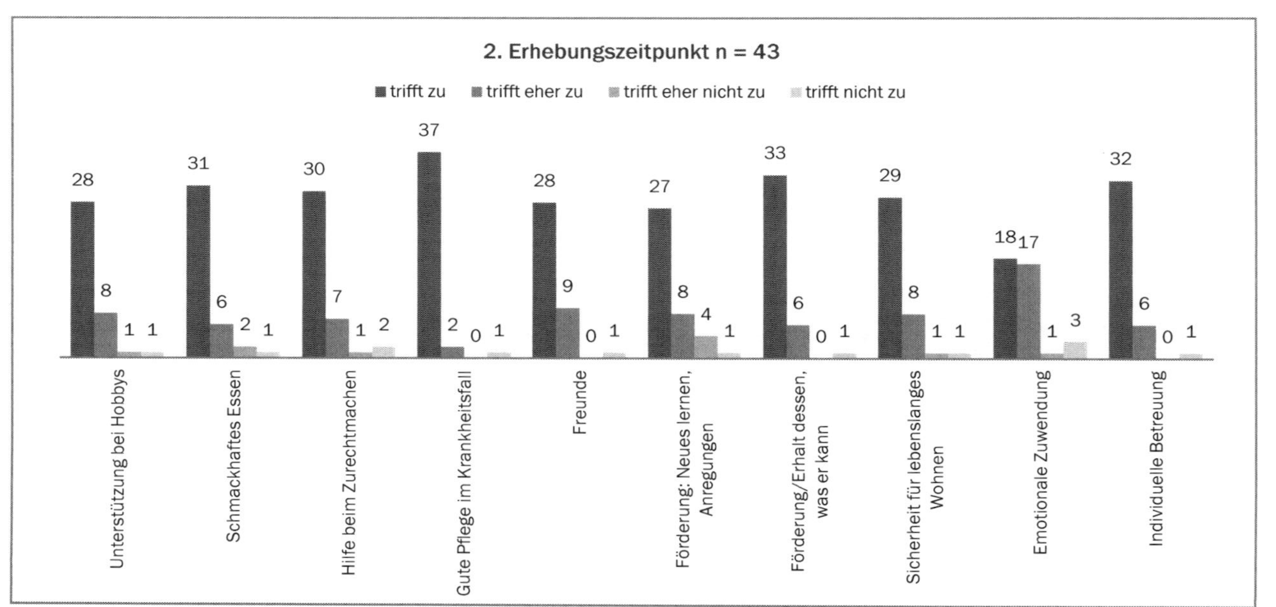

Abb. 30: Antworten auf Frage 4: „In Bezug auf das Wohnen erwarte ich für mein Kind…“, 3. Erhebungszeitpunkt

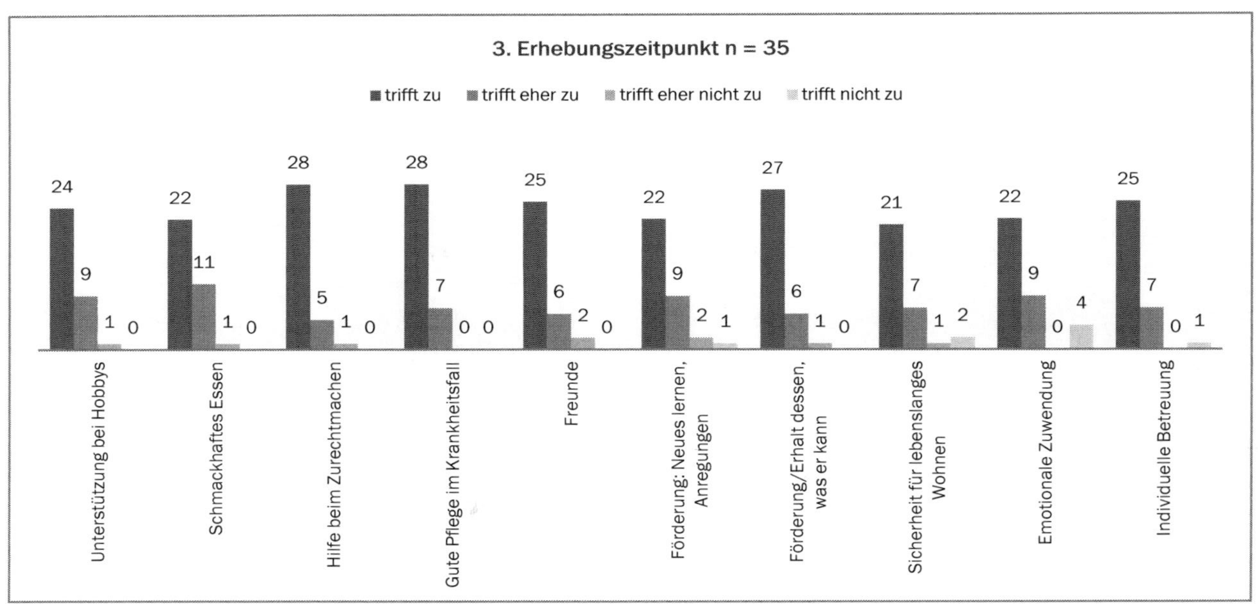

zufriedenstellende Lösung für die zukünftige Wohnsituation ihres behinderten Familienmitglieds schwer zu erreichen ist.

Bei der Auswertung der Daten ist zu beachten, dass es wahrscheinlich eine leicht positive Verzerrung gibt, da davon auszugehen ist, dass zufriedene Angehörige eher zum Ausfüllen der Fragebögen bereit sind. Hinzu kommt, wie bereits einleitend beschrieben wurde, dass die Eltern ein hohes Alter (zwischen 65 und 95 Jahren) erreicht haben und manche von ihnen weder über die Entwicklungen von Wohnmöglichkeiten wie das ambulant betreute Wohnen Kenntnisse besitzen noch Wohneinrichtungen der heutigen Zeit kennen. Dennoch kann wohl jeder zustimmen, dass ein Wohnheim keine optimale Lösung bieten kann, sondern für jeden Menschen einen mitunter auch schwierigen Kompromiss darstellen muss.

Außerdem soll auch hier nochmals auf die soziale Erwünschtheit verwiesen werden. Durch die Angehörigenkontakte und die Schilderung der Lebensgeschichten gegenüber Projektmitarbeiterinnen sind z. T. sehr persönliche Kontakte entstanden, die unter Umständen die Angehörigen zu freundlichen Antworten veranlasst haben können, um den engagierten Projektmitarbeiterinnen eine Freude zu machen. Ebenso ist allerdings möglich, dass – analog zu den Erfahrungen in den im zweiten Kapitel angeführten angelsächsischen Projekten – die Arbeit am Lebensbuch ein Türöffner war, durch den Eltern mehr Vertrauen in die Arbeit der Einrichtung als Ganze und in die Bereitschaft, individuelle Lösungen für ihre erwachsenen Söhne und Töchter zu finden, gewonnen haben.

Ein sehr eindrückliches Beispiel dafür, wie sich persönliche Kontakte entwickelt haben, wird am Beispiel eines Briefes deutlich, den eine rüstige, gestandene und selbstbewusste hochaltrige Frau und Mutter eines intellektuell beeinträchtigten Sohnes einer Kursleiterin schrieb. Dem Brief waren mehrere persönliche Besuche der Mitarbeiterin vorausgegangen, die zunächst dazu dienten, den Teilnehmer und seine häusliche Situation besser kennenzulernen. Später überbrachte dieser Teilnehmer die Nachricht von seiner Mutter, die Mitarbeiterin solle sie doch mal wieder besuchen kommen. Diese Einladung war von großer Vehemenz und die Mitarbeiterin kam ihr nach, auch im Wissen um den Einfluss, den ein gutes Verhältnis zwischen Eltern und Kursleitenden auf eine vertrauensvolle Kursteilnahme der erwachsenen Söhne und Töchter hat. Mit Ende des Kurses waren auch die persönlichen Besuche beendet, da die Mutter die Einladungen nicht mehr über ihren Sohn übermitteln konnte. Sie legte dem postalisch verschickten Fragebogen einen persönlichen Brief bei, indem sie sich bei der Mitarbeiterin für die Unterstützung ihres Sohnes bedankt, „du bist doch seine Beste".

6.3 Gruppenleitungen

Die Gruppenleitungen der Arbeits- oder Fördergruppen, in denen die Teilnehmerinnen und Teilnehmer beschäftigt sind, wurden ebenfalls befragt. Insgesamt liegen Daten von 68 Gruppenleitungen vor, auch hier antworteten allerdings nicht alle Gruppenleitungen zu beiden angesetzten Erhebungszeitpunkten. Vor Kursbeginn wurden die Gruppenleitungen gebeten anzugeben, welche Wohnform sie für die Zukunft des Kursteilnehmers bzw. der Kursteilnehmerin, der/die in ihrer Gruppe beschäftigt ist, für geeignet halten.

Die Mehrheit der Gruppenleitungen gibt an, dass ein Wohnheim die ideale Lösung wäre, gefolgt von der Familie oder einer Wohngruppe. Als Wohngruppen werden kleine Wohneinheiten bezeichnet, die nicht über die Fachleistungsstundensätze der ambulanten Unterstützung in Niedersachsen finanziert werden, sondern über die Hilfebedarfsgruppen (HMB-Sätze) des stationären Bereichs. ‚Wohngruppe' wird entsprechend genannt, wenn eine kleine Wohneinheit befürwortet wird, der Hilfebedarf aber als zu hoch für die in der Regel im ambulanten Settings bewilligten Stundenzahl angesehen wird. Sehr selten wird das selbstständige Wohnen oder das Wohnen mit ambulanter Assistenz als geeignete Lösung angegeben. Erstaunlich ist, dass ein erheblicher Anteil der Gruppenleitungen auch in Zukunft die Wohnsituation in der Familie als geeignet bewertet und gleichzeitig nur in sehr geringem Maß das Wohnen mit ambulanter Assistenz für sinnvoll erachtet. Dennoch ist der Unterschied zu den Aussagen der Angehörigen bezüglich der Optionen ,Familie' und ,Wohnheim' sehr deutlich.

Abb. 31: Geeignete Wohnform aus Sicht der Gruppenleitungen (vor Kursbeginn)

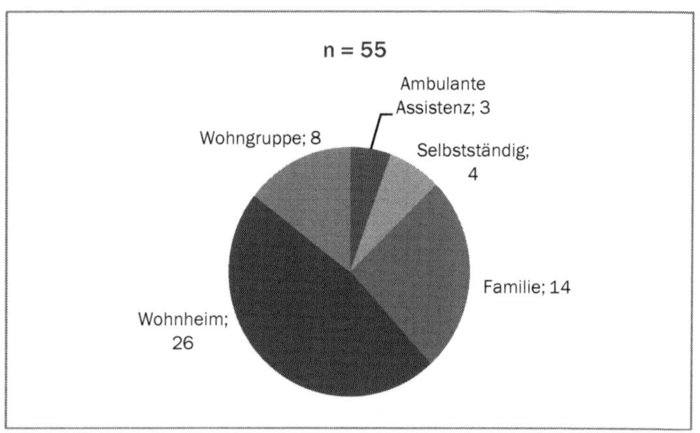

Nach Kursende wurden die Gruppenleitungen gefragt, inwieweit sich die Perspektive auf das Leben und die Zukunft der Kursteilnehmerinnen und -teilnehmer nach dem Kurs verändert habe, und zudem wurden sie nach wahrgenommenen Veränderungen bei dem oder der Beschäftigten ihrer Gruppe gefragt.

Von 68 Gruppenleitungen gaben zwölf an, dass sich Veränderungen in ihrer Sicht der zukünftigen Wohnsituation ergeben haben, und zwar dahingehend, dass sich ihr Bild differenziert habe. Da die Gruppenleitungen sehr wichtige Bezugspersonen für die Beschäftigten sind, wurde von den Teilnehmerinnen und Teilnehmern auch mit ihnen das Lebensbuch und der Kursverlauf besprochen, sodass sie wesentlich besser einschätzen können, was für den jeweiligen Beschäftigten aus ihrer Gruppe bedeutsam ist:

> „Betreutes Wohnen ist wichtig, z. B. Ambulante Assistenz und mit Nähe zur Familie und zur Kirchengemeinde. Recht zentrales Wohnen, nicht auf dem Lande und nicht weit weg von der Werkstatt."

Weitere elf Gruppenleitungen erwähnen, dass sich der Kursteilnehmer bzw. die -teilnehmerin durch die Teilnahme am Lebensbuchkurs positiv in ihrer bzw. ihrer Persönlichkeit verändert habe, und führen dies eindeutig auf den Kurs zurück:

> „Sie ist aufgeschlossener und offener geworden. Außerdem hat sie mehr Selbstvertrauen dadurch erlangt, dass sie Wertschätzung für ihre Erinnerungen erfahren hat."

> „Monika ist seit dem Kurs sehr aufgeschlossen. Sie hat festgestellt: Da interessiert sich wer für mein Leben, ich bin wichtig. Sie hat Interesse an der Arbeit entwickelt. Sie nimmt Vorschläge für neue Aufgaben an!"

Eine Gruppenleiterin, die zugleich auch Kursleiterin war, vergleicht:

> „Er hat sich im Kurs viel mehr geöffnet als in der Gruppe und baut Vertrauen zu anderen etwas besser auf."

Darüber hinaus haben einige der Gruppenleitungen festgestellt, dass die Teilnehmer durch das Lebensbuch kommunikationsstärker geworden sind:

> „Maria kann mit ihrem Buch stolz von ihrem Leben erzählen."

> „Diesen Wunsch (Zusammenziehen mit dem Freund, Anm. d. Verf.) hat sie vorher noch nicht so klar geäußert. Auch die Familie hörte von dem Wunsch zum ersten Mal. Anhand des Buches kann sie deutlich mitteilen, was sie kann, welche Personen ihr wichtig sind etc."

Einige Gruppenleitungen haben auch Kenntnis von weiteren Planungsschritten der Familie:

> „Die Familie ist in Kontakt zur Ambulanten Assistenz getreten."

> „Ein Termin zur Wohnheimbesichtigung wurde vereinbart."

Abb. 32: Beobachtete Veränderungen nach Kursende, vereinzelt Mehrfachnennungen

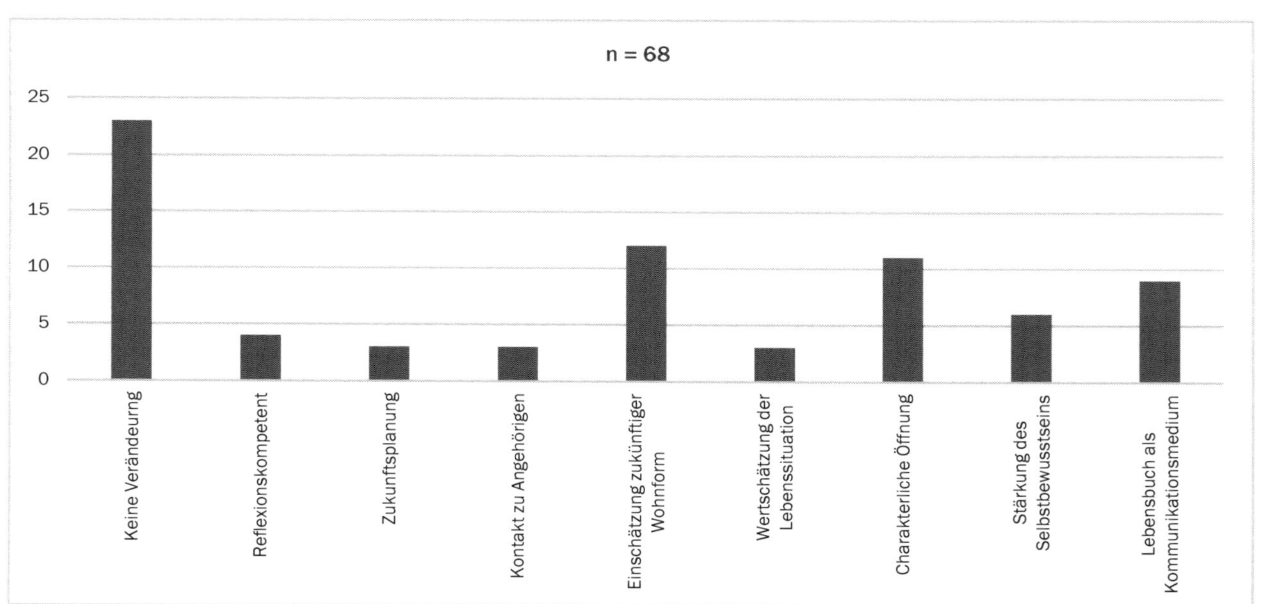

Diese Ergebnisse sind auch deshalb wichtig, weil das veränderte Verhalten der Teilnehmerinnen und Teilnehmer es auch ihren Interaktionspartnern in der WfbM leichter macht, sie differenziert wahrzunehmen und in ihren Interessen und Zielen zu unterstützen, gerade vor dem Hintergrund der verbreiteten Skepsis bezüglich der Fähigkeiten der Teilnehmerinnen und Teilnehmern, an einem solchen Kurs teilzunehmen.

7. Fallbeispiele

In diesem Kapitel werden die Kurserfahrungen von fünf Teilnehmerinnen und Teilnehmern vorgestellt, die von den Kursleitungen angefertigt wurden. Sie halten sowohl Aspekte der Lebenssituation der Teilnehmerin/des Teilnehmers fest, die im Kurs bearbeitet wurden, als auch als auch die Kontaktaufnahme mit den Angehörigen und wichtigste Aspekte der Kursarbeit. Die Fallgeschichten stellen zudem besondere Schlüsselmomente der Kursteilnehmerin/des Kursteilnehmers heraus und reflektieren die Kursdurchführung im Hinblick auf die Bedürfnisse der jeweiligen Teilnehmerinnen und Teilnehmer. Die Auswahl dient dazu, bestimmte Aspekte der Kursdurchführung und bestimmte biografische Problemlagen zu illustrieren, die jeweils abschließend thematisiert werden.

Die unterschiedlich differenzierten Ausführungen zur Vergangenheit der Teilnehmerinnen und Teilnehmer spiegeln nochmals das Gebot der Freiwilligkeit. Biografiearbeit darf nie zu einem Ausfragen werden, denn die Lebensgeschichte ‚gehört' dem jeweiligen Menschen, was davon Anderen offenbart wird, muss seine Entscheidung bleiben.

Da hier bewusst die Geschichten von Menschen erzählt werden, die aus verschiedenen Gründen selbst nur wenig erzählen, konnten keine Lebensgeschichten durch die jeweiligen Personen selbst erzählt werden. Verschiedene Projekte erarbeiten solche Autobiografien, ‚life stories' oder biografische Erzählungen (Kremsner 2017). Sie stellen ebenfalls eine sehr interessante Methode der biografischen Arbeit dar, erfordern aber eine andere Form der gemeinsamen Arbeit und konnten daher in unserem Arbeitskontext nicht geleistet werden.

7.1 Maria Rumland

Lebenssituation und Geschichte

Maria Rumland ist 45 Jahre alt und lebt mit ihrer Mutter in einem Zweifamilienhaus in einer Kleinstadt. Ihr Vater ist vor einigen Jahren verstorben. Sie hat zwei Brüder. Der Jüngere von ihnen lebt in der anderen Wohnung im Haus, der Ältere mit seiner Lebensgefährtin und dem gemeinsamen Kind im gleichen Ort. Frau Rumland ist sehr stolz auf ihre gute Beziehung zu ihrer Familie – gut sichtbar an ihrem Schlüsselbund trägt sie ein Bild, auf dem sie im Kreise ihrer Familie zu sehen ist.

Seit dem Tod des Großvaters lebte auch Maria Rumlands Großmutter mit im Haus, die in ihren letzten Lebensjahren von ihrer Tochter, Marias Mutter, gepflegt wurde.

Frau Rumlands Eltern waren in der Vergangenheit beide berufstätig. Ihr Vater arbeitete in einer Behörde, ihre Mutter im nahegelegenen Familienbetrieb ihrer Eltern. Als erstes Kind der Familie hat Maria Rumland laut Aussage der Mutter viel Zeit in dem Familienbetrieb verbracht, für ihre Großeltern und das Personal war es Teil des Alltags, dass sie im Laufstall im Geschäft immer dabei war.

Ihre Großeltern, besonders der Großvater, waren wichtige Bezugspersonen für Frau Rumland: Sie haben mit ihr viel unternommen, haben sie beispielsweise jedes Jahr mit in den Urlaub genommen. Bei diesen organisierten Busreisen war sie das einzige Enkelkind, das mitkam. Sie war, so ihre Mutter, bei allen Mitreisenden bald sehr beliebt.

Urlaubsfahrten sind Maria Rumland bis heute wichtig – mehrmals im Jahr fährt sie gemeinsam mit ihrer besten Freundin, die sie noch von der früheren gemeinsamen Arbeit an einem anderen Werkstattstandort kennt, und einer festen Reisegruppe in den Urlaub.

Frau Rumland hat einen Regelkindergarten besucht. Später ging sie zur Montessori-Schule und besuchte seit dem Alter von 20 Jahren zunächst einen Arbeitstrainingsbereich, bevor sie in eine Werkstattgruppe wechselte.

Frau Rumland hat das Down-Syndrom, außerdem sieht sie sehr schlecht, was sie in zahlreichen Alltagssituationen beeinträchtigt.

Kontaktaufnahme

Die Kontaktaufnahme zu Frau Rumlands Mutter gestaltet sich zu Anfang relativ kompliziert. Im ersten Telefonat ist sie sehr zurückhaltend und erklärt, sie sei seit dem Tod ihres Mannes mit vielen Dingen überfordert und könne Maria nicht in dem Kurs begleiten. Ihr wird versichert, dass sich der Kurs nur an ihre Tochter richte und sie nicht teilnehmen müsse. Sie könne, wenn sie möge, zur letzten Einheit kommen, aber das sei freiwillig.

Zusätzlich argumentiert die Mutter, Maria werde im Kurs wahrscheinlich nichts verstehen – die beste Freundin ihrer Tochter sei viel selbstständiger und somit wohl eher die Zielgruppe des Kurses. Da Frau Rumland die Entscheidung über eine Kursteilnahme ihrer Tochter aber nicht alleine treffen möchte, bittet sie um etwas Zeit, um sich mit ihrer Familie zu beraten. Diese Form der Entscheidungsfindung vermittelt den Eindruck, dass Maria Rumland selbst in Entscheidungen wenig einbezogen wird.

Gespräch mit Maria Rumland und ihrer Mutter

Die Skepsis bezüglich der Kursteilnahme ihrer Tochter, die bereits in der ersten telefonischen Kontaktaufnahme spürbar war, zeigt sich auch im anschließenden persönlichen Kontakt. Sie zweifelt daran, dass ihre Tochter von dem Kurs profitieren werde, da sie weder lesen noch schreiben könne und bei allem Hilfe benötige. Sie vergleicht sie mit anderen ihr bekannten Frauen mit Down-Syndrom und zeichnet in diesem Gespräch ein Bild von einem sehr umfassenden, hohen Unterstützungsbedarf ihrer Tochter. Diese sitzt zu jedem Zeitpunkt der Unterhaltung mit am Tisch, die Fokussierung auf ihre Person und ihre Schwächen ist ihr sichtlich sehr unangenehm, verbal äußert sie sich allerdings nicht dazu.

Für die Kursleitung entsteht an dieser Stelle eine sehr heikle Situation, zu der es in ähnlicher Form häufiger in Angehörigengesprächen gekommen ist und die es Fachkräften sehr schwer macht, sich angemessen zu verhalten. Fachlich und menschlich entsteht sofort der Impuls, Maria Rumland gegenüber den Aussagen ihrer Mutter in Schutz zu nehmen und zu stärken. In diesem Moment würde aber eine Erfahrung reaktiviert, die Angehörige (wie in Kapitel 2 beschrieben) in der Vergangenheit häufiger gesammelt haben und die ihren Beitrag zu einer Skepsis in Bezug auf das Hilfesystem geleistet haben. Die Kursleitung ist nach unserer Erfahrung in vergleichbaren Situationen gut beraten, die Äußerungen der Mutter an dieser Stelle unkommentiert zu lassen und zu betonen, dass es keine Bedingungen gibt, die von Teilnehmerinnen und Teilnehmern erfüllt werden müssen. Man muss nicht schreiben oder lesen oder sprechen können, um am Kurs teilzunehmen. Wichtig ist, dass man Lust hat, über sich und sein Leben nachzudenken. Natürlich ist es wichtig, die Teilnehmerin zeitnah in der Wahrnehmung ihrer eigenen Kompetenzen zu stärken. Dies kann im Kurs geschehen, das Thema ‚Stärken' ist dort ohnehin als Einheit vorgesehen. Dies kann aber auch im Anschluss in Einzelgesprächen stattfinden – wie beispielsweise in einem Fall, in dem eine Teilnehmerin im Anschluss an das Angehörigengespräch die pessimistische Einschätzung der eigenen Fähigkeiten durch die Mutter selbst angesprochen und selbstbewusst zurückgewiesen hat.

Auch wenn Frau Rumlands Mutter weiter skeptisch bleibt, führt sie das Gespräch fort – ein Hinweis darauf, dass das zurückhaltende Verhalten der Kursleitung für die Beziehungsgestaltung zuträglich war. In der locker geführten Unterhaltung stellt sich heraus, dass sie und die Kursleiterin gemeinsame Bekannte haben und zudem über ähnliche biografische Erfahrungen verfügen – damit scheint das Eis gebrochen und ein Vertrauensverhältnis so weit hergestellt zu sein, dass Frau Rumlands Mutter die Kursteilnahme ihrer Tochter zusagt.

Aus dem gleichen regionalen Umfeld zu stammen oder sich über ähnliche biografische Erfahrungen austauschen zu können, wirkt sich, so die häufig gemachte Erfahrung, positiv auf eine anfangs zurückhaltende Haltung von Angehörigen in Bezug auf die Kursteilnahme ihrer erwachsenen Kinder bzw. Geschwister aus.

Die Kursteilnahme

Frau Rumland ist im Kurs und auch in der Einzelarbeit sehr häufig schüchtern und unsicher. Insofern bleibt es für die Kursleitung auch nach Abschluss des Kurses schwer einzuschätzen, ob sie gerne teilgenommen hat. Ihre Zurückhaltung und ihre Ängstlichkeit, Fehler zu machen, machen die Arbeit im Kurs für sie wahrscheinlich sehr anstrengend. Dass der Kurs auch noch vergleichsweise lebhaft ist, erschwert die Situation für sie zusätzlich. Bei der Arbeit mit den Bildern, im Lebensbuch, beim Ausschneiden und Aufkleben etc. ist eine stetige Ermutigung notwendig, damit sie sich äußert oder Handlungen selbst ausführt. Das Schneiden wird ihr wegen ihrer Sehbeeinträchtigung und ihrer Sorge vor Schnittverletzungen häufig abgenommen.

Der Körperumriss macht ihr augenscheinlich sehr viel Spaß, sie beschäftigt sich sehr intensiv mit dem Ausmalen und erkennt sich hinterher darin auch selbst wieder. Ihr Schmuck sowie der eingangs genannte Schlüsselanhänger, den sie immer bei sich trägt, sind auf dem Körperumriss gut wiedergegeben.

Den Lebensbaum kann Frau Rumland aufgrund fehlender Fotos in der entsprechenden Einheit nicht vollständig bearbeiten, sodass er zunächst lediglich Bilder von ihrem Freund, ihrer besten Freundin und eines Kollegen enthält. Nach der Vervollständigung in einer 1:1-Situation freut Frau Rumland sich dann allerdings sichtlich über das Ergebnis.

Arbeitsphasen in 1:1-Situationen wie diese erfordern eine längere Zeit der Anbahnung. Fragt man sie zum geplanten und vereinbarten Beginn der Einzelarbeit, ob sie Lust hat, an ihrem Lebensbuch zu arbeiten, zuckt sie für gewöhnlich die Schultern und antwortet nicht. Diese Reaktion deuten die Kursleiterinnen und Kursleiter als „jetzt noch nicht!“ und verabreden mit ihr, dass sie sie zu einem späteren Zeitpunkt noch einmal ansprechen werden. Im Kursverlauf reagiert Frau Rumland anders. Sie steht sofort von selbst auf, ergreift die Hand der oder des Fragenden und holt gemeinsam mit ihr/ihm ihre Tasche aus dem Spind. Jetzt scheint sie sich auf die gemeinsame Zeit zu freuen und erzählt auch mehr. Die Kursleitung leitet aus ihren Erfahrungen ab, dass Frau Rumland oftmals einfach etwas mehr Zeit benötigt, um sich auf eine Störung ihrer Routine einzulassen.

Auffällig ist in Einzelsituationen häufig die große Unruhe von Frau Rumland. Sie stellt in diesen Situationen immer wieder die gleichen Fragen: „Wie spät ist es?“, „Wie lange dauert das noch?“, „Wartet mein Freund gleich auf mich?“.

In der Reflexion der einzelnen Kurseinheiten haben die Kursleiterinnen oftmals den Eindruck, dass Frau Rumland wenig Freude an dem jeweiligen Angebot hat. Lediglich das Anfertigen des Körperumrisses macht ihr erkennbar Spaß.

Frau Rumland meldet sich im Kurs fast gar nicht zu Wort. Mithilfe der Fotos kann sie jedoch motiviert werden, den anderen zu erzählen, wer darauf abgebildet ist. Von selbst erzählt sie das nicht, und im ersten Versuch behauptet sie immer, sie wisse nicht, wer abgebildet sei, kann die Personen dann aber doch richtig benennen.

Nach unserer Einschätzung kann Maria Rumland im Kurs nicht immer gut erreicht werden. Allerdings kann aus ihrem Verhalten weder eindeutig geschlossen werden, dass sie weiterhin teilnehmen möchte, noch kann geschlossen werden, dass sie es nicht möchte. Die zögerliche Benennung abgebildeter Personen auf den Fotos und das Verhalten zu Beginn in der Einzelarbeit können aber als Hinweis darauf interpretiert werden, dass es ihr besser möglich ist, sich zu beteiligen, wenn ihr Zeit gelassen wird und wenn sie eine kontinuierliche Ansprache erlebt.

Auffallend ist, dass sich Frau Rumland außerhalb des Kurses zusammen mit ihrem Freund vollkommen anders präsentiert. Von ihrer Schüchternheit, ihrer Ängstlichkeit und Zurückhaltung ist nichts mehr zu erkennen. In der Anwesenheit ihres Freundes spricht sie mit einer ganz anderen Stimme, viel fester und sicherer. Sie wirkt auch überhaupt nicht mehr schüchtern, sondern vollkommen präsent und sich ihres Platzes bewusst. Die beiden verbringen im Werkstattalltag jede Pause miteinander.

Wie hätte man die Situation für Frau Rumland verbessern können?

Um Frau Rumland im Kurs zu stärken, hätte beispielsweise zeitnah nach dem gemeinsamen Angehörigengespräch ein aufbauendes Gespräch mit ihrer Gruppenleiterin stattfinden können. So hätte ein Gegengewicht zur pessimistischen Einschätzung ihrer Kompetenzen durch ihre Mutter geschaffen werden können, die ihre eigene Unsicherheit im Kurs möglicherweise negativ beeinflusst hat. Eine weitere Möglichkeit wäre gewesen, ihren Freund zum Kursangebot einzuladen, um sie durch seine Anwesenheit zu unterstützen.

Als Folgerung für das Kurskonzept bedeutet das, dass gerade bei unsicheren Personen besser darauf geachtet werden muss, den stärkenden Effekt der ersten und zweiten Einheit weiter in die folgenden Einheiten zu transportieren und diesen Teilnehmern die Gelegenheit geben, möglichst häufig ihre Stärken zu beweisen und zu spiegeln sowie Unterstützungspersonen zu beteiligen.

Schlüsselmomente im Kurs

Ein erster Schlüsselmoment ist die bereits beschriebene Einheit, in der Frau Rumland sich mit ihren Stärken auseinandergesetzt hat. Hier scheint sie sehr zufrieden zu sein und stolz auf das, was sie geschafft hat.

Der Körperumriss hat sich in mehreren Fällen als sehr geeignete Methode für Personen bestätigt, die etwas mehr Zeit für die Auseinandersetzung mit einem Thema benötigen. Die Möglichkeit, sich lange mit dem Ausmalen des eigenen Körpers aufzuhalten, sich dem Thema auf diese Weise im eigenen Tempo und in selbstgewählter Intensität zu nähern, scheint auch für Maria Rumland genau richtig zu sein, um sich mit sich selbst auseinanderzusetzen. Darüber hinaus geht es hier um die Stärkung der Persönlichkeit – für Frau Rumland also auch darum, sich in einem anderen als dem häuslichen Umfeld ihre eigenen Kompetenzen vor Augen zu führen.

Zu einer zweiten bemerkenswerten Situation ist es in der letzten Kurseinheit gekommen. Die Kursleitung hat für Frau Rumland ein Foto von dem Familienbetrieb mitgebracht, das in der

Runde gezeigt wurde. Frau Rumland zeigt keinerlei Anzeichen, ob sie das Bild erkennt, ob sie sich freut oder ob es ihr unangenehm ist, plötzlich so im Mittelpunkt zu stehen. Auf die direkte Frage, was auf dem Foto zu sehen sei, antwortet sie: „Unser Laden“, und macht damit deutlich, wie sehr auch sie sich damit identifiziert. Für eine weitere Kursteilnehmerin, die sich im Ort sehr gut auskennt, ist das Geschäft sofort ein Begriff, allerdings ist ihr neu, dass Frau Rumland zu der Familie gehört und fragt neugierig nach. Frau Rumland tut dieses Interesse offensichtlich gut. Sie lacht, guckt zwar nach unten, genießt aber offensichtlich die Aufmerksamkeit.

Dieses Beispiel zeigt, dass das Zugehörigkeitsgefühl zu einem Familienbetrieb auch bei Menschen, die nie selbst in dem Betrieb gearbeitet haben, nicht zu unterschätzen ist und von großer Bedeutung für das Selbstbild einer Person sein kann.

Abschließende Bemerkungen

Gespräche mit Angehörigen gestalten sich mitunter sehr schwierig, wenn der Unterstützungsbedarf des behinderten Menschen zum zentralen Thema des Gespräches wird und es so schnell zu einem Gespräch *‚über'* die- oder denjenigen kommt, nicht zu einem *mit* dem im Zentrum stehenden Menschen und seinen Bezugspersonen. Für Fachkräfte wird das Gespräch dann schnell zu einer Gratwanderung zwischen dem Respekt für die Wahrnehmung und Darstellung der Angehörigen und dem Bedürfnis, dem behinderten Menschen zu seinem Recht auf Anerkennung und Wertschätzung zu verhelfen.

Für Kursleiterinnen und Kursleiter sind schüchterne oder sehr stille Teilnehmerinnen und Teilnehmer mitunter eine Herausforderung, weil schwer einzuschätzen ist, ob sie gerne am Kurs teilnehmen oder ob sie ihre Teilnahme lieber abbrechen würden. Insbesondere, wenn auch in Situationen der Einzelarbeit keine eindeutige Meinung dazu geäußert wird, wird die Unterstützung bei der biografischen Auseinandersetzung kritisch, da das Risiko besteht, gegen den Willen der Person in dessen Lebensgeschichte ‚zu stochern' und somit möglicherweise negative Gefühle auszulösen.

Am Beispiel von Frau Rumland lassen sich diese Erfahrungen, die im Projekt mehrfach gemacht wurden, stellvertretend nachzeichnen und aufzeigen, wie damit umgegangen wurde.

7.2 Rita Falke

Lebenssituation und Geschichte

Rita Falke lebt mit ihren Eltern in einem Zweifamilienhaus, ihre Schwester lebt in der anderen Wohnung im Haus. Frau Falke hatte insgesamt vier Geschwister, eine Schwester ist bereits verstorben. Ihr Vater hat vor kurzer Zeit seinen neunzigsten Geburtstag gefeiert.

Ihre wichtigste Bezugsperson ist ihre Mutter, laut Aussage des Vaters ist sie „die Allerbeste für Rita". Generell hat sie ein sehr enges Verhältnis zu ihren Eltern und zu ihren Geschwistern – in der Werkstatt scheint sie dagegen keine engen freundschaftlichen Beziehungen zu pflegen.

Frau Falkes Hobbys sind Schwimmen, Kochen und Trimmradfahren, den beiden letztgenannten Aktivitäten geht sie auch zu Hause selbstständig nach und fährt täglich mehr als 20 Kilometer auf einem Trainingsgerät. Das Schwimmen ist als arbeitsbegleitende Maßnahme über die WfbM organisiert. Darüber hinaus fährt Rita Falke mindestens einmal im Jahr mit dem Freizeitwerk in den Urlaub, der einen wichtigen Zeitmarker im Jahr darstellt.

Im Rahmen des Angehörigenbesuchs erzählt Frau Falkes Mutter über Ritas Geburt. Diese habe sich sehr lange hingezogen und die Hebamme habe sehr lange gewartet, bis sie einen Arzt hinzugezogen habe. Sie selbst habe früh gemerkt, dass Rita sich anders entwickelt habe als ihre anderen Kinder, aber die Ärzte hätten es ihr lange nicht geglaubt. Erst als sie auf eigene Initiative einen Spezialisten aufsucht, bestätigt dieser ihr, dass ihre Tochter „hundertprozent geistig behindert" sei und nie eine Regelschule besuchen werde.

Rita Falkes Mutter hat sich sehr dafür eingesetzt, dass ihre Tochter eine bestimmte Sonderschule besuchen konnte, allerdings gab es zu dieser Zeit noch die Regelung, dass an der spezialisierten Schule nur Kinder, die direkt in der Stadt wohnten oder die, die von ihren Eltern gefahren wurden, aufgenommen wurden. Um ihrer Tochter den Besuch der Schule zu ermöglichen, machte Frau Falke den Führerschein und die Familie kaufte ein Auto, damit ihre Tochter die Schule besuchen konnte.

Im Anschluss an den Schulbesuch wurde Rita Falke in die Werkstatt für behinderte Menschen aufgenommen, wo sie vor kurzem auf eigenen Wunsch in einer neuen Gruppe angefangen hat.

Frau Falke hat eine Autismus-Spektrum-Störung. Sie hat eine ausgeprägte Vorliebe für feste Routinen und wird unruhig, wenn diese nicht eingehalten werden und ihr niemand erklärt, warum es zu der Abweichung kommt. In solchen Situationen wird sie schnell autoaggressiv oder mitunter auch aggressiv anderen gegenüber. Hinterher, wenn sie die Situation verstanden hat, entschuldigt sie sich, indem sie der Person, die von ihrer Reaktion betroffen ist, über die Wange streichelt und beruhigende Töne von sich gibt.

Rita Falke spricht sehr wenig, verwendet im Wesentlichen einzelne Wörter, die allerdings nur sehr schwer zu verstehen sind, wenn man sie nicht schon länger kennt. Man muss sich in ihre Art zu sprechen ‚hineinhören'. Daneben lautiert sie viel, daran lässt sich sehr gut ihre jeweilige Stimmungslage erkennen. Frau Falke zeigt aber anderen auch, was sie möchte, indem sie die Menschen an die Hand nimmt und führt.

Kontaktaufnahme

Der erste telefonische Kontakt mit der Familie verläuft unproblematisch. Die Eltern unterstützen die Teilnahme ihrer Tochter am Kurs spontan und verabreden mit der Kursleiterin einen Termin für den Hausbesuch. Dieser soll jedoch nicht sofort stattfinden, da das Ehepaar noch einen besonderen Hochzeitstag vor sich hat, den es in größerer Runde feiern möchte.

Treffen mit Frau Falke und ihren Eltern

Die telefonisch getroffene Verabredung zum Angehörigenbesuch ist bei Familie Falke wegen der Feierlichkeiten zum Hochzeitstag in Vergessenheit geraten, entsprechend überrascht sind sie, als ihre Tochter Rita zusammen mit den Kursleiterinnen mitten am Vormittag vor der Haustür steht. Dennoch freuen sie sich über den Besuch, lassen Garten- und Hausarbeit umstandslos liegen und nehmen sich Zeit für ein gut anderthalbstündiges Gespräch mit den Kursleiterinnen über die Geschichte ihrer Tochter und ihrer Familie.

Rita Falke sitzt zu Beginn noch mit im Wohnzimmer und hört zu, später zieht sie sich in ihr Zimmer zurück und sieht fern, lässt dabei aber ihre Zimmertür offen, als wolle sie den Bezug zu dem, was im Wohnzimmer vor sich geht, nicht verlieren.

Der Umgang der Familienmitglieder untereinander ist während des Besuches von Respekt und Zuneigung geprägt. Frau Falkes Eltern haben große Freude daran, über die Hobbys, Vorlieben und Stärken ihrer Tochter zu berichten und diese mit Beispielen und Fotos zu unterstreichen. Sie beschreiben zudem nochmal eindringlich, wie sie sich verständlich macht: Sie zeigt auf Dinge oder nimmt einen an die Hand und macht damit deutlich, was sie möchte bzw. nicht möchte.

Kursteilnahme

Frau Falke kommt gerne in den Kurs und genießt auch die vorbereitende und begleitende Einzelarbeit. Die Kursleiterin hat des Öfteren Bedenken, was ihre Teilhabe am Kurs betrifft, weil sie sprachlich auf sehr viel Unterstützung angewiesen ist. Sie spricht sehr wenig, obwohl sie einzelne Wörter sprechen kann. Es ist nicht klar, ob es ihr einfach schwer fällt, zu sprechen, oder ob sie keine Lust dazu hat. In den Einzelarbeitsphasen ist diese Situation etwas einfacher. Hier ist mehr Zeit, sich mit ihr mithilfe von Bildern zu unterhalten, die sie zum Sprechen motivieren. Das ist auch für die Kursleitung eine sehr gute Möglichkeit, sich an ihre spezielle Aussprache zu gewöhnen. Mithilfe der Bilder sammeln beide – Kursleitung und Frau Falke – Erfolgserlebnisse des Verstehens und Verstanden-Werdens. Das wertet die Einzelarbeit zusätzlich enorm auf. Trotzdem sind auch die Gruppenphasen von großer Bedeutung: Hier haben die Teilnehmer die Gelegenheit, von anderen zu lernen – sich anregen zu lassen von den Erfahrungen, Aktivitäten und Wünschen anderer Menschen.

In der Zeit kurz vor den Pausen (ca. zehn Minuten vor der Frühstückspause und ca. 30 Minuten vor der Mittagspause) wird Frau Falke sehr unruhig und möchte gerne den Raum verlassen. Es hilft ihr, wenn man ihr mitteilt, was in den nächsten Minuten noch zu tun ist. Wenn man ihr nur schnell sagt: „Rita, bleib noch mal eben hier, wir sind noch nicht fertig", wird sie schnell autoaggressiv.

Besonders viel Freude scheint Rita Falke das Ausschneiden und Einkleben von Bildern zu machen. Entsprechend häufig bekommt sie entsprechende Arbeitsaufträge – noch dazu, weil es den anderen Teilnehmern motorisch wesentlich schwerer fällt, Bilder auszuschneiden und Frau Falke so eine besondere Aufgabe in der Gruppe übernehmen kann.

Wie hätte man die Situation für Frau Falke verbessern können?

Mit den meisten Teilnehmerinnen und Teilnehmern wurde vor Kursbeginn die „Leselupe" (Koch/Euker 2009) bearbeitet – ein Instrument zur Erfassung der erweiterten Lesefähigkeit von geistig behinderten erwachsenen Menschen. Bei Frau Falke wurde wegen ihrer eingeschränkten sprachlichen Fähigkeiten darauf verzichtet, was im Nachhinein sehr ärgerlich ist. Schon hier wäre es möglich gewesen, erste kommunikative Erfahrungen zu machen. Darüber hinaus ist es durchaus denkbar, dass Frau Falke Piktogramme, vielleicht sogar Buchstaben oder Wörter lesen kann und damit eine wichtige Option für die biografische Arbeit verpasst wurde.

Für die weiteren Kurse bedeutet das, mit Personen, die wenig oder gar nicht lautsprachlich kommunizieren, die aber über Bilder und 1:1-Zuwendung gut erreichbar sind, immer auch die Leselupe zu erproben.

Schlüsselmomente im Kurs

Im Anschluss an das vorletzte Gruppentreffen zum Thema ‚Zukunftswünsche' findet eine Einzelarbeit mit Frau Falke statt, um das Thema zu vertiefen. Rita Falke wird gebeten, aus einer großen Anzahl von Piktogrammen diejenigen auszusuchen, die ihr gefallen und die etwas abbilden, das sie gerne einmal machen möchte. Die Auswahl ihrer Bilder ist enorm, es blieben nur wenige Piktogramme übrig, die nicht von ihr gewählt werden.

Um Ordnung in diese Fülle an Bildern zu bringen, wird Frau Falke in einem zweiten Schritt gebeten, die wichtigsten Bilder zuerst zu wählen und diese auf die im Kurs erarbeitete Zeitleiste zu kleben. Hier wählt sie sehr souverän sofort die Bilder ‚Schwimmen', ‚Urlaub' und ‚Kochen' aus, was mit Blick auf ihre Hobbys sehr passend scheint. Erwähnenswert ist, dass Frau Falke aber zusätzlich auch Bilder von Frauen mit kleinen Kindern auswählt. Der damit verbundene Gedanke kann in der Einzelarbeit nicht genauer ergründet werden. Geht es ihr um einen eigenen Kinderwunsch, um den Wunsch, (häufiger) mit Kindern zu spielen (zum Beispiel mit ihren Nichten und Neffen) oder geht es um etwas ganz anderes? Frau Falke gibt damit eine wichtige Information, die – mit Zustimmung von Frau Falke – mit ihren Angehörigen im letzten Treffen angesprochen werden kann, um diesen Impuls, den sie möglicherweise verbal nicht äußern würde, weiterzutragen. Angesichts der großen Offenheit der Familie ist gut möglich, dass es Frau Falke und ihren Eltern gelingen wird, sich gemeinsam mit dem für viele Eltern schwierigen Thema eines etwaigen Kinderwunsches auseinanderzusetzen.

Abschließende Bemerkungen

Biografiearbeit mit Teilnehmerinnen und Teilnehmern, die wenig oder gar nicht sprechen, erfordert Zeit, um Möglichkeiten zu finden, den Menschen bestmöglich ‚eine Stimme zu geben' – sei es, indem man lernt, sich in ihre Art und Weise mitzuteilen, hineinzuhören oder Alternativen zu finden, sich auszudrücken.

Wenn Biografiearbeit in Werkstätten für behinderte Menschen oder in Wohnheimen angeboten wird, liegt oftmals die günstige Situation vor, dass es Mitarbeiterinnen und Mitarbeiter gibt, die die Person gut und teilweise schon seit langer Zeit kennen und beim gegenseitigen Verstehen behilflich sein können. Zudem ist ein enger Kontakt mit den Angehörigen sehr hilfreich.

Wie gut Biografiearbeit verlaufen kann, obwohl jemand nur wenig verbal kommuniziert und die einzelnen Worte auch nur sehr schwer verständlich sind, zeigt die Geschichte von Rita Falke.

7.3 Henriette Weber

Lebenssituation und Geschichte

Henriette Weber wurde Ende der 1960er-Jahre als mittleres von fünf Kindern geboren. Ihre Eltern hatten bis zu ihrem Tod einen Hof, auf dem Frau Weber auch heute noch mit ihrem älteren Bruder Werner lebt. Nachdem Henriette und Werner Weber nach dem Tod der Eltern mehrere Jahre zu zweit auf dem Hof gewohnt haben, lebt seit einiger Zeit auch Werners Frau mit ihrer Tochter aus einer früheren Beziehung dort. Neben Henriette und Werner gehören noch drei weitere Kinder zur Familie, von denen zwei jedoch mittlerweile verstorben sind, zum dritten besteht kein Kontakt mehr. Das familiäre Klima, in dem Frau Weber aufgewachsen ist, ist sehr von der Dominanz ihres Vaters geprägt, von seiner Strenge und emotionalen Distanz. Die wichtigste Bezugsperson in ihrem Leben ist in dieser Zeit ihre Mutter. Auch wenn sie in Gesprächen nur wenig über sie erzählt, zeugen die Aussagen von einer positiven Bindung. „…die hat was mit mir unternommen“, so charakterisiert sie das Verhältnis zu ihrer Mutter. Auch zu ihrem verstorbenen Bruder hatte sie eher eine gute Beziehung, „der war nicht so streitsüchtig“ und „den mochte ich irgendwie“. Ihren Vater hat sie nicht in guter Erinnerung, „den vermiss ich eigentlich nicht“, er hat beispielsweise nie an die Geburtstage seiner Frau und seiner Kinder gedacht. Das Verhältnis zu ihrem Bruder, ihrer Schwägerin und deren Kind beschreibt sie nicht näher. Sie sagt lediglich, es sei ihr manchmal zu laut, dann zieht sie sich in ihr Zimmer zurück.

Frau Weber hat eine progredient verlaufende Erkrankung, die ihre Motorik zunehmend beeinträchtigt. Sie nutzt einen Elektro-Rollstuhl, ihre feinmotorischen Fähigkeiten nehmen ab, zunehmend fällt ihr mittlerweile auch das Sprechen schwerer.

Auf dem Hofgelände kann sich Frau Weber mit ihrem Elektro-Rollstuhl nur innerhalb des gepflasterten Bereichs selbstständig bewegen, zudem liegt der Hof nicht innerhalb einer Ortschaft, sondern in der Kurve einer Landstraße, an der es keinen Bürgersteig oder Radweg gibt. Der Weg bis zum nächsten Ort ist weit und kurvig und für sie nicht selbstständig zu bewältigen, sodass sie sehr isoliert und in Bezug auf ihre Mobilität in hochgradiger Abhängigkeit von anderen Menschen lebt. Das Wohnhaus ist nicht barrierefrei, allerdings kann Frau Weber das Erdgeschoss über einen ebenerdigen Seiteneingang ohne Stufen erreichen. Die oberen Etagen im Haus sind für sie aufgrund fehlender Hilfsmittel mittlerweile nicht mehr erreichbar. Diese Räume werden von ihrem Bruder und seiner Familie bewohnt.

Die Werkstatt ist für Frau Weber ein zweiter wichtiger Lebensbereich. Hier zählt sie die Physiotherapeutin, mit der sie wöchentlich ihre Motorik trainiert, zu ihren wichtigsten Bezugspersonen. Daneben nennt sie zwei Arbeitskolleginnen als wichtige Menschen, „die sind nett zu mir und bringen mir immer Arbeit mit, wenn ich neue brauche." Zurzeit arbeitet Frau Weber in einer Verpackungsgruppe in der Werkstatt und es fällt ihr wegen ihrer körperlichen Beeinträchtigungen schwer, selbstständig neues Arbeitsmaterial zu holen, wenn sie das bereitgelegte Material bearbeitet hat. Außerdem zählt sie eine ehemalige Gruppenleitung, zu der sie schon über mehrere Jahrzehnte Kontakt hält, zu den für sie wichtigen Menschen.

Henriette Weber hat die Grundschulzeit in einer Regelschule verbracht und wurde an die (damals noch sogenannte) ‚Sonderschule für Lernbehinderte' umgeschult, als ihre progrediente Erkrankung ihre Bewegungsfähigkeit zu beeinträchtigen beginnt. Erst im letzten Schuljahr erfährt Frau Webers Familie von der nahe gelegenen Körperbehindertenschule, die Frau Webers Bedürfnissen wesentlich besser gerecht geworden wäre. Henriette Weber hat keine Lernbehinderung, sondern braucht vor allem Zeit und Unterstützung in körperlichen Belangen. Sie liest und rechnet selbstständig, bei motorischen Tätigkeiten braucht sie jedoch eine Person, die die Arbeitsschritte für sie ausführt. Hilfsmittel, wie beispielsweise spezielle Schreibmaschinen oder PCs, nutzt sie nicht. Die Tätigkeit in der Verpackungsgruppe, die sehr geringe intellektuelle Anforderungen stellt, ist daher nicht als angemessener Arbeitsplatz anzusehen, sondern scheint eher eine Notlösung zu sein.

Frau Weber nennt auf Nachfrage keine besonderen Hobbys, erklärt jedoch, dass sie gerne ab und an ‚shoppen' gehen würde – das jedoch sei nicht möglich, weil es niemanden gebe, der sie begleiten könne.

Frau Weber stellt hohe Ansprüche an sich und lässt wenig Mitgefühl für sich selbst und ihre Situation zu – weder von anderen noch von sich selbst. Wenn ihr eine Tätigkeit nur schwer oder gar nicht von der Hand geht, wird sie schnell wütend auf sich. Bietet man ihr Unterstützung an, kann es passieren, dass man von Henriette Weber schroff zurückgewiesen wird. Dies hat dazu geführt, dass viele Kolleginnen und Kollegen, aber auch Fachkräfte ihr aus dem Weg gehen. Ihre wenigen Bezugspersonen kennen diese abweisenden Reaktionen von ihr, halten diese aus und bleiben ihr weiterhin zugewandt.

Angehörigenkontakte

Frau Weber benötigt keine Unterstützung bei der Rekonstruktion ihrer Biografie, da sie alle wichtigen Ereignisse und Daten selbst nennen und einordnen kann. Ein Angehörigenbesuch, wie er normalerweise angebahnt wird, um Informationen über die Lebensgeschichte der Teilnehmerin/des Teilnehmers zu sammeln, ist also eigentlich überflüssig. Überraschenderweise organisiert sie trotzdem selbstständig einen Besuch bei sich zu Hause, bei dem ihre Schwägerin mit Kind, später auch ihr Bruder Werner anwesend sind. Das Interesse an den Inhalten und dem Vorgehen innerhalb des Kurses scheint auf Seiten von Frau Webers Familie jedoch nicht sehr groß, nachdem die Kursleiterinnen sich und die Kursinhalte vorgestellt haben, gibt es immer wieder längere Situationen, in denen Schweigen herrscht. Die Schwägerin überrascht sie dann jedoch mit einzelnen Fotos von Frau Webers Familienmitgliedern, die sie in Eigenregie ausgesucht hat. Henriette Weber ist einerseits perplex, da ihre Schwägerin die Bilder ohne sie ausgewählt hat, andererseits aber auch sehr erfreut, insbesondere Bilder von ihrer Mutter zu sehen, von deren Existenz sie gar nicht mehr wusste. Die Situation ist hochemotional, da Frau Weber bis zu diesem Zeitpunkt befürchtet hatte, es gäbe keine Fotos mehr von ihrer Mutter. Mit einem Schlag hält sie nun gleich mehrere Bilder von ihr in der Hand, auf denen sie gemeinsam mit ihrer Mutter zu sehen ist.

Mit welchem Fokus die Schwägerin die Bilder ausgewählt hat, ist unklar, auch ihr Ehemann scheint daran nicht beteiligt gewesen zu sein, da er die Bilder ebenso wie seine Schwester interessiert betrachtet und offensichtlich erstmalig seit langer Zeit wieder zu Gesicht bekommen hat. Frau Webers Schwägerin selbst kann die abgebildeten Familienmitglieder nicht mehr gekannt haben, da sie allesamt bereits länger verstorben waren, als sie zur Familie stieß.

Auffallend ist, dass die Fotos, die ja gerade für Frau Weber gedacht waren, nicht zuerst ihr in die Hand gegeben werden, sondern den zwei Kursmoderatorinnen. Diese geben – so ergibt es sich durch die Sitzordnung – die Bilder dann an Werner Weber weiter, der sie dann vor seiner Schwester auf dem Tisch ablegt. Sie muss sich die Bilder dann selbst vom Stapel nehmen, was ihr aufgrund ihrer beeinträchtigten Motorik sichtlich Mühe macht. Alle Beteiligten wirken betreten, aber es traut sich niemand aus der Runde, ihr in dieser Situation zu nahe zu treten, ihre Bedürftigkeit zu thematisieren und Hilfe anzubieten.

Kursteilnahme

Henriette Weber kann dem Kurs kognitiv problemlos folgen. Piktogramme sind für sie nicht notwendig, da sie fließend lesen kann. Dass sie in den Pausen und in bestimmten Arbeitsphasen für die Dinge, die sie selbstständig tun kann, mehr Zeit benötigt, ist unproblematisch, da sie genau weiß, wie sie Körperumriss, Lebensbaum und Zeitleiste füllen möchte und so die Einzelarbeitsphasen sehr effizient für das Vervollständigen genutzt werden können.

Frau Weber benötigt vor allem emotionale Unterstützung bei der Auseinandersetzung mit der eigenen Biografie, um sich den zum Teil sehr schwierigen Erinnerungen und auch den Zukunftsperspektiven, die das Fortschreiten ihrer Erkrankung umfassen, zu stellen. Diese emotionale Unterstützung ist im Kurs kaum zu leisten, zudem will Frau Weber diese Dinge nicht in der großen Gruppe besprechen. Die Stunden am Nachmittag, in denen in einer Einzelsituation Themen nachgearbeitet werden, sind sehr hilfreich, um sich ihren damit verbundenen Erinnerungen in einem geschützten Rahmen zu nähern.

Wie hätte man die Situation für Frau Weber verbessern können?

Um Henriette Weber in ihrer Lebenssituation besser unterstützen zu können, wurden – wie bereits beschrieben – Einzeltermine mit ihr vereinbart. Blickt eine Teilnehmerin/ein Teilnehmer auf eine bewegte, durch Krisen unterschiedlichster Art geprägte Vergangenheit zurück oder empfindet ihre/seine derzeitige Lebenssituation als belastend, so kann es immer wieder notwendig sein, Einzeltermine einzurichten, in denen die Teilnehmerin oder der Teilnehmer Raum haben, ohne viele Zuhörerinnen und Zuhörer über belastende Erinnerungen oder Ängste bezogen auf die Zukunft zu sprechen. Kursleiterinnen und Kursleiter können jedoch lediglich anbieten, die Teilnehmerin/den Teilnehmer im Rahmen von Einzelterminen bei schwierigen Themen zu unterstützen – die Entscheidung, ob und in welchem Umfang eine Teilnehmerin/ein Teilnehmer dieses Angebot wahrnehmen möchte, liegt jedoch – dem Grundsatz der Freiwilligkeit von Biografiearbeit folgend – einzig und allein bei ihr/ihm.

Darüber hinaus wäre es möglicherweise sinnvoll gewesen, ihr auch nach Ende des Kurses ein exklusives Gesprächsangebot zu machen und dieses fest zu terminieren, sodass Frau Weber sich nicht für jeden gewünschten Gesprächstermin überwinden muss. Vermutlich hätte sie ihre Bedürfnisse bei dem bloßen Angebot „Melde dich, wenn du etwas brauchst" ohnehin den akuten Bedarfen ihrer Kolleginnen und Kollegen untergeordnet. Um Frau Webers Bereitschaft, sich auf die Auseinandersetzung mit ihrer eigenen Geschichte und ihren Bedürfnissen einzulassen, nicht zu überfordern, wäre es außerdem vermutlich ratsam gewesen, ihr ein fest verankertes Gesprächsangebot eher gegen Ende des Bildungskurses zu machen, wenn das Vertrauensverhältnis zwischen ihr und einer der Kursleitenden wachsen konnte. Allerdings zeigt die weitere Entwicklung, dass Frau Weber auch selbst in der Lage ist, Unterstützung für die Realisierung ihrer Wünsche zu finden.

Schlüsselmomente im Kurs

Frau Weber wurde in der Vergangenheit mit mehreren Todesfällen in ihrem engsten Familienkreis konfrontiert. Während sie die Zeitleiste bearbeitet, lässt sie zunächst alle Todesdaten aus. Die Co-Moderatorin des Kurses, zu der sie einen guten Kontakt pflegt und die mit ihr an der Zeitleiste arbeitet, nähert sich mit ihr sensibel der Frage, ob das Todesdatum ihrer Mutter, die sie als ‚wichtigste Person' in ihrem Leben erarbeitet hat, auf die Zeitleiste solle, immerhin sei das sicherlich für sie ein sehr einschneidendes Erlebnis. Frau Weber überlegt und entscheidet sich dann, das entsprechende Piktogramm und das Bild ihrer Mutter aufzukleben. Danach führt die Co-Moderatorin das Gespräch weiter in Richtung ihres verstorbenen Bruders. Henriette Weber antwortet laut und empört: „Ein Toter auf dem Blatt reicht ja wohl aus, oder?!" Nach einem längeren Gespräch während der Einzelarbeit klebt sie das Bild von ihrem Bruder allerdings an die entsprechende Stelle auf ihrer Zeitleiste – den Tod ihres Vaters und den ihrer Schwester lässt sie jedoch weiterhin aus.

In Bezug auf Zukunftswünsche werden zwei Schlüsselsituationen dargestellt, die zeigen, wie sich Frau Weber dieses für sie sehr schwierige Thema erfolgreich erarbeitet:

Das Thema ‚Zukunft' ist thematisch bereits Teil des ersten Treffens mit Frau Weber, bei dem sie gebeten wird, das Arbeitsblatt *‚Seite über mich'* auszufüllen. Auf die Frage nach ihren Wünschen für die Zukunft formuliert Frau Weber: „Dass das alles besser wird mit mir und meiner Behinderung", schränkt diesen Wunsch im nächsten Satz aber insofern wieder ein, als sie sagt, sie wisse ja, dass das unrealistisch sei. Die Auseinandersetzung mit der fortschreitenden Erkrankung ist für sie ein zentrales Thema, das sie in ihren Zukunftsperspektiven beeinträchtigt und für das sie die Bewältigungsstrategie zu nutzen scheint, nicht darüber zu sprechen und sich und anderen (Selbst-)Mitleid zu untersagen.

In der vorletzten Einheit werden die Teilnehmerinnen und Teilnehmer angeregt, über ihre Träume und Wünsche nachzudenken und diese auf ihrer Zeitleiste einzutragen. Frau Weber wird in dieser Einheit zusammen mit einer anderen Teilnehmerin intensiv unterstützt und formuliert unter anderem den Wunsch, eine Kreuzfahrt zu machen und die Kurzzeitpflege auszuprobieren. Die Überlegung, eine Kreuzfahrt zu unternehmen, zeigt, dass sie sich mit ihren sehr außergewöhnlichen, mutigen Urlaubserfahrungen, die sie bereits gesammelt hat, auseinandergesetzt hat und daran anknüpfen möchte. Das zeigt, dass es also auch positive, stärkende Erfahrungen in ihrem Leben gibt und dass sie wieder den Lebensmut entwickelt hat, diesem Hobby nachzugehen. Den Wunsch nach einem Besuch der Kurzzeitpflege realisiert sie nach Abschluss des Kurses in zwei aufeinander folgenden Jahren auf eigene Initiative und stärkt damit ihre Erfahrung von Selbstwirksamkeit.

Das zweite Beispiel hängt mit ihrem Geburtstag zusammen, den sie innerhalb der Kurszeit feiert. Im Kurs darauf angesprochen, behauptet sie zunächst in abgeklärtem, fast überheblichem Ton, ihr liege nicht viel daran. Als das Thema am Nachmittag noch einmal in Einzelarbeit bearbeitet wird und die Seiten zum Thema ‚Geburtstag' gefüllt werden sollen, entwickelt sie langsam den Gedanken, dass sie durchaus gerne einmal ihren Geburtstag feiern würde, aber gar nicht richtig wisse, wie und was ihr gefallen würde. Die Kursleitung schlägt ihr vor, einen Teil der nächsten Einheit dazu zu nutzen, gemeinsam mit den Kursteilnehmerinnen und Kursteilnehmern zu überlegen, wie man gut Geburtstag feiern könne. Die Punkte, die ihr am besten gefallen, kann sie dann als Plan für ihren nächsten Geburtstag in ihr Lebensbuch übernehmen. Diesem Vorschlag stimmt Frau Weber zu und eine Woche später hat sie für sich entschieden, mit wem sie und wie ihren nächsten Geburtstag feiern möchte. Auch dies ist ein Hinweis dafür, dass sie es in dem Kurs schafft, sich positiv dem Thema ‚Zukunft' zu nähern.

Abschließende Bemerkungen

In der Biografie von Henriette Weber verstärken sich die Folgen einer progredienten Erkrankung, mangelnder Fachlichkeit verschiedener Fachkräfte und einer familiären Herkunft, die wenig Möglichkeiten der emotionalen und intellektuellen Unterstützung bei der Bewältigung dieser Situation bietet. Die falsch gewählte, körperlich und intellektuell unzureichend unterstützende Sonderschule, die unterfordernde Verpackungsgruppe, der mangelnde Zugang zu Hilfsmitteln und zu finanziellen Hilfen zur barrierefreien Umgestaltung der Wohnsituation zeugen von einem Versäumnis von Fachkräften, das diese Familie nicht erkennen, geschweige denn kompensieren kann. Dass grundsätzlich Interesse an ihrer Person vorhanden ist, zeigen die Bereitschaft zum Familiengespräch und das Heraussuchen der Fotos durch die Schwägerin – die Form, in der beides geschieht, zeigt, dass diese Familie wenig geübt darin ist, miteinander zu sprechen.

Hinzu kommen – neben der progredienten Erkrankung – weitere Schicksalsschläge wie der relativ frühe Tod beider Eltern und der sehr frühe Tod mehrerer Geschwister sowie eine Lebens- und Wohnsituation, die auf beengte finanzielle Mittel hindeutet.

Nicht selten treffen wir in der biografischen Arbeit auf Menschen, die in ihrem Leben mehr Schwierigkeiten erlebt haben, als sie verkraften konnten. Fachkräfte nehmen in dieser Situation oft Abstand von der biografischen Arbeit, weil sie sich die Begleitung nicht zutrauen. Mitunter wird auch auf die Notwendigkeit einer psychotherapeutischen Begleitung verwiesen – problematisch wird es an dieser Stelle oftmals, da es bisher noch zu wenige Therapeuten gibt, die über einer entsprechende Zusatzqualifikation verfügen, sich die therapeutische Arbeit mit kognitiv beeinträchtigten Menschen zutrauen oder sie überhaupt als sinnvoll ansehen.

Die Arbeit mit Henriette Weber zeigt, dass es durchaus möglich ist, sich auch schwierigen Erinnerungen biografisch anzunähern, wenn dabei eine gute Beziehung zwischen Teilnehmerin bzw. Teilnehmer und der Kursleitung gegeben ist und einer der entscheidenden Grundsätze der Biografiearbeit, die von Seiten der oder des Teilnehmenden gesetzten Grenzen zu respektieren, gewahrt wird.

7.4 Mareike Hiltrup

Lebenssituation und Geschichte

Mareike Hiltrup lebt alleine in ihrem Elternhaus in einer Kleinstadt. Ihr Bruder wohnt zusammen mit seiner Ehefrau im gleichen Ort. Einmal wöchentlich fahren sie für Frau Hiltrup in den Supermarkt und bringen ihr den Einkauf nach Hause. Außerdem haben sie für sie eine wöchentliche Haushaltshilfe und einen Gärtner engagiert, der sich regelmäßig um den großen Garten kümmert. Eine Tante wohnt ebenfalls in der Nähe und besucht Frau Hiltrup einmal in der Woche. Mareike Hiltrups Mutter ist schon seit längerer Zeit verstorben, ihr Vater starb vor sechs Jahren. Das Haus befindet sich unverändert in dem Zustand, in dem es war, als ihre Eltern noch beide lebten. Das große Elternschlafzimmer ist noch komplett eingerichtet, inklusive Kleiderschrank. Sie bewohnt weiterhin ihr sehr kleines Jugendzimmer, das auch noch entsprechend möbliert ist.

Frau Hiltrup kommt augenscheinlich sehr gut alleine im Alltag zurecht, penibel hält sie das Haus ordentlich, auch dadurch, dass sie nur sehr ausgewählte Plätze im Haus einnimmt. An den Wochenenden und in den Betriebsferien der Werkstatt ist für sie ‚Essen auf Rädern' bestellt, unter der Woche isst sie in der Werkstatt eine warme Mittagsmahlzeit. Sie geht gerne zur Arbeit, ist immer überpünktlich am Bus und nimmt außerhalb der Betriebsferien keinen weiteren Urlaub, da es ihr alleine zu Hause schnell langweilig wird.

In der WfbM unterhält sie viele Kontakte und pflegt zu mindestens einem Arbeitskollegen eine sehr gute freundschaftliche Beziehung, die beide jedoch in der Freizeit nicht fortsetzen können, da die Wohnorte zu weit auseinander liegen und nicht gut durch den öffentlichen Personennahverkehr erreicht werden. Daneben ist Mareike Hiltrup mit einem anderen Arbeitskollegen in einer ‚On-Off'-Liebesbeziehung verbunden.

Frau Hiltrups Hobbys bieten alle die Möglichkeit, dass sie ihnen zu Hause nachkommen kann. Sie malt gerne, liest viel, sie puzzelt regelmäßig und bastelt. Sie ist außerdem sehr tierlieb und freut sich auf die Besuche ihrer Tante, die dann ihren Hund mitbringt.

Mareike Hiltrup hat in der Vergangenheit zunächst die örtliche Grundschule besucht und später dann an die Sonderschule für Lernbehinderte gewechselt. Sie ist erst vergleichsweise spät, im Alter von 40 Jahren, in die Werkstatt gekommen, vorher hat sie in einer etwas weiter entfernten Stadt in Norddeutschland im hauswirtschaftlichen Bereich einer kirchlichen Einrichtung, in der sie zu dieser Zeit auch lebte, gearbeitet. Die Wochenenden verbrachte sie in dieser Zeit meist zu Hause.

Im Kursverlauf wird zunehmend deutlich, dass Mareike Hiltrup mit ihrer Lebenssituation sehr unglücklich ist. Sie hat häufig Angst alleine und traut sich bei Dunkelheit nicht mehr aus dem Haus, was gerade in den Wintermonaten dazu führt, dass sie viel Zeit alleine und zu Hause verbringt. Sozialkontakte nimmt sie außerhalb der Werkstatt nicht wahr.

Angehörigenkontakte

Mareike Hiltrup ist sich in Bezug auf viele Ereignisse und Daten aus ihrem Leben unsicher, weshalb es sinnvoll erscheint, ein Treffen mit ihrem Bruder anzuberaumen. Dies will sie allerdings anfangs überhaupt nicht – aus Sorge, ihrem Bruder und ihrer Schwägerin zur Last zu fallen.

Im Verlauf des Kurses ist es für sie aber immer wieder sichtlich frustrierend, nicht umfassend aus ihrem Leben berichten zu können, bzw. nur ungefähre Angaben machen zu können, etwa auf ihrer Zeitleiste. So entscheidet sie sich am Ende doch dazu, die Kursleitung damit zu beauftragen, Kontakt zu ihrem Bruder aufzunehmen und einen Termin für ein Treffen zu vereinbaren. Zu einem solchen Treffen kommt es jedoch nie. Im ersten Telefonat verweist er auf seine Berufstätigkeit und seine zahlreichen Hobbys, denen er nach seiner Arbeit nachgehe. Zudem sei bald Weihnachten und Neujahr und er mit seiner Frau im Urlaub. Er gibt der Fachkraft detailliert einen Tag im Januar und eine Uhrzeit an, zu der sie sich wieder bei ihm melden soll, um erneut über einen möglichen Termin für ein Treffen zu sprechen, ist aber zu diesem Zeitpunkt nicht erreichbar und reagiert auch nicht auf die zahlreichen Nachrichten, die auf dem Anrufbeantworter hinterlassen werden. Auch zu der Abschlussveranstaltung, zu der Frau Hiltrup seine Frau und ihn einlädt, erscheinen beide nicht, ohne ihr gegenüber vorher überhaupt jemals Rückmeldung gegeben zu haben. Auch auf das von Seiten der Kursleiterin mithilfe des Anrufbeantworters überbrachte Angebot, einen anderen Termin zu finden, um ihrer Familie ihre Arbeitsergebnisse, die wesentliche Änderungswünsche in Bezug auf Mareike Hiltrups Wohnsituation umfassen, zu präsentieren, wird nicht reagiert.

Für Frau Hiltrup bestätigt sich hier erneut eine Erfahrung, die sie im Kontakt mit ihrem Bruder schon über Jahre gesammelt hat – dass sie ihm zur Last fällt und er die Unterstützung und den Kontakt gerne auf ein Minimum reduzieren möchte. Dies wird schon seit Beginn des Kurses von den Kursleiterinnen so erlebt (und wurde auch von Frau Hiltrups Gruppenleitung bestätigt), etwa wenn Frau Hiltrup dazu angeregt wird, bestimmte Daten kurz telefonisch mit ihrem Bruder zu klären. „Dann muss ich immer auf den Anrufbeantworter sprechen“, war ihre Antwort und Begründung dafür, warum sie das nicht wolle.

Für die involvierten Fachkräfte, die Kursleiterinnen und die Gruppenleitung von Frau Hiltrup ist dies eine sehr frustrierende Erfahrung. Schon seit Längerem wird von Seiten des Gruppenleiters vermutet, dass sich die Wohnsituation negativ auf Frau Hiltrups Selbstbewusstsein, ihre Lebensfreude und damit auch auf ihre Entwicklungschancen auswirkt. Da der Bruder jeglichen Kontakt abblockt und zu vermuten ist, dass sich ein hartnäckigeres Vorgehen im Endeffekt negativ für Frau Hiltrup auswirken könnte, beispielsweise durch Herausnahme aus der WfbM, wurde an dieser Stelle gemeinsam entschieden, die Sache bis auf Weiteres auf sich beruhen zu lassen und im Rahmen der Werkstatt nach Möglichkeiten zu suchen, Frau Hiltrup mehr Teilhabechancen aufzuzeigen und damit, soweit möglich, die Einschränkungen im häuslichen Bereich zu kompensieren bzw. sie im besten Fall dazu zu ermutigen, ihren Erfahrungsraum dort auch zu erweitern, beispielsweise durch die Teilnahme an Freizeitgruppen.

Kursteilnahme

Frau Hiltrup hat sehr gerne am Kurs teilgenommen. Sie fühlt sich in der Gruppe sehr wohl – zum einen, weil die Atmosphäre in diesem Kurs außergewöhnlich fröhlich, aber stets auch von der notwendigen Sensibilität geprägt ist, die notwendig ist, um sich diesen sehr persönlichen und zum Teil auch sehr bewegenden Themen zu nähern. Zum anderen nimmt auch eine gute Freundin von ihr an dem Kurs teil, sodass Frau Hiltrup hier auch die Gelegenheit hat, diese Freundschaft abseits der Pausenzeiten zu pflegen und zu vertiefen. Die anfallenden Bastelarbeiten bewältigt sie sehr gut und sie kann nebenbei auch anderen helfen.

Der Aufforderung, Fotos aus dem eigenen Leben mitzubringen, kommt sie mit großem Einsatz nach. Sie bringt zwei große Tragetaschen mit Fotoalben mit zur Arbeit, die dann in Einzelarbeit gesichtet werden, um passende Fotos auszuwählen. Die Menge an Fotos, für die sie sich entscheidet, überfordert sie allerdings merklich, sodass ein weiterer Einzeltermin notwendig ist, um diese Fotos schnell ‚zu verarbeiten', also an entsprechende Stellen im Lebensbuch zu kleben und den Methoden zuzuordnen. Diese Erfahrung wird häufiger in der Kursarbeit gemacht. Eine Vielzahl persönlicher Fotos ist für die Erarbeitung der Themen von unermesslichem Vorteil, allerdings erfordern sie in der Regel von der Kursleitung, schon früh diese Bilder gemeinsam mit dem Teilnehmer oder der Teilnehmerin zu sortieren und soweit möglich auch schon einzukleben. Andernfalls entsteht bei den Teilnehmenden schnell das Gefühl, nicht voran zu kommen, nichts zu schaffen, und möglicherweise auch die Befürchtung, nach Kursende mit der Menge an Material und einem unfertigen Ergebnis allein gelassen zu werden. Außerdem besteht die Gefahr, dass die Bilder bis zum nächsten Treffen einfach ‚weg' sind, wenn sie wieder mit nach Hause genommen werden. Auch dies ist mehr als einmal passiert und ist sehr ärgerlich, auch wenn es sich dabei ‚nur' um die Kopien handelte. Wenn die Bilder erst im Lebensbuch verankert sind, können sie selbstständig angeschaut und gezeigt werden, ohne dass sie unsortiert ‚herumfliegen'. Zusätzlich sorgt die Beschriftung für die erforderliche Ordnung und Nachvollziehbarkeit. Diese bestätigt sich für diejenigen Teilnehmerinnen und Teilnehmer, die nicht lesen können, wenn ein Dritter, denen sie das Buch zeigen, vorliest, was es mit den Bildern auf sich hat. Auch Mareike Hiltrup wird spürbar gelassener, als ihre Bilder ausgewählt und eingeklebt sind und sie ihre Alben alle wieder mit nach Hause nehmen kann.

Die selbstständige Auseinandersetzung mit dem Lebensbuch fällt Frau Hiltrup deutlich leichter als vielen anderen Teilnehmern im Projekt, da sie fließend lesen und sich so selbstständig den Themen nähern kann. Beim Schreiben allerdings braucht sie erhebliche Unterstützung. Sie kann zwar sehr gut (sowohl gut lesbar als auch mit Blick auf Rechtschreibung) schreiben, ist aber sehr unsicher und hat Angst, Fehler zu machen. So kommt es beim Schreiben regelmäßig zu regelrechten Blockaden, bei denen sie ganz vergessen hat, was sie eigentlich schreiben wollte. Diese Situationen lassen sie so verzweifeln, dass sie häufig anfängt zu weinen. Bei allen Schreibarbeiten, sowohl im Buch als auch im Rahmen der Bearbeitung der Methoden, ist für sie eine unerwartet enge Unterstützung emotionaler Art notwendig, die vermuten lässt, dass eine Vielzahl schulischer und möglicherweise auch häuslicher Frustrationserfahrungen vorliegt.

Frau Hiltrups Arbeitsergebnisse legen nahe, dass sie sich sehr mutig und ehrlich mit ihrer Lebenssituation auseinandergesetzt hat. Sie ist unglücklich damit, alleine zu wohnen, möchte gerne ein Haustier haben und perspektivisch auch nicht mehr alleine wohnen. Diese Wünsche hat sie gut sichtbar in Bild und Schrift auf ihrer Zeitleiste festgehalten.

Wie hätte man die Situation für Frau Hiltrup verbessern können?

Wie im Kursverlauf deutlich wird, hat Mareike Hiltrup offenbar bereits mehrfach Enttäuschungen hinsichtlich ihrer Beziehung mit ihrem Bruder und ihrer Schwägerin erlebt. Entsprechend schwierig wird es für sie gewesen sein, nicht auf die Unterstützung ihres Bruders bei der Rekonstruktion ihrer Lebensgeschichte bauen zu können – sowohl in Bezug auf konkrete Daten und Orte, aber auch in Bezug auf Erinnerungen an die gemeinsame Kindheit, an die Eltern etc. Um Frau Hiltrup, die sehr an der ‚Richtigkeit' ihrer Angaben interessiert ist, diesen Druck zu nehmen, wäre es rückblickend eine Option gewesen, Kontakt zu ihrer Tante aufzunehmen. Diese hätte möglicherweise nicht so genau Auskunft geben können, hätte aber Frau Hiltrups Gefühl verstärken können, sich intensiv mit der eigenen Geschichte auseinandergesetzt zu haben. Zudem hätte sie in ihr möglicherweise eine liebevolle, zugewandte Bezugsperson mit familiärem Bezug gehabt, was deutlich über die Zuwendung hinausgeht, die von den Kursleiterinnen erbracht werden konnte.

Schlüsselmomente im Kurs

Einige wesentliche Schlüsselmomente sind bereits unter den Punkten ‚Angehörigenkontakte' und ‚Kursteilnahme' beschrieben. An dieser Stelle soll daher nur eine Situation beschrieben werden, die zeigt, dass Werkstätten für Menschen wie Mareike Hiltrup auch eine wichtige Ressource über die Beschäftigung hinaus darstellen.

Zur Präsentation der Arbeitsergebnisse des Kurses möchte Mareike Hiltrup ihrem Bruder gerne zeigen, was sie im Kurs erarbeitet hat. Ihr scheint bewusst, dass dies angesichts des Verhaltens ihres Bruders ein schwieriges Unterfangen sein könnte, und sie möchte diesen Wunsch mit Unterstützung durch die Kursleitung vor ihrem Bruder äußern. Da Frau Hiltrups Bruder und ihre Schwägerin beide berufstätig und kaum erreichbar sind, wird ihnen mithilfe des Anrufbeantworters das Angebot gemacht, einen Termin außerhalb der Werkstatt und außerhalb der Werkstattzeiten zu suchen, um gemeinsam auf ihre Arbeit zu schauen. Auf dieses Angebot reagieren sie nicht, sodass dieser von Frau Hiltrup erarbeitete wesentliche Wunsch nicht umgesetzt werden kann.

An dieser Stelle ist allerdings die sehr gute Unterstützung durch Frau Hiltrups Gruppenleiter bzw. die Gruppenzweitkraft zu betonen: Diese unterstützen sie im gesamten Kursverlauf eng und interessieren sich für ihre Arbeiten. Als klar wird, dass ihre Familie nicht zur Abschlussveranstaltung kommen wird, melden sich beide an und lassen die Arbeitsgruppe währenddessen von einem anderen Kollegen begleiten, um so gut wie möglich das Fernbleiben von Frau Hiltrups Familie zu kompensieren.

Abschließende Bemerkungen

Biografiearbeit kann für die Kursleiterinnen und Kursleiter sehr frustrierend sein, wenn ein Teilnehmer oder eine Teilnehmerin bei der Verwirklichung der erarbeiteten Zukunftswünsche so wenig oder nicht unterstützt wird und immer wieder die Erfahrung macht, dass sich die engste Verwandtschaft weder für die die eigene Arbeit im Kurs noch für sie als Mensch interessiert. Die Geschichte von Mareike Hiltrup illustriert zum einen, wie sehr erfolgreiche biografische Bildungsarbeit behindert wird, wenn Angehörige ihre Unterstützung entziehen. Sie illustriert allerdings auch, dass gerade dann Bildungsarbeit ein Schlüssel zu mehr Teilhabe außerhalb der Familie sein kann, der dringend benötigt wird.

Bei aller Frustration gilt auch hier, was im zweiten Kapitel beschrieben wurde: Angehörige handeln nicht ohne Grund so, wie sie handeln, auch wenn der Grund nicht zu erkennen ist und nicht kommuniziert wird. Wir wissen nicht, wie die Familiendynamik entstanden ist, deren Auswirkungen Frau Hiltrup zu erleiden hat. Es ist möglich, dass Behinderung in dieser Familie eine solche Katastrophe war, dass sie nicht zu verarbeiten war und die so weit wie möglich ignoriert werden muss. Möglicherweise sind auch, wie in manch anderer Familie, mit der wir gearbeitet haben, nicht einzulösende Versprechen auf dem Kranken- oder Totenbett gegeben worden, die den Bruder überfordern. Dafür spricht ein wenig, dass Frau Hiltrup im Elternhaus wohnt, was nach unseren Erfahrungen ein häufiger Wunsch von Eltern ist, nicht aber von Geschwistern – in einem Wohnheim oder bei ambulanter Assistenz hätte der Bruder weniger Betreuungsaufgaben, er könnte das Haus verkaufen, und Frau Hiltrup müsste sich nachts nicht fürchten.

Die einstweilige Lösung, Frau Hiltrup zu unterstützen, ihren Aktivitätsradius zu erweitern und ihre eigenen Ziele und ihre Kompetenzen zu erkennen, ist eine geeignete Empowermentstrategie, die es ihr hoffentlich ermöglichen wird, diese Situation langfristig zu verändern. Dies gilt insbesondere angesichts einer unterstützenden Arbeitssituation mit kompetenter und für ihre Situation sensibler Begleitung.

Eine in diesem Band nur implizit thematisierte Frage ist die Frage der gesetzlichen Betreuung, die in diesen Familienkonstellationen so gut wie immer durch ein Familienmitglied wahrgenommen wird. Ein zu starkes Insistieren auf bestimmten Forderungen wird von Mitarbeiterinnen und Mitarbeitern mitunter auch vermieden, um eine Herausnahme der oder des Betreuten aus den genutzten Angeboten, z. B. der Werkstatt, durch die gesetzliche Betreuung zu verhindern.

7.5 Martin Weiß

Lebenssituation und Geschichte

Martin Weiß ist Anfang vierzig und lebt mit seinem Bruder und dessen Familie in seinem Elternhaus, einem landwirtschaftlichen Betrieb. Seine Mutter ist vor einigen Jahren verstorben, sein Vater lebt mit seiner neuen Lebensgefährtin nicht mehr auf dem Hof. Herr Weiß stammt aus einer sehr kinderreichen Familie und ist der Jüngste unter seinen Geschwistern. Eine seiner Schwestern wohnt auf dem benachbarten Hof.

Der Familienzusammenhalt in der großen Familie ist sehr ausgeprägt, mehrfach im Jahr kommen alle Familienmitglieder zusammen, um gemeinsam etwas zu unternehmen (Radfahren, Grillen, …).

Herr Weiß verfügt über ein eigenes Zimmer, lebt aber mit direktem und engem Familienanschluss. Für die Familie übernimmt er viele Aufgaben, die im Haushalt oder auf dem Hof anfallen, zum Beispiel Wäschewaschen oder Rasenmähen.

In seiner Freizeit beschäftigt er sich gerne mit Rockmusik, fährt viel mit seinem Fahrrad und spielt und schaut leidenschaftlich gerne Fußball.

Herr Weiß arbeitet schon seit vielen Jahren in der WfbM. Sein Gruppenleiter beschreibt ihn als einen sehr verlässlichen Mitarbeiter.

Martin Weiß hatte während seiner Lehre einen schweren Autounfall und in dessen Folge ein Schädel-Hirn-Trauma. Seine Motorik ist seitdem etwas, sein Kurzzeitgedächtnis stark beeinträchtigt. Herr Weiß hilft sich mit einem kleinen Kalender, den er immer bei sich trägt und in den er wichtige Termine notiert. Gelegentlich ist es gut, ihn dabei zu unterstützen und ihn anzuregen, eine bestimmte Information festzuhalten.

Herr Weiß ist in der Werkstatt sehr bekannt und mit seiner humorvollen Art hat er auch für jede Kollegin und jeden Kollegen ein nettes Wort parat. Dennoch fällt es ihm schwer, Freunde oder gute Bekannte in der Werkstatt zu benennen. Mehrere Mitarbeiterinnen und Mitarbeiter berichten, dass sich Herr Weiß sehr schwer damit tut, seinen Platz in der Werkstatt zu finden, da die Angebote für seine Bedürfnisse und seine Lebensgeschichte wenig passend sind.

Angehörigenbesuch

Martin Weiß ist sehr selbstständig und kann alle Daten, die für die Kursarbeit von Bedeutung sind, selbst benennen. Dennoch wird mit seiner Unterstützung ein Angehörigenbesuch arrangiert – zum einen, um die entsprechenden Fotos von seinem Zuhause machen zu können, zum anderen, um ihn insgesamt besser kennenzulernen und im Kurs unterstützen zu können.

An dem Treffen nehmen sein Bruder und dessen Ehefrau teil. Im lockeren Gespräch erzählen sie von Herrn Weiß' Stärken, seinen Tätigkeiten im Haushalt und seinen Hobbys.

Kursteilnahme

Herr Weiß scheint immer sehr gerne zum Kurs zu kommen und ist dort sehr beliebt, gerade weil er es versteht, für den notwendigen Spaßfaktor zu sorgen. Er ist in diesem Zusammenhang, anders als von vielen Werkstattmitarbeitern im Vorfeld vermutet, sehr sensibel für Stimmungen und bemerkt, wann er sich wieder zurücknehmen musst. Er verhält sich im Kurs sehr hilfsbereit und kümmert sich gerne um andere.

Martin Weiß schreibt selbstständig in sein Lebensbuch, braucht aber bei umfangreichen Texten Unterstützung, um sich entsprechend lange konzentrieren zu können.

Auf den ersten Blick lässt sich auch bei ihm vermuten, dass er sehr stark vom Kurs profitieren kann, da er umfassend versteht, worum es geht, und er selbstständig die Aufgaben erarbeiten kann. Da das Lebensbuch kurze Fragen stellt, kann er diese mit Blick auf sein beeinträchtigtes Kurzzeitgedächtnis auch zu großen Teilen selbstständig beantworten.

Andererseits liegt darin für ihn möglicherweise auch genau eine Einschränkung für eine erfolgreiche Teilhabe am Kurs, denn an vielen Stellen ist der Kurs mit seinen Fragestellungen vermutlich zu einfach, zu wenig fordernd für Herrn Weiß, um einen weiteren persönlichen Gewinn daraus zu ziehen. Auf die gestellten Fragen gibt er häufig sehr schnell die richtigen Antworten, auch wenn sich die Frage explizit an andere Personen richtet, und erntet damit ab und zu entsprechend verärgerte Kommentare anderer Kursteilnehmerinnen und Kursteilnehmer.

Die Methode ‚Körperumriss' beeindruckt ihn sehr. Schon mit seinem Bild, das ihn in seiner Arbeitskleidung zeigt, ist er offensichtlich sehr zufrieden. Besonders eindrücklich ist jedoch die Situation, in der ihm die anderen Kursteilnehmerinnen und Kursteilnehmer seine Stärken spiegeln – eine Aufgabe, die ihm allein auffallend schwer fällt.

Der Lebensbaum dagegen entwickelt sich für ihn eher enttäuschend, da er sein sehr großes familiäres Netzwerk nicht detailgetreu wiedergibt. Grund dafür ist seine Fotoauswahl. Er entscheidet sich für ein Familienbild, das im Rahmen der letzten gemeinsamen Aktion entstanden ist – somit sind zwar viele Personen abgebildet, das Lebensbaum ist aber doch vergleichsweise ‚leer'. Komplettiert wird sein Lebensbaum durch je ein Foto von seinem Gruppenleiter und einem Kollegen aus der Schlosserei, der auch an dem Kurs teilgenommen hat und mit dem er öfter in den Pausen Witze machte. Es scheint, dass ihn der Blick auf den sehr kargen Lebensbaum sehr traurig machte.

Auch auf seiner Zeitleiste sind nur sehr wenige Fotos vorhanden, alternativ werden Piktogramme gewählt, aber insgesamt ist es auffällig, dass er sich für die Aufnahme weniger Daten entscheidet. Es bleibt unklar, ob das mit fehlenden Bildern (und damit möglicherweise auch einer fehlenden Erinnerung) zusammenhängt, oder damit, dass viele Daten in die Zeit vor seinem Unfall fallen und ihn die Erinnerung daran zu sehr berührt, um sich damit auseinanderzusetzen. An dieser Stelle sind auch die Kursleiterinnen zu unsicher, um sich offensiv dieser Frage zu nähern.

Die Frage nach der Zukunft ist für Herrn Weiß sehr schwer zu beantworten, was jedoch nicht daran liegt, dass er mit dem Begriff nichts anfangen kann. Vielmehr wird sehr deutlich, dass er seit dem Unfall nie Zukunftswünsche entwickelt hat. Spontan formulierte er den Wunsch „Meine Lehre beenden", sagt dies aber mit einer Stimme, einer Körperhaltung und einer Handbewegung, die deutlich machte, dass er dies für nicht realisierbar hält und es ihn traurig macht, sich diesen Wunsch nicht erfüllen zu können. Um sich dem Thema ‚Zukunft' in anderer Form zu nähern, wurde Martin Weiß die Frage gestellt, was auf keinen Fall passieren solle. Als Antwort nannte er „Krieg", also einen nicht konkret die persönliche Situation betreffenden Wunsch. Zusammengenommen verdichten sich diese Beobachtungen zu der Annahme, dass ihm die Annäherung an Wünsche und Albträume seine persönliche Zukunft betreffend sehr schwer fällt. Im Kurs und in der Einzelarbeit gelingt es nicht, dieses Thema mit ihm zu vertiefen.

Wie hätte man die Situation für Herrn Weiß verbessern können?

Um Martin Weiß sein umfangreiches persönliches Netzwerk mithilfe des Lebensbaums deutlich zu machen, wäre es wichtig gewesen, spätestens direkt im Anschluss an die Methode erneut Kontakt zu seiner Familie aufzunehmen und darum zu bitten, ihn bei der Auswahl porträtähnlicher Bilder zu unterstützen.

Mit Blick auf die Zeitleiste (Vergangenheit, Gegenwart und Zukunft) wäre es hilfreich gewesen, ein weiteres Angehörigentreffen vorzuschlagen. Möglicherweise wäre es ihm mit Unterstützung seiner Bezugspersonen leichter gefallen, eine Vorstellung von einer wünschenswerten persönlichen Zukunft zu entwickeln. Die Begleitung durch die Kursleiterinnen reichte dafür nicht aus.

Zudem wäre es an vielen Stellen hilfreich gewesen, die Einheiten für ihn ‚anspruchsvoller', seine Fähigkeiten nutzend und fordernd, zu gestalten.

Schlüsselmomente im Kurs

Herr Weiß erzählt im Kurs zwar von einzelnen normativen Lebensereignissen aus der Zeit vor seinem Unfall (Einschulung, Übergang in die Orientierungsstufe, Lehre), eine emotionale Annäherung an die Themen findet aber zunächst nicht statt. Erst in der anschließenden Einzelarbeit beschreibt er sichtlich gerührt, dass er sich früher häufig mit Freunden in einer Kneipe getroffen hat und sie Kicker oder Darts gespielt haben. Außerdem erinnert er sich an eine schöne Klassenfahrt. In dieser Phase der Einzelarbeit kommt Martin Weiß auch auf den Zeitpunkt seines Autounfalls zu sprechen. Er zeigt dazu einen entsprechenden Bericht aus der Zeitung, den er immer bei sich trägt, aber nicht kopiert in seine Zeitleiste einfügen will. In diesem Kontext nähert er sich mit der Kursleiterin zaghaft den damit einhergehenden tiefgreifenden Veränderungen, die der Unfall nach sich gezogen hat. Seine Freundin, mit der er damals zusammen war, hat sich nach dem Unfall von ihm getrennt. Auf die Frage, wie er heute zu dieser Frau stehe, reagiert er sehr zurückhaltend und wertet ihr Verhalten nicht. Stattdessen sagt er: „Naja, sie ist mich ja auch im Krankenhaus besuchen gekommen."

Auf Seiten der Kursleiterin ist diesbezüglich eine große Unsicherheit vorhanden, ob bzw. wie sie die Erinnerungen an die Zeit vor dem Unfall thematisieren soll. Es bleibt auch unklar, ob und welche psychologische Unterstützung Herr Weiß während seiner sicherlich absolvierten Rehabilitationsmaßnahmen erhalten hat, und wie er sie in dieser ersten Schocksituation nutzen konnte.

Abschließende Bemerkungen

Schwierige, wenig bewältigte biografische Erlebnisse können für Fachkräfte ein Grund sein, sich eine Begleitung der Lebensgeschichte nicht zuzutrauen. Martin Weiß musste sich nach einem Autounfall mit Anfang 20 damit auseinandersetzen, dass sowohl seine kognitiven als auch seine motorischen Fähigkeiten nachhaltig beeinträchtigt sein würden und er sich von seinem ‚alten' Leben und seinen Zukunftsplänen, bedingt durch seinen aktuellen Unterstützungsbedarf, zu großen Teilen verabschieden musste. Für die Fachkräfte geht es dabei um die Frage, wie weit sie sich an die Themen, Erinnerungen, Leidenschaften und Träume aus diesem ersten Lebensabschnitt herantasten, oder ob sie versuchen, diesen möglichst unberührt zu lassen und mit ihm an der Gestaltung von Gegenwart und Zukunft zu arbeiten.

An dieser Stelle muss noch einmal auf die deutliche Trennung von Biografiearbeit und Psychotherapie hingewiesen werden und darauf, dass Fachkräfte aus der Erwachsenenbildung und Behindertenhilfe an dieser Stelle ihre Kompetenzen nicht überschreiten dürfen, sondern rechtzeitig professionelle Begleitung organisieren müssen, wenn dies gewünscht wird (Lindmeier 2013).

Außerdem lässt sich am Beispiel von Herrn Weiß herausarbeiten, dass das Kursangebot für manche Teilnehmerinnen und Teilnehmer intellektuell zu wenig fordernd ist und in seinem Anspruchsniveau (auch in Richtung einer höheren inhaltlichen Komplexität) variabel sein muss, um für sie zufriedenstellend und angemessen zu sein. Dies ist in der Arbeit mit Herrn Weiß angesichts der zugleich vorhandenen emotionalen Blockaden nicht gut gelungen.

Darüber hinaus bestätigt das Beispiel noch einmal eindringlich die Bedeutung von Fotos für die biografische Arbeit.

8. Ausblick

Insgesamt hat sich das Projekt als sehr erfolgreich erwiesen. Es ist allerdings auch ein sehr aufwendiges Konzept. Der erhebliche Aufwand liegt vor allem in der Einzelarbeit sowie in der sehr ausführlichen Dokumentation und Bebilderung der Kursergebnisse. Im Folgenden sollen daher einige Forderungen für die erfolgreiche Arbeit mit älteren Familien in Werkstätten für behinderte Menschen benannt werden. Selbstverständlich ist außerhalb einer Projektförderung eine so intensive Arbeit nicht immer möglich. Die Geschichten der Teilnehmerinnen und Teilnehmer im siebten Kapitel zeigen allerdings, dass eine intensivere Begleitung mitunter sehr wünschenswert wäre.

Installierung auf der Ebene der Organisation

Während des gesamten Projekts hörten die Projektmitarbeiter immer wieder Aussagen, mit denen die Arbeit am Projekt abgewehrt wurde.

> „Das auch noch? Das ist ja alles zusätzlich."

> „Erst muss die Arbeit und der Gruppenalltag organisiert sein."

> „Ich kann heute aber nicht raus aus der Gruppe."

Daher plädieren wir deutlich dafür, dass Biografiearbeit mit Werkstattbeschäftigten als eine der Aufgaben von WfbM gesehen werden und unbedingt von der Leitung mitgetragen werden muss. Neben dem wirtschaftlichen Betrieb besteht ein ebenso wichtiger Auftrag der Werkstätten darin, die Persönlichkeitsentwicklung der Menschen mit kognitiver Beeinträchtigung zu stärken. Die Wichtigkeit dieses Auftrags verdeutlichen einige Projektmitarbeiterinnen und -mitarbeiter nach Abschluss des Projekts.

„Persönlichkeitsentwicklung ist unser Job! Wir müssen endlich andere Prioritäten setzen, dafür muss Platz sein!“

„Das ist keine zusätzliche Arbeit, das ist der Kern!“

Biografiearbeit leistet dazu einen wichtigen Beitrag. Biografiearbeit also in *Angebot und Profil von Werkstattarbeit* zu verankern, kann einen wichtigen Beitrag dazu leisten, zumindest eine Diskussion über Prioritätensetzung innerhalb der WfbM anzuregen.

Durch das Projekt erlebten wir deutliche Veränderungen in der Sichtweise der Mitarbeiterinnen und Mitarbeiter – gegenüber einzelnen Beschäftigten ebenso wie hinsichtlich der Wertschätzung der Familien.

Ältere Familien werden nicht mehr vorrangig als problematisch wahrgenommen, sondern bezüglich ihrer Lebensleistung und den vorhandenen Ressourcen gesehen.

„Das Projekt war ein Anreiz, die Situation der Familien neu zu bewerten. Früher habe ich immer gesagt: ‚Wenn er im Wohnheim wohnen würde, wäre das doch viel besser!‘ Jetzt kann ich die Situation ganz anders wertschätzen. Die Familien haben gearbeitet und viel geleistet, sie haben ihr Leben gemeinsam gestaltet. Für mich ist das ein Anreiz, mich mit dieser Perspektive auseinanderzusetzen.“

„Ich gehe jetzt unvoreingenommen auf die Familien zu: ‚Das, was ihr macht, ist gut!‘“

„Mein Appell an andere ist: ‚Nehmt wahr, was es an Familienmodellen gibt!‘“

„Ich habe gelernt: ‚Die Lebenssituation ist gut so, wie sie ist!‘“

Besonders wertvoll war nach Aussage der Projektmitarbeiterinnen und -mitarbeiter die enge Zusammenarbeit mit den Familien, die nur durch die große Offenheit der meisten Familien in Bezug auf ihre eigenen Geschichten möglich war. Durch das Wissen um bestimmte Erfahrungen innerhalb der Familie wurden die Beweggründe für Entscheidungen und Verhaltensweisen deutlich.

> „Ich habe großen Respekt den Familien gegenüber. Sie haben uns ‚tief reingelassen' in ihre Geschichten, das war eine total intensive Arbeit."

> „Durch die Hausbesuche konnte man das ‚Innen' der Familien kennenlernen. Man konnte dann auch Entscheidungen, die objektiv sehr fragwürdig waren, auf einmal nachvollziehen."

> „Einige Eltern haben auch Ängste, z. B. wegen der Datenweitergabe und so. Sie befürchten, dass das was sie sagen, irgendwie weitergegeben wird. An die Pflegeversicherung und so. Da ist mir klar geworden, wieviel Druck da bei den Eltern auch ist. Wahrscheinlich ja auch wegen vielen schlechten Erfahrungen und so."

Auch die Erfahrungen innerhalb des Kurses in der Zusammenarbeit mit den Teilnehmerinnen und Teilnehmern werden von den Kursleitungen positiv bewertet:

> „Für mich war es zu Beginn des Projekts erschreckend, dass viele der Teilnehmerinnen und Teilnehmer nicht träumen konnten. Ich fand es klasse, ihnen im Kurs die Gelegenheit dazu zu geben!"

> „Die Dynamik in den Kursen hat mich beeindruckt. Die Teilnehmer haben so viel Emotionen und Ehrlichkeit gezeigt."

Als besonders positive Erfahrungen werden deutlich erkennbare Veränderungen von einzelnen Kursteilnehmerinnen und -teilnehmern genannt:

> „Der Kurs hat viel bewirkt bei den Teilnehmerinnen und Teilnehmern. Sie erzählen selbstständiger und fordern Dinge ein."

„Personen, die nicht gesprochen haben, reden jetzt ohne Ende!"

„Es gab auch Anrufe der Eltern, die gesagt haben: ‚Was machen Sie da? Mein Sohn/meine Tochter spricht jetzt so viel!'"

„Eine Teilnehmerin hat immer nur vom Tod ihres Papas erzählt. Als wir dann die Zeitleiste mit ihr gemacht haben, konnte sie erarbeiten, dass nach dem Tod des Vaters noch ganz viel kommen kann. Das hat ihr total geholfen, das war super!"

Die Begegnungen untereinander veränderten sich positiv. Diese Entwicklungen werden von Angehörigen und Kursleitungen als sehr wertvoll eingeschätzt.

„Stille Beschäftigte fühlen sich jetzt gesehen, können mitmachen. Außerdem freut sich die Familie, dass ihre Angehörigen im Mittelpunkt stehen. Viele sind ja immer unauffällig, ‚funktionieren' immer nur."

„Eine Teilnehmerin hatte vor einem halben Jahr ihre Mutter verloren. Obwohl wir im Alltag zusammengearbeitet haben, habe ich keinen Zugang zu ihr gefunden. Im Kurs konnte sie dann ihre Emotionen zulassen und irgendwie hatten wir danach eine ganz andere Basis."

Aus unserer Sicht wäre es sinnvoll, der Projektarbeit zugrundeliegende methodische Aspekte aus der Biografiearbeit und der persönlichen Zukunftsplanung[10] auch als Schulungsinhalte in der Sonderpädagogischen Zusatzqualifikation (SPZ[11]) für Gruppen-

10 Grundgedanken der Kursarbeit stammen neben der Biografieabeit aus der persönlichen Zukunftsplanung.

11 Gruppenleiterinnen und Gruppenleiter in einer WfbM müssen neben ihrer handwerklichen Ausbildung über diese Zusatzqualifikation verfügen, die neben Kompetenzen im Bereich der Berufs- und Persönlichkeitsförderung unter anderem auch die Gestaltung der Arbeit unter rehabilitativen Aspekten sowie die Kommunikation und Zusammenarbeit mit den behinderten Menschen und Institutionen ihres Umfeldes umfasst.

leitungen in Werkstätten für behinderte Menschen zu implementieren, um eine wertschätzende und unterstützende Haltung in Bezug auf die Lebenssituation von Beschäftigten und ihren älteren Familien zu fördern. Damit würde ein sehr individueller Zugang zum Auftrag der Persönlichkeitsentwicklung gestärkt.

Die *Kursleiterschulungen* werden sich ohne projektbezogene Finanzierung nicht immer in vergleichbarem Umfang wie im Rahmen dieses Projekts realisieren lassen. Sie sind allerdings ein Mittel, die Verankerung der Kurse in der Werkstatt zu sichern, und sollten daher möglichst unterstützt werden. In jedem Fall sollten mehrere Mitarbeiterinnen und Mitarbeiter neben den ‚Hauptkursleitungen' Fortbildungen erhalten und als Co-Kursleitungen fungieren. Sie sollten für die Kurszeit und die Vor- und Nachbereitung der Kurse vom Dienst in der Gruppe freigestellt werden; dies sollte in der Dienstplanung festgeschrieben werden.

Die Implementierung durch die Festschreibung der Kurse im QM-System schafft Verbindlichkeit und Nachvollziehbarkeit. Hier sollte die Mindestzahl der zu haltenden Kurse festgelegt, die Verantwortlichen und die Berichtspflichten über den Sachstand benannt werden.

Die Kursleitungen, die nicht hauptamtlich im Projekt beschäftigt waren, sahen die größten Schwierigkeiten im Bereich ihrer zeitlichen Ressourcen für die Kursdurchführung, insbesondere aber auch für die zeitaufwendigen Vor- und Nachbereitung der Kurse (z. B. Familienbesuche, begleitende Einzelarbeit, Bereitstellen von Material, Ausdrucken von Fotos, Fortführung der Lebensbücher).

Die Organisation der Kurse über das interne Programm der beruflichen Bildung kann diese Schwierigkeiten begrenzen, indem es folgende Unterstützung bereitstellt:

- Für Bildungsmaßnahmen wird ein verbindlicher Ansprechpartner bzw. eine Ansprechpartnerin mit einer erwachsenenbildnerischen (Weiter-)Qualifikation auch in kleineren Werkstätten installiert. Alternativ werden in Kooperation mit einem regionalen Netzwerk inklusiver Erwachsenenbildung Zeitkontingente von Mitarbeiterinnen oder Mitarbeitern für die

Kooperation mit der WfbM und/oder für Biografiearbeit festgelegt.
- Diese Ansprechpartnerinnen oder Ansprechpartner verwalten
  - eine Liste mit den benötigten Materialien einschließlich der Bestelladressen und Bestellnummern sowie
  - Kursmappe und Handbibliothek mit einer umfangreichen Sammlung von Methoden und Materialien und
  - Informationsmaterial in leichter Sprache.
- Sie leisten Unterstützung bei der Kursdurchführung.

So können mittelfristig Mitarbeiterinnen und Mitarbeiter dahingehend unterstützt werden, Aufgaben im Bereich der Bildungsarbeit als originäre Aufgabe von Werkstattmitarbeiterinnen und -mitarbeitern wahrzunehmen und ihnen einen entsprechenden Stellenwert beizumessen.

Bildungskurse

Die Kursstruktur in ihrer Kombination von Einzel- und Gruppenangebot und Hausbesuchen hat sich bewährt. Gerade bei Menschen mit hohem Unterstützungsbedarf ist es wichtig, *Einzeltermine* im Kursablauf einzuplanen und sich die Zeit für eine intensive Bearbeitung zu nehmen.

Die Einbeziehung der Angehörigen sollte selbstverständlich freiwillig sein, aber der Besuch zur Vorbereitung sollte immer vorgeschlagen werden, und die Einladung zum Kursabschluss sollte fester Bestandteil des Kurses sein. Bei einzelnen Kursteilnehmerinnen und -teilnehmern ist eine engere Einbindung der Angehörigen unerlässlich, da nur durch sie biografisches Wissen gesichert werden kann. Einladungen zu den unterschiedlichen Kurseinheiten oder zu Einzelterminen als Vorbereitung können hier hilfreich sein.

Die Methoden müssen, wie dargestellt, individuell an die jeweiligen Teilnehmerinnen und Teilnehmer angepasst werden.

Nach Abschluss des Kurses sollte ein *kontinuierliches Angebot für die bisherigen Teilnehmerinnen und Teilnehmer* für die Fortschreibung des Lebensbuches angeboten werden. Hierfür können beispielsweise in den einzelnen Zweigwerkstätten ‚Lebensbuch-

Tage' zur weiteren Bearbeitung und Aktualisierung des Lebensbuches angeboten werden.

Die Ausschreibung sowohl der Kurse als auch der Lebensbuch-Tage sollte im Programmheft der beruflichen Bildung bzw. der örtlichen Erwachsenenbildung erfolgen. Durch die Lebensbuchtage kann auch die schwierige Lebenssituation einzelner Teilnehmerinnen und Teilnehmer weiter im Blick behalten und gegebenenfalls begleitet werden.

Lebensbuch

Alle im Folgenden angesprochenen Punkte wurden bereits vor der Drucklegung des Lebensbuches thematisiert und haben sich als nicht realisierbar erwiesen. Entsprechende Anpassungen müssen daher in den Kursen bei Bedarf selbst vorgenommen werden.

Piktogramme ins Lebensbuch einzufügen ist schwierig, da viele Nutzer unterschiedliche Systeme benutzen und zudem viele Zeichensysteme urheberrechtlich geschützt sind. Dennoch benötigen viele Kursteilnehmerinnen und -teilnehmer Piktogramme. Die Piktogramme des Lebenshilfe-Verlages konnten in den Kursen gut eingesetzt werden und müssen bei Interesse selbst beschafft werden.

Die Aufnahme leerer Seiten ist aus Kostengründen unterblieben. Für *Fotos* müssen Seiten selbst eingeheftet werden, da nicht überall genug Platz vorhanden ist.

Nach den Erfahrungen in den Kursen sollten auch für die *Erlebnisse aus der Vergangenheit* mehr Seiten zur Verfügung stehen. Auch hier müssen bei Bedarf selbstständig Seiten eingefügt werden.

Das Kostenargument trifft auch auf die Nutzung noch *stärkeren Papiers* zu, die für einige Teilnehmerinnen und Teilnehmer aufgrund der größeren Stabilität und Haltbarkeit des Lebensbuchs günstig wäre. Das Papier wird von motorisch eingeschränkten Nutzern leicht unbeabsichtigt eingerissen. Hier müssen unter Umständen häufig genutzte Seiten laminiert werden oder zumindest Lochverstärkungen aufgeklebt werden. Häufig sind motorisch eingeschränkte Teilnehmerinnen und Teilnehmer aber auch solche, die ein inhaltlich reduziertes Buch benötigen, sodass eine

‚Sonderanfertigung' (wie in Kapitel 5 beschrieben) möglicherweise für sie infrage kommt.

Teilnehmerkreis

Das Lebensbuch, ebenso wie das gesamte Projekt, war auf die Zielgruppe älterer Menschen im Elternhaus ausgerichtet, da sie besonders gefährdet sind, biografische Brüche zu erleiden. Unsere Erfahrungen zeigen jedoch ein großes Interesse bei Personen unterschiedlichen Alters – von Werkstattbeschäftigten, Bewohnerinnen und Bewohnern von stationären Wohnheimen oder Nutzerinnen und Nutzern ambulanter Assistenz und auch von Angehörigen, deren behinderte Angehörige bereits ausgezogen sind.

Grundsätzlich sollten Angebote zur Biografiearbeit Teil jeden Erwachsenenbildungsprogramms allgemeiner Träger ebenso wie der Programme der beruflichen Bildung in Werkstätten sein, sodass allen Interessierten die Möglichkeit zum Lernen über und an ihrer Lebensgeschichte gegeben werden kann. Die Auseinandersetzung mit der eigenen Lebensgeschichte ist für jede Altersgruppe sinnvoll (vgl. Lindmeier 2013) – lediglich die Schwerpunkte können je nach Lebenssituation variieren. Vieles, was im Lebensbuch genau beschrieben werden soll, weil es bei einem Auszug eine Rolle spielen würde, ist möglicherweise für jemanden, der bereits lange Zeit in einer Wohneinrichtung lebt, nicht in dem Maße relevant, wie es für jemanden ist, der noch weitestgehend ohne Hilfen von außen im Elternhaus lebt. Daher ist fraglich, ob bei diesen Kursen mit dem Lebensbuch gearbeitet werden soll, oder ob andere Formen der biografischen Arbeit besser geeignet sind. Die Fragen nach den inhaltlichen Schwerpunkten sowie den verwendeten Materialien und Methoden müssen von einer erfahrenen Kursleitung bei der Kursplanung entschieden werden. In Einzelfällen muss die Planung auch nach dem Vortreffen und einem ersten Kennenlernen und Austausch mit den Teilnehmerinnen und Teilnehmern noch verändert und angepasst werden. Auch die drei vorgestellten Methoden sind nicht zwingend; es gibt eine Vielzahl weiterer Methoden (vgl. Lindmeier 2013; Lindmeier/Oermann 2017). Die hier vorgestellten Methoden wurden gewählt, weil sie gut geeignet sind für die Ziele, die für ältere Menschen im Elternhaus besonders wichtig sind, weil sie die Dokumentation der biografischen Arbeit auch in einer für Außenstehende gut verständlichen Form ermöglichen, und weil sie auch für schwerer beeinträchtigte Menschen nutzbar oder zumindest anpassbar sind. Wie im Begleitheft zum Lebensbuch beschrieben (Lindmeier/Oermann 2014b), ist die Arbeit mit dem Lebensbuch aber auch mit anderen Gruppen möglich. Allerdings muss dann noch rigoroser darauf geachtet werden, die Themen zu bearbeiten, die für die Teilnehmerinnen und Teilnehmer relevant sind, ohne dabei der Versuchung zu erliegen, das Buch zu bearbeiten, weil es sich als strukturgebend anbietet.

Unter anderen Rahmenbedingungen, wie beispielsweise in der Seniorenbetreuung oder in Tagesfördergruppen, können ebenfalls in der regulären Betreuungszeit biografische Angebote gemacht werden, was Probleme des Personaleinsatzes eventuell etwas verringern könnte. Wichtig ist dabei allerdings, dass der Grundgedanke biografischen Arbeitens, die Freiwilligkeit, auch in diesen Settings gewahrt bleibt (Lindmeier 2013).

Solange Aufnahmen auf Grund von Krisensituationen und Zusammenbrüchen der häuslichen Betreuung den Alltag von Wohneinrichtungen so stark prägen wie zurzeit, scheint eine Begrenzung auf Menschen, die in älteren Familien leben, jedoch sinnvoll, um die für diese Gruppe relevanten Themen adäquat bearbeiten zu können.

Nicht realisierte Ideen

Das ursprüngliche Konzept sah die Einbindung und Teilnahme der Angehörigen in den ersten vier Kurseinheiten zur Unterstützung der Teilnehmerinnen und Teilnehmer vor. Schon in den ersten telefonischen Kontakten mit den Angehörigen wurde jedoch deutlich, dass die Teilnahme für sie wegen der eigenen Berufstätigkeit, eingeschränkter Mobilität oder anderen Verpflichtungen schwierig umzusetzen gewesen wäre. Das Angebot eines Fahrdienstes für die Termine wurde nicht angenommen. Dennoch wurde deutlich, dass die Angehörigen einem Kontakt gegenüber nicht abgeneigt waren. Die Projektmitarbeiter bzw.

Kursleitungen wurden von vielen Familien eingeladen, sie zu Hause zu besuchen, um die offenen Fragen zu klären.

Des Weiteren war ursprünglich ein Angehörigenstammtisch geplant, der den Angehörigen die Möglichkeit zum Gedankenaustausch und der Vernetzung geben sollte. Aus den oben beschriebenen Gründen wurde auch dieses Angebot von Eltern und Angehörigen nicht angenommen. Es gehört möglicherweise so stark zum Selbstverständnis dieser Familien, ‚es allein zu schaffen', dass ein solcher Stammtisch für sie auch kein passendes Angebot darstellt.

Es war zu beobachten, dass in den einzelnen Standorten durch ehemalige Kursteilnehmer stark für den Kurs geworben wurde. Die Idee, für sie eine Schulung zu Co-Kursleitungen einzuführen, konnte nicht umgesetzt werden. Die ehemaligen Teilnehmerinnen und Teilnehmer wurden lediglich individuell dabei unterstützt, bei den Vortreffen die verwendeten Methoden und Materialien sowie ihre Arbeitsergebnisse in Kooperation mit einer hauptverantwortlichen Projektmitarbeiterin zu präsentieren. Der Gedanke, Beschäftigte in Werkstätten auch in der Schulung anderer Beschäftigter einzusetzen und sie dazu als Co-Kursleitungen auszubilden, ist aber auf jeden Fall lohnend.

Literatur

Bigby, C. (2000): Moving on Without Parents: Planning, Transition and Sources of Support for Older Adults with Disabilities. Sydney: Maclennon & Patty.

Bigby, C. (2004): Ageing with a lifelong disability. London: Jessica Kingsley.

Bernasconi, T./Böing, U. (Hrsg.) (2015): Schwere Behinderung & Inklusion. Facetten einer nicht ausgrenzenden Pädagogik. Oberhausen: Athena, S. 55–68.

Bleher, W. (Hrsg.) (2011): Übergänge im Bildungssystem: biographisch – institutionell – thematisch. Baltmannsweiler, 1–8. [= Ludwigsburger Hochschulschriften, Band 5 der Reihe Transfer].

Burtscher, R. (2012): Älter werdende Eltern und erwachsene Kinder mit Behinderung zu Hause. In: VHN 81 (4), S. 312–324.

Burtscher, R. (2015): „Wir haben die Hoffnung nie aufgegeben, aber…" Zur Lebenssituation von älteren Kindern mit Behinderung zu Hause. In: Teilhabe 54 (1), S. 18–23.

Buschmeyer, H. (1990). Begriff des biografischen Lernens. In: Buschmeyer, H./ Behrens-Cobet, H. (Hrsg.): Biographisches Lernen. Erfahrungen und Reflexionen. Hrsg. v. Landesinstitut für Schule und Weiterbildung. Soest, S. 15–20.

Fend, Helmut (2003): Entwicklungspsychologie des Jugendalters. Opladen: Leske & Budrich.

Feurer, B./van Eickels, N. (2010): Kompass – Aufsuchender Familienberatender Dienst. Lebenshilfe Karlsruhe, Ettlingen und Umgebung e.V. (unveröffentl. Projektbericht).

Feurer, B./Lindmeier, B. (2011): Aufsuchende Familienberatung für erwachsene Menschen mit kognitiver Beeinträchtigung. In: Teilhabe 50 (3), S. 123–129.

Fischer, U. (2008): Autonomie in Verbundenheit –Ablösungsprozesse in Familien mit erwachsenen Angehörigen, die als schwer geistig behindert gelten. Dissertation, Humboldt Universität zu Berlin. http://edoc.hu-berlin.de/dissertationen/fischer-ute-2008-06-05/PDF/fischer.pdf [Zugriff am 10.06.16].

Grant, G. (1989): Letting Go: Decision Making Among Family Carers of People with Mental Handicap. Australia and New Zealand Journal of Mental Disabilities 15, S. 198–200.

Griebel, W./Niesel, R. (2004): Transitionen. Fähigkeiten von Kindern in Tageseinrichtungen fördern, Veränderungen erfolgreich zu bewältigen. Weinheim und Basel: Beltz.

Hagen, J. (2007): Und es geht doch! Menschen mit einer geistigen Behinderung als Untersuchungspersonen in qualitativen Forschungszusammenhängen. In VHN 76, S. 22–34.

Hamburger Arbeitsassistenz (2007): Talente. Hamburg: Heigener Europrint GmbH.

Haveman, M./Stöppler, R. (2010): Altern mit geistiger Behinderung. Grundlagen und Perspektiven für Begleitung, Bildung und Rehabilitation. 2. überarbeitete und erweiterte Aufl., Stuttgart: Kohlhammer.

Heller, T./Factor, A. (1991): Permanency Planning For Adults With Mental Retardation Living With Family Caregivers. In: American Journal on Mental Retardation 96, S. 163–176.

Hennies, I./Kuhn, E. (2004): Ablösung von den Eltern. In: Wüllenweber, E. (Hrsg.): Soziale Probleme von Menschen mit kognitiver Beeinträchtigung. Stuttgart: Kohlhammer, S. 131–146.

Hölzle, C. (2011): Gegenstand und Funktion von Biografiearbeit im Kontext Sozialer Arbeit. In: Hölzle, C./Jansen, I. (Hrsg.): Ressourcenorientierte Biografiearbeit. Wiesbaden: VS, S. 31–45.

Jansen, I. (2011): Biographiearbeit im Kontext sozialwissenschaftlicher Forschung und im Handlungsfeld pädagogischer Biografiearbeit. In: Hölzle, C./Jansen, I. (Hrsg.): Ressourcenorientierte Biografiearbeit. Wiesbaden: VS Verlag für Sozialwissenschaften, S. 17–30.

Koch, A./Euker, N. (2009): Leselupe. Zur Erfassung der erweiterten Lesefähigkeit bei Mitarbeiter(inne)n der Werkstatt für behinderte Menschen. Marburg: Lebenshilfe-Verlag.

Kremsner, G. (2016): Vom Einschluss der Ausgeschlossenen zum Ausschluss der Eingeschlossenen – Biographische Erzählungen von sogenannten Menschen mit Lernschwierigkeiten. Unv. Diss, Universität Wien.

Kutscha, G. (1991): Übergangsforschung. Zu einem neuen Forschungsbereich. In: Beck, K./Kell, A. (Hrsg.): Bilanz der Bildungsforschung. Stand und Zukunftsperspektiven. Weinheim: Deutscher Studien, S. 113–155.

Lebenshilfe für Menschen mit geistiger Behinderung Bremen e. V. (2013): Leichte Sprache. Die Bilder. Marburg: Lebenshilfe Verlag.

Lindmeier, B. (2011): „Ältere Menschen wohnen doch alle im Wohnheim!“ Zur Situation älterer Menschen mit kognitiver Beeinträchtigung im Elternhaus. In: VHN 80 (1), S. 7–18.

Lindmeier, B./Oermann, L. (2014b): Begleitheft zu Mein Lebensbuch. Was für mich und andere wichtig ist. Karlsruhe: von Loeper.

Lindmeier, B./Oermann, L. (Hrsg.) (2014a): Mein Lebensbuch. Was für mich und andere wichtig ist. Karlsruhe: von Loeper.

Lindmeier, B./Oermann, L. (2017): Biographiearbeit mit alten Menschen mit geistiger Behinderung. Weinheim und Basel: Juventa.

Lindmeier, C. (2012): „Was gibt es Schöneres als ein Herzstück unter dem eigenen Herzen getragen zu haben?!“ Stellvertretende Biographiearbeit mit Eltern von Kindern mit schwerer Behinderung. In: Orientierung 3, S. 21–23.

Lindmeier, C. (2013): Biographiearbeit mit geistig behinderten Menschen. Ein Praxisbuch für Einzel- und Gruppenarbeit. 4. Aufl., Weinheim und München: Juventa.

Lindmeier, C. (2016): Mit Menschen mit schweren und mehrfachen Beeinträchtigungen biografisch arbeiten – wie geht das? In: Bernasconi, T./Böing, U. (Hrsg.): Schwere Behinderung & Inklusion. Facetten einer nicht ausgrenzenden Pädagogik. Oberhausen: Athena. S. 55–68.

Magrill, D. (2005): Supporting Older Families: Making a Real Difference. Download unter http://mhf-ld.unified.co.uk/content/assets/pdf/publications/supporting_older_families_difference.pdf?view=Standard [Abruf am 19. 09. 2016].

Mencap (2002): The housing timebomb: The housing crisis facing people with a learning disability and their older parents. London: Mencap.

Metzler, H./Rauscher, C. (2004): Wohnen inklusiv. Wohn- und Unterstützungsangebote für Menschen mit Behinderungen in Zukunft – Projektbericht. Stuttgart: Diakonisches Werk, Abt. Behindertenhilfe, 103, Ill.

Niediek, I. (2015): Wer nicht fragt, bekommt keine Antworten. Interviewtechniken unter besonderen Bedingungen. In: Zeitschrift für Inklusion-online.net 4, 2015.

Oermann, L. (2008a): Erwachsene Menschen mit kognitiver Beeinträchtigung im Elternhaus – Perspektiven für eine familienorientierte Zukunft. In: Gemeinsam Leben 16, S. 158–161.

Oermann, L. (2008b): Es ist mein Leben! Biographiearbeit im Kontext von Behinderung und Geschlecht. In: Bundesverband für Körper- und Mehrfachbehinderte e. V. (Hrsg.): Dokumentation zum Fachtag Spuren suchen – Pläne schmieden. Biographiearbeit und Zukunftsplanung im Kontext von Behinderung und Geschlecht. Download unter http://www.bvkm.de/dokumente/pdf/Maenner_Frauen/Doku_Fachtag_Spuren_finden_Plaene_schmieden.pdf [Abruf am 14.04.2015].

Osnabrücker Werkstätten gGmbH (2014): Mehr Teilhabe am Arbeitsleben. Marburg: Lebenshilfe-Verlag.

Schäfers, M. (2008): Lebensqualität aus Nutzersicht. Wie Menschen mit geistiger Behinderung ihre Lebenssituation beurteilen. Wiesbaden. VS Verlag für Sozialwissenschaften.

Schulze, T. (1993): Lebenslauf und Lebensgeschichte. In Baacke, D./Schulze, T. (Hrsg.): Aus Geschichten lernen: zur Einübung pädagogischen Verstehens. Weinheim und München: Juventa, S. 174–226.

Thimm, W./Akkermann, A./Hupasch-Labohm, M./Krauledat, S./Meyners, C./Wachtel, G. (1997): Quantitativer und qualitativer Ausbau ambulanter Familienentlastender Dienste (FED). Schriftenreihe des Bundesministeriums für Gesundheit, Band 80, Baden-Baden: Nomos.

Weiß, H. (2002): Älter-Werden mit behinderten Angehörigen. In: Bundesvereinigung Lebenshilfe für Menschen mit geistiger Behinderung e. V. (Hrsg.): Familien mit behinderten Angehörigen. Marburg: Lebenshilfe-Verlag, S. 167–177.

Wendeler, J. (1992): Geistige Behinderung: Normalität und soziale Abhängigkeit. Heidelberg: Universitätsverlag Winter.

Wertheimer, A. (2003): Today and Tomorrow: The Findings of the growing Older with Learning Disabilities Programme. London: Mental Health Foundation.

Wicki, M. T./Adler, J./Hättich, A. (2016): „Die Zukunft ist jetzt!“ – Ein wirkungsvolles Kursangebot zur Unterstützung der Zukunftsplanung von Erwachsenen mit einer intellektuellen Behinderung, die bei ihren Eltern leben. In: Zeitschrift für Heilpädagogik 67 (5), S. 215–226.

Vogt, A. (1996): Das Leben in die eigene Hand nehmen – Biographisches Lernen als gezielte Arbeit am eigenen Lebenslauf. In: Schulz, W. (Hrsg.): Lebensgeschichten und Lernwege: Anregungen und Reflexionen zu biographischen Lernprozessen. Baltmannsweiler, S. 37–56.

Anhang

Der folgende Anhang enthält verschiedene, in unseren Kursen verwendete Arbeitsblätter sowie weitere Materialien, die bei der Organisation eines Kursangebots helfen können.

Die Materialien sind im Rahmen des Projekts an den Osnabrücker Werkstätten entstanden und müssen dementsprechend für die eigene Verwendung verändert und angepasst werden – sie bieten jedoch aus unserer Sicht eine gute Hilfestellung, um mit der Entwicklung eigener Materialien zu beginnen.

In der Materialsammlung finden sich zwei Arbeitsblätter *(‚Meine Stärken: 9 gute Dinge über mich‘* und *‚Wichtige Personen in meinem Leben‘),* die im Rahmen des PEZ-Projekts[1] der Heilpädagogischen Hilfe Osnabrück entstanden sind.

1 Osnabrücker Werkstätten gGmbH (2014): Mehr Teilhabe am Arbeitsleben. Marburg: Lebenshilfe-Verlag.

Checkliste Kursstart

Unterschriften:

- o Urlaubsantrag
- o Freigabe der Fotos aus dem Kurs

Informationen an:

- o Angehörige (Ausschreibung, Information an Angehörige)
- o Gruppenleiterinnen und Gruppenleiter über Kursinhalten und Kurszeiten informieren (Absprachen mit Sport, Physiotherapie etc.)

Ausgefüllte Arbeitsblätter

- o „Seite über mich"
- o „Wichtige Personen in meinem Leben"
- o „Mein Lebenslauf"
- o „9 gute Dinge über mich"

Fotos:

- o Portraitbilder aller Teilnehmerinnen und Teilnehmer
- o Foto der Teilnehmerinnen und Teilnehmer an ihrem Arbeitsplatz
- o Fotos wichtiger Menschen aus dem Werkstattstandort (Freunde, Arbeitskolleginnen und Arbeitskollegen, Gruppenleitungen, Sozialdienst, Physiotherapie...)
- o Foto vom Haus der Teilnehmerinnen und Teilnehmer
- o Foto von Teilnehmerinnen und Teilnehmern mit ihren „Mitbewohnerinnen und Mitbewohnern"
- o Fotos von den Eltern der Teilnehmerinnen und Teilnehmern
- o Fotos von den Geschwistern der Teilnehmerinnen und Teilnehmern
- o Fotos als Baby
- o Fotos von der Taufe
- o Fotos aus der Schulzeit
- o Fotos von verschiedenen Urlauben/Freizeiten
- o Fotos von besonderen Festen (Hochzeiten, Silberhochzeiten, runde Geburtstage, Jubiläen, ...)
- o Alte Werkstattfotos
- o ...

Das ist mir wichtig – das soll so bleiben.

Biografie-Arbeit mit dem Lebens-Buch

In diesem Kurs geht es um Ihre Lebens-Geschichte.

Über diese Fragen wollen wir mit Ihnen nachdenken:

- Wie bin ich so als Mensch?
  Was sind meine Stärken?
- Welche Menschen waren und sind mir wichtig in meinem Leben?
- Welche besonderen Erlebnisse gab es in meinem Leben?
- Was wünsche ich mir für die Zukunft?

Zum Kurs gehört ein Lebens-Buch.

Im Lebens-Buch können Sie alles Wichtige aus Ihrem Leben aufschreiben.

Sie können auch Bilder einkleben.

Dieser Kurs ist nur für Beschäftigte, die 40 Jahre und älter sind und die bei ihren Angehörigen leben.

Der Kurs dauert ungefähr 3 Monate.

Start: XXX

Ort: XXX

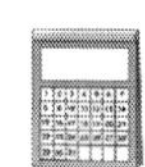

Kurs-Leiterinnen:

XXX

XXX

HHO | Heilpädagogische Hilfe Osnabrück
Osnabrücker Werkstätten

Einladung zum Kurs:

Mein Leben

Das ist mir wichtig – das soll so bleiben!

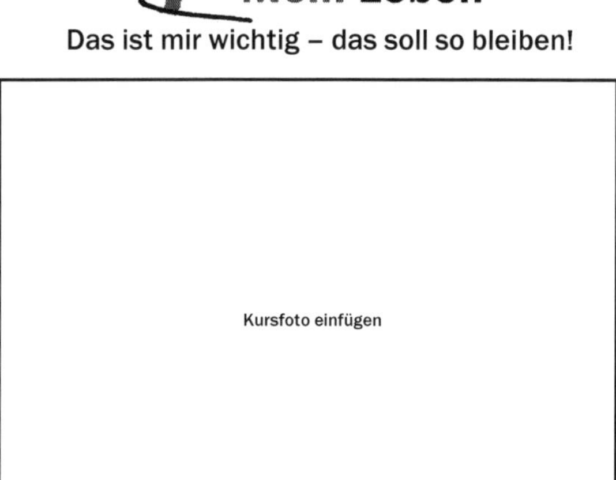

Biografie-Arbeit mit dem Lebensbuch
am xx.xx.xxxx

WAS: Hiermit möchten wir Sie herzlich zu unserem Kurs einladen.

WARUM: Gemeinsam mit Ihnen wollen wir uns die bisherigen Ergebnisse aus dem Kurs anschauen. An einigen Stellen brauchen wir Ihre Hilfe, daher wäre es schön, wenn Sie Zeit für die Veranstaltung hätten.

WANN: xx.xx.xxxx um xx:xx Uhr bis xx:xx Uhr

WO: Werkstatt xx, Raum xxx

Sollten Sie nicht die Möglichkeit haben, selbstständig nach xx zu kommen, holen wir Sie auch gerne zu Hause ab und bringen Sie zurück.

Wir freuen uns auf Ihren Besuch!

Heilpädagogische Hilfe Osnabrück
Osnabrücker Werkstätten

Über die Arbeit mit dem Lebensbuch

Information für Angehörige[1]

Wir freuen uns, dass Ihr Sohn/Ihre Tochter am Kurs „Mein Leben" teilnimmt. Etwa drei Monate lang werden wir über wichtige Lebensstationen nachdenken und sie im Lebensbuch festhalten. Einen großen Teil davon werden wir gemeinsam im Kurs besprechen und bearbeiten.

Aber es gibt einige Seiten, auf denen Ihr Kind möglicherweise Unterstützung von einem Menschen braucht, der seine Vorlieben und seine Geschichte sehr gut kennt. Hierbei bitten wir Sie um Ihre Unterstützung: Wenn es Ihnen möglich ist, nehmen Sie sich die Zeit und denken Sie gemeinsam mit Ihrem Sohn/Ihrer Tochter über die folgenden Seiten nach und füllen Sie sie aus.

- S. 35–41: „Geburtstag"
- S. 42–45: „Feiertage"
- S. 46–59: „Gefühle"
- S. 61–67: „Wochenplan"
- S. 98–133: „Dinge, die ich kann"
- S. 134–144: „Meine Gesundheit"
- S. 145–150: „Notfallplan"

Außerdem haben wir die Erfahrung gemacht, dass Fotos von unterschiedlichen Lebensstationen für die Teilnehmer eine große Hilfe sind. Wenn es also Bilder aus der Kindheit, der Schulzeit, von Ferien oder besonderen Ereignissen aus dem Leben Ihres Kindes gibt, würden wir uns sehr freuen, wenn Sie uns diese zum Kopieren bereitstellen würden. Die Originale erhalten Sie selbstverständlich umgehend und unversehrt zurück. Die Bilder werden ausschließlich von Ihrem Sohn/Ihrer Tochter für das Lebensbuch und die im Kurs verwendeten Methoden genutzt.

Wenn Sie Fragen haben, können Sie sich gerne an uns wenden.

Grußformel, Namen und Kontaktdaten der Kursleitungen

[1] Der vorliegende Brief ist an Eltern der Teilnehmerinnen und Teilnehmer formuliert, kann entsprechend auch für die Information anderer Angehöriger (z. B. Geschwister) umgeschrieben werden.

HHO | Heilpädagogische Hilfe Osnabrück
Osnabrücker Werkstätten

Mein Leben

XX.XX.XXX **DAS BIN ICH UND SO LEBE ICH** Ort/Zeit	
XX.XX.XXXX **SO BIN ICH:** **MEINE STÄRKEN UND VORLIEBEN** Ort/Zeit	
XX.XX.XXXX **MEIN LEBENSBAUM** Ort/Zeit	
XX.XX.XXXX **MEIN LEBENSWEG** Ort/Zeit	
XX.XX.XXXX **WICHTIGE ERINNERUNGEN** Ort/Zeit	
XX.XX.XXXX **WÜNSCHE FÜR DIE ZUKUNFT** Ort/Zeit	
XX.XX.XXXX **ABSCHLUSS** Ort/Zeit	

» Arbeitsblatt 1: Seite über mich

Auf diesen Seiten ist Platz für die wichtigsten Dinge über dich und dein Leben!

Mein Name:	
Mein Geburtstag:	
Meine Adresse:	

Mein Leben: Das ist mir wichtig – das soll so bleiben
Piktogramme: Picto Selector | Bilder: © Lebenshilfe für Menschen mit geistiger Behinderung Bremen e. V., Illustrator Stefan Albers, Atelier Fleetinsel, 2013

» Seite über mich

Auf dieser Seite ist Platz für die wichtigsten Dinge über dich und dein Leben!	
Mit diesen Menschen lebe ich zusammen:	
Das mag ich an meinem Wohn-Ort:	
Das mag ich an meinem Zimmer oder an meiner Wohnung:	

Mein Leben: Das ist mir wichtig – das soll so bleiben

» Seite über mich

Auf dieser Seite ist Platz für die wichtigsten Dinge über dich und dein Leben!

Diese Dinge unternehme ich: 	
Diese Träume habe ich für meine Zukunft: 	
Das war mein wichtigstes Lebens-Ereignis: 	

Mein Leben. Das ist mir wichtig – das soll so bleiben

HHO Heilpädagogische Hilfe Osnabrück
Osnabrücker Werkstätten

» Mein Lebens-Lauf

Hier ist Platz
für ein Foto von dir.

	Mein Name: **Meine Adresse:**	
	Mein Geburtstag: **Mein Geburtsort:**	
	Diese Schulen/Tages-Bildungs-Stätten habe ich besucht:	
	Hier war ich im Arbeits-Trainings-Bereich:	
	In diesen Werkstätten habe ich schon gearbeitet:	
	Diese Arbeiten habe ich in der Werkstatt schon gemacht:	

Mein Leben: Das ist mir wichtig – das soll so bleiben.

Heilpädagogische Hilfe Osnabrück
Osnabrücker Werkstätten

Liebe/Lieber________,

In einem Kurs in der Werkstatt denke ich gerade viel über mein Leben nach.

Zum Beispiel über die Menschen, die mir wichtig sind.

Das Wichtigste aus meinem Leben schreibe ich in meinem Lebens-Buch auf.

Das Lebens-Buch ist ein Buch nur über mich.

Ich lade dich ein, etwas über mich in mein Lebensbuch zu schreiben.

Diese Fragen helfen dir vielleicht dabei:

- Was verbindet uns beide?
- Was haben wir schon miteinander erlebt?
- Wenn du über mein Leben nachdenkst: Was würdest du sagen: Welche wichtigen Dinge sind in meinem Leben schon passiert? Das können schöne, traurige oder auch gefährliche Dinge sein.
- Welche Dinge sind mir wichtig?
- Was können andere Menschen tun, damit es mir gut geht?
- Welche Dinge tun mir nicht gut?

Bitte benutze dafür die zwei Seiten[1] in diesem Brief.

Du kannst auch zusätzliche Blätter benutzen.

Du kannst auch ein Foto von uns oder ein Bild einkleben.

Bitte schick mir die Seiten bis zum ____________________ zurück.

Ich habe dir dafür schon einen Umschlag vorbereitet.

Vielen Dank, dein/deine ___________________________

[1] Seiten ‚Wichtige Menschen' aus dem Lebensbuch beifügen

Wichtige Personen in meinem Leben[1]

Familie

Freizeit

mein Name:

Professionelle Mitarbeiter
(zum Beispiel aus Werkstatt, Wohn-Heim
oder von der ambulanten Assistenz)

Arbeits-Leben

1 In Anlehnung an das Arbeitsblatt „Freundeskreis" aus Doose, S.; van Kan, P. (1999): Zukunftsweisend: Peer Counseling und Persönliche Zukunftsplanung. Kassel: BIFOS-Schriftenreihe

PersönlichkeitsEntwicklung und
Zufriedenheitsermittlung

Arbeits-Blatt: So wohne ich

Mein Leben

Mit wem wohne ich zusammen?

Was gefällt mir an meinem Wohnort?

Was gefällt mir an meinem Haus/meiner Wohnung?

Mein Leben: Das ist mir wichtig – das soll so bleiben.

Welches ist mein Lieblingszimmer?
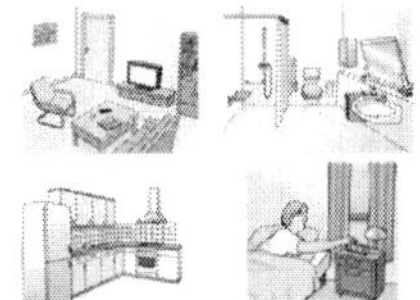
Was mache ich am liebsten zu Hause?

Was nervt mich zu Hause? Was möchte ich verändern?

Wo möchtest du in 20 Jahren wohnen?

Mein Leben: Das ist mir wichtig – das soll so bleiben.

Meine Stärken: 9 gute Dinge über mich[1]

Name: ____________________

Datum: ____________________

Bitte beschreiben Sie möglichst genau, was Ihre Stärken sind.
Am besten sind Beispiele aus Ihrem Alltag.

	Beim Arbeiten ...	Mit Menschen ...	In der Freizeit...
1.			
2.			
3.			

1 In enger Anlehnung an: Emrich, C.; Gromann, P. & Niehoff, U. (2009): Gut leben. Persönliche Zukunftsplanung realisieren – ein Instrument. Marburg: Lebenshilfe-Verlag | Weiterentwickelt von:

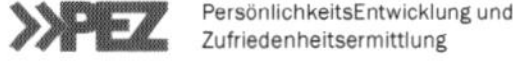

PersönlichkeitsEntwicklung und Zufriedenheitsermittlung

HHO Heilpädagogische Hilfe Osnabrück Osnabrücker Werkstätten

Piktogramme: Picto Selector

HHO Heilpädagogische Hilfe Osnabrück
Osnabrücker Werkstätten

Das soll so bleiben – das soll sich ändern!

Wohnen:

Wo? ____________________

Wie? ____________________

Mit wem? ____________________

Arbeit:

In welcher Werkstatt? ____________________

In welcher Gruppe? ____________________

Welche Aufgaben? ____________________

Freizeit:

Was unternehme ich? ____________________

Wo? ____________________

Mit wem? ____________________

Das soll so bleiben:	**Das soll sich ändern:**

Mein Leben

HHO | Heilpädagogische Hilfe Osnabrück
Osnabrücker Werkstätten

Teilnahme-Bescheinigung

Hier Gruppenfoto einfügen

Herr/Frau

XXX

hat an dem Kurs der Osnabrücker Werkstätten gGmbH

„Das ist mir wichtig – das soll so bleiben"
Biografie-Arbeit mit dem Lebens-Buch

teilgenommen.

Im Kurs ging es um diese Dinge:

- **So bin ich!**
  Körper-Umriss ausmalen – Bilder aufkleben:
  - Diese Dinge kann ich gut
  - So wohne ich
- **Lebens-Baum**
  - Diese Menschen sind in meinem Leben wichtig
  - Diese Menschen waren in meinem Leben wichtig
- **Zeit-Leiste**
  - Diese Erinnerungen sind wichtig
  - Diese Träume habe ich für die Zukunft
  - Diese Dinge dürfen in Zukunft nicht passieren
- **Lebens-Buch ausfüllen.**
  - Wichtige Dinge aus dem eigenen Leben im Lebens-Buch aufschreiben
  - Erinnerungs-Fotos in das Lebens-Buch kleben

Osnabrück, xxx

(Kursleitung)	(Werkstattleitung)	(f. d. Berufliche Bildung)

HHO | Heilpädagogische Hilfe Osnabrück
Osnabrücker Werkstätten

Das ist mir wichtig – das soll so bleiben.

Der Bildungs·kurs in den Osnabrücker Werkstätten

Dieses Heft

Dieses Heft ist einfach geschrieben. Es gibt aber trotzdem einige schwere Worte. Zum Beispiel: Biografie oder Methode.
Diese Worte werden dann im Text erklärt.

In diesem Heft geht es um einen Bildungs·kurs in den Osnabrücker Werkstätten. Der Kurs heißt:

Das ist mir wichtig, das soll so bleiben.

Das können Sie alles in diesem Heft lesen:

Mein Leben – Meine Biografie	Seite 3
Was ist Biografie·arbeit?	Seite 4
Der Kurs „Mein Leben"	Seite 6
Das passiert in dem Kurs	Seite 8
Mein Körper·umriss	Seite 10
Mein Lebens·baum	Seite 12
Meine Zeit·leiste	Seite 14
Mein Lebens·buch	Seite 16
„Mein Leben" – Das Projekt 2013 – 2016	Seite 18
Wie melde ich mich für den Kurs an?	Seite 19

Mein Leben – Meine Biografie

Jeder Mensch ist wertvoll.

Jeder Mensch hat seine Lebens·geschichte.

Eine Geschichte die schön und auch traurig sein kann.

Was ist in Ihrem Leben schon alles passiert?

Können Sie sich noch an den ersten Schul·tag erinnern?

Oder an den ersten Arbeits·tag?

Wer gehört alles zu Ihrer Familie?

Welche Menschen sind Ihnen wichtig?

Viele Menschen möchten über ihr Leben berichten.

Ein Bericht über ein Leben heißt auch **Biografie**.

Vielleicht schreibt jemand ein Buch über sein Leben. Das ist dann eine Biografie.

Was ist Biografie-arbeit?

Menschen möchten etwas über ihr Leben heraus-finden.

Über das, was früher war.

Sie beschäftigen sich mit ihrer Lebens-geschichte.

Das nennt man Biografie-arbeit.

Wie kann man etwas über sein Leben heraus-finden?

Man kann sich alte Fotos anschauen.

Oder man besucht Orte.
Orte, die man von früher kennt.

Oder man unterhält sich mit Menschen, die einen gut kennen.

Man kann diese Menschen fragen:
Wie war das früher, als ich klein war?

Dann erinnert man sich auch wieder an vieles.

In der Biografie-arbeit geht es aber
nicht nur um die Vergangenheit.
Also um das was, früher war.
Es geht auch darum, wie es uns jetzt geht.
Und es geht um unsere Wünsche und
Ziele für die Zukunft.
Also für die Zeit, die noch kommt.

Aber Biografie-arbeit ist gar nicht so einfach.
Man braucht viel Zeit.
Es gibt Menschen, die sich gut mit
Biografie-arbeit auskennen.
Sie können gut zuhören.
Sie haben viele Ideen.
Sie können anderen Menschen helfen,
ihre Lebens·geschichte wieder zu entdecken.

Biografie-arbeit ist sehr wichtig.
Man kann viel lernen.
Über sich selbst.
Über das Leben.
Wie es bisher war.

Man bekommt Ideen:
was soll in meinem Leben noch passieren.

Der Kurs „Mein Leben"

Sie interessieren sich für Ihre Lebens·geschichte?

Seit einigen Jahren gibt es einen Bildungs·kurs in den Osnabrücker Werkstätten.

Der Kurs heißt:

„Mein Leben: Das ist mir wichtig, das soll so bleiben."

In diesem Kurs geht es um Biografie·arbeit.

» Wie oft gibt es den Kurs?

Dieser Kurs wird regelmäßig angeboten.
Es gibt mehrere Kurse in einem Jahr.

» **Wo findet der Kurs statt?**

Es gibt den Kurs in Sutthausen, Schledehausen, Hilter, Wallenhorst und Melle.

» Wieviele Personen können mitmachen?

Bei jedem Kurs können 6 bis 8 Personen mitmachen.

» Wie lange dauert der Kurs?

Die Gruppe trifft sich einmal pro Woche.
Es gibt 7 Treffen.

» Was passiert beim letzten Termin?

Beim letzten Termin können die Teilnehmer Verwandte und Bekannte einladen.
Denn in dem Kurs ist viel passiert.
Jeder Teilnehmer kann nun zeigen:
So ist „Mein Leben".

Das passiert in dem Kurs:

3 wichtige Methoden

Biografie-arbeit kann ganz unterschiedlich sein.
Auch der Kurs in den Osnabrücker Werkstätten hat verschiedene Teile.
Das ist wichtig. So können Sie Ihr Leben unterschiedlich anschauen.

Der Kurs hat 3 wichtige Teile:

» Teil 1 : Am Anfang geht es um Sie selber.
Wie leben Sie?
Was können Sie besonders gut?
Was machen Sie gerne?

» Teil 2: Hier geht es um wichtige Menschen in Ihrem Leben.
Wer begleitet Sie?
Mit wem treffen Sie sich regelmäßig?
Wer tut Ihnen gut?

» Teil 3: Im letzten Teil geht es um die Vergangenheit.
Was haben Sie in Ihrem Leben bisher erlebt?
Und es geht um die Zukunft: Was möchten Sie noch alles erleben?

In jedem Teil wird anders gearbeitet.
Es gibt eine besondere Form der Arbeit.
Diese Form heißt auch Methode.

In diesem Heft stellen wir 3 wichtige Methoden vor:

» Mein Körper·umriss

» Mein Lebens·baum

» Meine Zeit·leiste

Mein Körper·umriss

Beim Körper·umriss geht es um Sie!
Was passt zu Ihnen?
Wie leben Sie?
Es geht um das, was Sie gut können.
Und um das, was Sie gerne mögen.

„Ich bin so eine, die immer zuerst an alle anderen denkt, und erst zuletzt an sich selbst. Bei dem Körperumriss brauchte ich viel Zeit, um die großen Flächen auszumalen. Dabei hatte ich auch viel Zeit, über mich nachzudenken: Wer ich bin, was mich ausmacht. Ich musste nicht an die anderen denken, sondern nur an mich. Das hat mir unheimlich gut gefallen."

Emmi Mora-Sanchez

Bei der Methode Körper·umriss legen Sie sich auf ein großes Papier.

Mit einem Stift wird um Sie herum gezeichnet.

Es entsteht ein Bild von ihrem Körper.

Man nennt dies auch: ein Körper·umriss.

Auf das Bild können Sie nun viele Dinge kleben oder malen.

Haben Sie tolle Ohr·ringe oder lange Haare?

Tragen Sie eine Brille?

Oder sind Sie Fußball·fan?

Woran können wir Sie erkennen?

Wie wohnen Sie?

Gefällt Ihnen Ihr Zuhause?

Was machen Sie gerne in Ihrer Freizeit?

Auch dies können Sie auf den Körper·umriss kleben.

Mein Lebens·baum

Eine andere Methode ist der Lebens·baum.

Hier geht es um die Menschen, die Ihnen wichtig sind.

Jeder Kurs·teilnehmer bekommt ein großes Poster. Auf diesem Poster ist ein Baum.

Den Baum nennen wir Lebens·baum.

In die Mitte des Baumes kleben Sie Ihr eigenes Foto.

In dem Kurs überlegen Sie:

Welche Menschen gibt es in meinem Leben? Und wer ist mir besonders wichtig?

Vielleicht sind das Ihre Eltern, Geschwister, Arbeits·kollegen oder gute Freunde.

Von diesen Personen können Sie Fotos auf den Baum kleben.

Wer ist Ihnen besonders wichtig?

Vielleicht kleben diese Personen ganz dicht bei Ihrem Foto.

Der Baum wird immer voller.

Schauen Sie auf den Baum:

Diese Menschen gehören
zu Ihrem Leben.

Diese Menschen sind
für Sie da.

Diese Menschen können
Sie unterstützen.

Meine Zeit·leiste

Bei der Zeit·leiste geht es um Ihren Lebens·weg:

Was ist bisher alles in Ihrem Leben passiert?

Wenn etwas passiert, dann heißt das auch ein Ereignis.

„Eine tolle Sache. Da sieht man erstmal, was alles so passiert ist und was ich schon geschafft habe. Ich weiß genau, was ich will. Ich habe Träume und Wünsche. Ich weiß, was nicht passieren soll."

Wilfried Grammann

14

Es gibt Ereignisse, die fast alle Menschen haben. Zum Beispiel: die Zeit im Kinder·garten oder in der Schule. Oder ein erster Arbeits·platz.

Und dann gibt es Ereignisse, die bei jedem Menschen unterschiedlich sind. Zum Beispiel: der Umzug in eine andere Stadt, die Geburt eines Bruders oder eine schwere Krankheit.

Für die Zeit·leiste werden drei große Poster zusammen geklebt.
Es wird eine lange Linie gemalt. Auf diese Linie trägt man unter·schiedliche Zeiten ein. Am Anfang der Linie steht der Tag Ihrer Geburt. Dann kommen andere Ereignisse.
Es kann geschrieben werden.
Es können auch Fotos auf die Linie geklebt werden.

Auf der Zeit·leiste ist aber auch Platz für die Zukunft.
Also für das, was noch in Ihrem Leben passieren kann.

Was wünschen Sie sich? Was soll in einem Jahr oder in 10 Jahren passiert sein?

Auch das können Sie auf die Zeit·leiste schreiben.

Die Zeit·leiste ist fertig. Nun können Sie sehen:
Das ist alles in meinem Leben passiert.
So ist es jetzt. Und das soll noch passieren.

Mein Lebens·buch

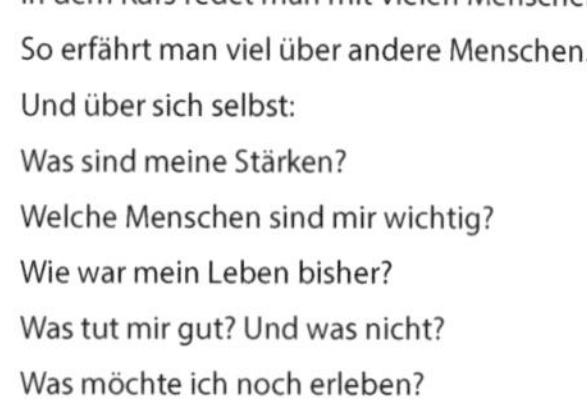

In dem Kurs redet man mit vielen Menschen.
So erfährt man viel über andere Menschen.
Und über sich selbst:
Was sind meine Stärken?
Welche Menschen sind mir wichtig?
Wie war mein Leben bisher?
Was tut mir gut? Und was nicht?
Was möchte ich noch erleben?

Aber wo kann man diese Dinge eintragen?
Ist das alles weg, wenn der Kurs vorbei ist?

Nein! Dafür gibt es das
Lebens·buch.

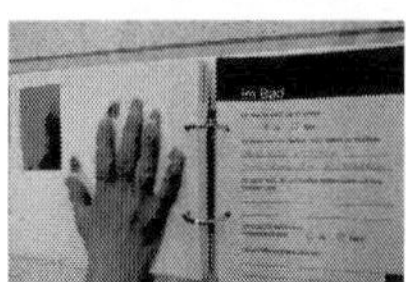

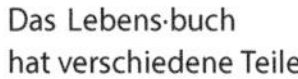

Das Lebens·buch
hat verschiedene Teile:

- Über mich
- Dinge, die ich tue
- Dinge, die ich kann
- Meine Gesundheit
- Mein Notfall·plan

Das Lebens·buch gehört Ihnen.

Sie können auch entscheiden:
Wer darf das Lebens·buch
lesen und wer nicht.

17

„Mein Leben“ – Das Projekt 2013 – 2016

Von 2013 bis 2016 gab es in den Osnabrücker Werkstätten ein Projekt.

Das Projekt hatte den Namen:
„Mein Leben: Das ist mir wichtig, das soll so bleiben.“

In den drei Jahren ist viel passiert.
Zum Beispiel:

Der Kurs „Mein Leben“ wurde entwickelt.
Viele Mitarbeiter haben gelernt, wie sie den Kurs „Mein Leben“ leiten.

Der Kurs konnte 23 mal stattfinden.
139 Personen haben den Kurs bisher besucht.

Förderstiftung
Heilpädagogische Hilfe Osnabrück

Das Projekt wurde von „Aktion Mensch“ und der „Förderstiftung Heilpädagogische Hilfe Osnabrück“ unterstützt. Beide haben Geld gegeben. Nur so konnte das Projekt gelingen. Vielen Dank!

Das Projekt ist nun fertig.

Aber: Die Kurse „Mein Leben“ wird es weiter geben.

18

Wie melde ich mich für den Kurs an?

Sie möchten mitmachen?
Sie möchten sich für den Kurs anmelden?

Der Kurs wird regelmäßig angeboten.
Wann ist der nächste Termin?

Bitte schauen Sie in das
Heft zur „Beruflichen Bildung“

Wenn Sie Interesse an weiteren Angeboten haben, dann sprechen Sie uns gerne an.

Kontakt

Osnabrücker Werkstätten gGmbH
Industriestraße 17 | 49082 Osnabrück
Tel. 05 41 / 99 91 – 0
E-Mail info@os-hho.de
Internet www.os-hho.de

» Ansprechpartnerin:
Lisa Oermann
E-Mail l.oermann@os-hho.de

» www.os-hho.de

19

Mein Leben
Das ist mir wichtig
– das soll so bleiben.

So heißt ein Bildungs·kurs
in den Osnabrücker Werkstätten.

In diesem Kurs geht es um Sie!
Um Ihr Leben
– Ihre Lebens·geschichte.

In diesem Heft können Sie lesen,
was in dem Kurs passiert.